中国人力资本变动研究

基于多重维度考察

谢倩芸　著

Research on Changes in Human Capital in China

人民东方出版传媒
People's Oriental Publishing & Media
東方出版社
The Oriental Press

图书在版编目（CIP）数据

中国人力资本变动研究：基于多重维度考察 / 谢倩芸著 . -- 北京：东方出版社，2025. 1. -- ISBN 978-7-5207-3993-1

I. F249.21

中国国家版本馆 CIP 数据核字第 2024W0A944 号

中国人力资本变动研究：基于多重维度考察

（ZHONGGUO RENLI ZIBEN BIANDONG YANJIU: JIYU DUOCHONG WEIDU KAOCHA）

作　　者：谢倩芸
策　　划：姚　恋
责任编辑：王若菡
责任审校：曾庆全
装帧设计：李　一
出　　版：东方出版社
发　　行：人民东方出版传媒有限公司
地　　址：北京市东城区朝阳门内大街 166 号
邮　　编：100010
印　　刷：北京天籁宇星科技有限公司
版　　次：2025 年 1 月第 1 版
印　　次：2025 年 1 月第 1 次印刷
开　　本：640 毫米 ×950 毫米　1/16
印　　张：21.25
字　　数：256 千字
书　　号：ISBN 978-7-5207-3993-1
定　　价：88.00 元
发行电话：（010）85924663　85924644　85924641

目　录

前言

习近平总书记在中国共产党第十九次全国代表大会的报告中提出“中国特色社会主义进入新时代”，“我国经济已由高速增长阶段转向高质量发展阶段，正处在转变发展方式、优化经济结构、转换增长动力的攻关期”。2023 年 9 月，习近平总书记在黑龙江考察调研期间首次提出“新质生产力”，强调要“积极培育未来产业，加快形成新质生产力，增强发展新动能”。2024 年，习近平总书记在中共中央政治局第十一次集体学习时强调，“发展新质生产力是推动高质量发展的内在要求和重要着力点，必须继续做好创新这篇大文章，推动新质生产力加快发展”。在新时代的背景下，随着经济进入高质量发展阶段，从经济增长驱动力的角度来看，培育新质生产力是支持经济持续增长、获取经济增长新动能的关键。

新质生产力是创新起主导作用，摆脱传统经济增长方式、生产力发展路径，具有高科技、高效能、高质量特征，符合新发展理念的先进生产力质态。它由技术革命性突破、生产要素创新性配置、产业深度转型升级而催生，以劳动者、劳动资料、劳动对象及其优化组合的跃升为基本内涵，以全要素生产率大幅提升为核心标志，特点是创新，关键在质优，本质是先进生产力。在劳动者、劳动资料、劳动对象这一生产力三要素中，劳动者是生产力中最活跃的因素，也是最具有决定性的力量。创新活动中最核心和最活跃的因素是劳动者的积极性、主动性和创造性（都阳，2024）。生产力的发展，归根结底依赖于人的主观能动性、创造力与行动力，人是生产力中最具决定性的力量。

经过改革开放以来四十多年的快速增长，中国经济已经由物质极度匮乏状态迈向物质相对丰富的状态，伴随着物质资本的不断积累，要素投入边际收益递减效应影响也开始逐渐显现。另外，改革开放四十多年来中国经济的快速增长，在很大程度上得益于以劳动年龄人口总量迅速增长且比重大幅度提高、人口抚养比显著下降为主要特征的快速人口转变带来的“人口红利”（蔡昉，2010）。发达国家的历史经验和经济增长理论也指出，人力资本是经济社会发展的内在动力，促进人力资本积累是抵消物质资本边际收益递减效应，从而获得经济增长的内生动力的有效途径（Schultz，1961；屈小博，2018）。人力资本能够促进经济增长，主要影响机制既包括人力资本通过提高劳动生产率直接影响经济增长，也包括人力资本通过影响物质资本、技术进步、制度变迁等要素来间接促进经济增长（杜伟等，2014；丁小浩、黄依梵，2020）。研究表明，人力资本对中国经济的快速增长以及地区经济差异的缩小做出了重要的贡献（Fleisher et al.，2010；李德煌、夏恩君，2013；刘智勇等，2018）。因此，进入新发展阶段后，经济增长新动能的转变不仅需要把握好投资于人和投资于物的相互关系，而且要更加重视人力资本及其投资在经济社会发展中的基础性、决定性作用。

人力资本概念最早由舒尔茨（Schultz，1961）和贝克尔（Becker，1964）提出，经济合作与发展组织（OECD，2001）对人力资本的最新定义为“人力资本是个人拥有的能够创造个人、社会和经济福祉的知识、技能、能力和素质”。人力资本的不断积累是劳动力质量和劳动生产率不断提高的关键。人力资本对经济增长的贡献更多地来自劳动者通过教育获得的各种知识、能力和对生产变化的适应性（闵维方、马莉萍，2020）。在新时代发展新质生产力的过程中，人类的劳动形式正在从常规劳动转向创新劳动，新的劳动资源、新的劳动工具和新的劳动形式，对劳动者的综合素质提出了更高的要求（陆琼，2024）。新时代高质量发展阶段，应着力提高人口教育素质、健康水平和文明素养等整体素质。加快人力资本的积累和提升，提高人的综合素质，是持续培育新质生产力、实现经济高质量发展迈向更高阶段的重要途径。

根据人力资本理论，人力资本是人们通过对自身进行教育和培训投资所形成的、凝结在人身上的知识和能力（闵维方，2020）。现有研究主要采用产出法、成本法、收入法等常用基本方法来测量人力资本，即主要利用教育维度的指标来间接测量中国人力资本及其变化发展（胡鞍钢，2002；黄晨熹，2011；杜鹏、安瑞霞，2018；李学明，2020）。然而，目前，还缺少综合使用测量人力资本的方法、多维度衡量中国人力资本的深入研究。

新时代下，人力资本是培育新质生产力、提供长期动能的重要增长源泉，是提升全要素生产率的重要依托，是推动经济高质量发展的关键。以人工智能、清洁能源、无人控制、量子信息、虚拟现实和生物技术为重点的新一轮科技革命业已开启，第四次产业革命正在发生，由新一轮科技革命和产业革命催生的新质生产力发展的必然性已经显现（曾铮，2024），这对人力资本产生了新需求，也对人力资本提出了更高要求。中国要实现高质量发展，继续保持经济的增长，关键是要加快人力资本积累和提升，提高劳动者的素质。

因此，基于新时代高质量发展阶段对人力资本提出的新要求，本书提出人力资本的多重维度测量方法，即用教育人力资本、技能人力资本和健康人力资本三类人力资本，综合使用直接和间接测量人力资本的方法来共同衡量中国人力资本，全面系统地反映当前中国的人力资本及其变动状况。本书主要基于人力资本理论，采用文献研究法、统计分析法、比较分析法等研究方法，基于人口生命周期分类，多重维度测量中国整体人口以及不同年龄段人口的人力资本及其变动情况，了解当前积累和提升人力资本的迫切性，并基于研究结果给出更精准的在新时代高质量发展阶段促进中国人力资本积累和提升的政策建议，对我国经济的高质量发展有着重大意义。本书的研究意义主要体现在以下几个方面：

第一，在人力资本的度量方面，本书利用多重维度——教育人力资本、技能人力资本和健康人力资本——共同衡量中国人口的人力资本。新时代高质量发展阶段，需要着力提高人口教育素质、健康水平和文明素养等整体素质。为此，本书结合直接测量和间接测量人力资本的方法，分别测量了教育人力资本、技能人力资本和健康人力资本以全面衡量中国人口的人力资本。在测量教育人力资本时，主要基于常用的测量人力资本的间接测量方法，采用平均受教育年限、受教育结构以及利用平均受教育年限测算的人力资本存量等常用教育指标作为教育人力资本的代理变量，来分别衡量教育人力资本的水平、结构及存量。在测量技能人力资本时，既基于间接测量方法用中、高等教育程度人口的人力资本存量从宏观层面衡量了技能人力资本，又基于技能人力资本研究的直接测量方法，主要是对人口的数字（互联网）技能和工作专业技能两类技能人力资本进行了直接测量，其分析结果能更好地反映在人工智能、生物科技等新兴技术带来技术进步、产业升级的新形势下，中国人口的技能人力资本状况及变动情况。在测量健康人力资本时，既利用宏观类健康人力资本指标测量了宏观层面的中国健康人力资本，又利用微观类健康人力资本指标直接测量了人口的健康状况，即衡量了微观层面的健康人力资本。采用多重维度测量人力资本的方法，更全面地反映了在新一轮信息技术变革和产业升级的新形势下，中国人力资本的状况及变动情况。

第二，在研究对象方面，本书基于人口生命周期分类，针对不同年龄段的人口分别对其人力资本进行了测量及分析。从人口年龄结构来看，人口生命周期大致可以划分成三个阶段：一是学龄前及求学阶段，也就是 0 ~ 15 岁；二是劳动年龄阶段，也就是 16 ~ 59 岁；三是退休阶段，也就是 60 岁及以上，这三个年龄段分别对应未来、当前和过去的劳动力（王智勇，2024）。根据人口生命周期的阶段，基于中国人口的发展变化情况，本书主要考察了中国整体人口、劳动年龄人口、老年人口等人群的人力资本及变动情况。在研究中，分别测量了中国整体人口、劳动年龄人口、老年人口的教育人力资本、技能人力资本、健康人力资本。由于中国依然是世界上人口和劳动力规模庞大的国家，根据不同年龄段的特点来测量不同人群的人力资本，可以更有针对性地采取提升人力资本的措施，最大程度地利用好现有的人口与劳动力，以人口高质量发展推动经济增长。

第三，从研究视角来看，本书利用宏观数据和微观数据衡量中国人力资本，提供了宏观层面和微观层面的双重证据。从宏观层面测量人力资本来看，本书的研究运用中国人口普查、《中国统计年鉴》等宏观统计数据，从宏观角度测量教育人力资本的水平、结构和存量，并分性别、年龄段、地区/区域、城镇乡等多角度分析了教育人力资本的发展变化情况；运用中国人口普查数据、1%抽样调查数据、《中国劳动统计年鉴》、《中国人口和就业统计年鉴》等宏观数据测量高等教育程度人口的人力资本存量，从宏观层面衡量了技能人力资本；运用宏观类健康人力资本指标，测量了中国整体的健康人力资本状况。这些都为中国人力资本的测量提供了宏观层面的证据。从微观层面测量人力资本来看，本书运用中国社会状况调查（CSS）这一具有全国代表性的大型微观调查数据，直接测量技能人力资本，特别是数字（互联网）技能人力资本，并针对从事非农工作的人口测量其工作专业技能人力资本，从微观层面分析了技能人力资本及其变化；运用中国健康与营养调查（The China Health and Nutrition Survey，CHNS）的微观调查数据，利用微观类健康人力资本指标直接测量了劳动年龄人口、老年人口的个体健康状况，从微观层面更准确地衡量了其健康人力资本状况。本书从宏观层面和微观层面对人力资本的分析研究为经济高质量发展的人力资本决策提供了依据。

本书的结构如下：第一章阐述了人力资本的概念，介绍了人力资本的各种特征、主要分类、各种形成途径等内涵，按照人力资本理论的诞生与发展的阶段以及中国人力资本理论相关研究对人力资本的相关理论做了简要概述；第二章详细讨论了人力资本的测量方法，从人力资本测量的常用基本方法、人力资本测量的研究进展方法、新时代高质量发展阶段人力资本的多重维度测量等几个方面介绍人力资本的测量；第三章分析了中国人口的发展变化，在分析中国整体人口的发展变化的基础上，重点关注劳动年龄人口、老年人口两个年龄组的人口发展变化情况；第四章测量了中国教育人力资本及其变动情况，分析了中国 6 岁及以上人口、劳动年龄人口、老年人口的教育人力资本的水平、结构、存量及其变化，并进行了国际比较；第五章从宏观层面和微观层面共同衡量了中国技能人力资本，分别测量和分析了就业人口、劳动年龄人口、老年人口的技能人力资本及其变动情况；第六章主要讨论中国健康人力资本，在用宏观类健康人力资本指标测量中国人口的健康人力资本的同时，用微观类健康人力资本指标测量了劳动年龄人口、老年人口的健康人力资本；最后一章总结了本书的主要研究结论，并提出了基于多重维度考察的促进中国人力资本积累和提升的政策建议。

第一章

人力资本的概念、内涵及相关理论

本章将先阐述人力资本的概念与定义，再从人力资本的特征、分类、形成途径等内容介绍人力资本的内涵，然后从人力资本理论发展的阶段以及中国人力资本理论相关研究等方面对人力资本的相关理论做简要概述。

第一节　人力资本的概念与定义

人力资本概念最早是由舒尔茨和贝克尔系统地提出的。在将人力资本这一概念作为一种理论表现出来之后，舒尔茨（1961）认识到人力资本是现代经济中国民经济增长的重要因素之一。舒尔茨系统地阐述了人力资本的概念，指出“人力资本不仅仅包含劳动力规模，还包括劳动力所具备的知识、能力、技术等一系列属性”。贝克尔（1964）则在舒尔茨的基础上对人力资本做了进一步的研究，对人力资本框架做了更加具体的解释和说明，奠定了人力资本理论的微观经济学基础，对人力资源进行了微观经济分析，系统地阐述了形成人力资本的各类投资及其产生的收益。研究证明，人力资本是经济社会发展的内在动力，也是经济社会持续发展的重要保障，在各国经济增长和社会变迁中扮演了重要的角色（Lucas，1988）。

随着人力资本概念的发展，基于不同的学术视角，人力资本的概念定义大体可以分为五类：第一类基于个体视角，第二类基于人力资本本身及其积累过程，第三类基于人力资本的生产导向（Kwon，2009），第四类基于人力与资本的特点，第五类基于社会视角。具体而言，第一类定义从个体视角出发，起源于舒尔茨（1961）反对古典观点中的劳动力概念，而将人力资本认为是一种“类似于财产的东西”，将其概念化为“人的知识、能力、健康等，人力资本的提高对经济增长的贡献远比物质、劳动力数量的增加重要得多”。接受舒尔茨观点的学者也认为人类的能力是嵌入在个人身上的知识和技能（Beach，2009）。与这个观点类似，基于个体视角定义人力资本的一些学者认为，人力资本与个体的知识、技能、体力（健康状况）紧密相连（Garavan et al.，2001；Youndt et al.，2004）。第二类定义从人力资本本身及其积累过程出发，强调在义务教育、中等教育和职业教育等教育活动中获得的知识和技能。这与贝克尔指出的人力资本的形成紧密相关。贝克尔（1987）指出“人力资本是通过人力投资形成的资本；……用于增加人的资源、影响未来的货币和消费能力的投资为人力资本投资”。基于此，一些学者将人力资本定义为人们在教育、职业培训、健康、移民等方面的投资所形成的资本（姚树荣、张耀奇，2001）。但是，这种观点忽略了个体可以从自己的经验中获得知识和技能。第三类定义从生产导向出发，认为人力资本是经济生产力的基本来源（Romer，1990），是在从事劳动以产生经济价值的能力中体现的技能和知识存量（Sheffin，2003）。基于此，作为“人们为提高生产力而对自己进行的投资”（Rosen，1999），人力资本可以定义为“影响工人边际产品价值的教育、经验、培训、智力、精力、工作习惯、可信度和主动性等因素的混合体”（Frank & Bemanke，2007）。第四类定义基于人力与资本两方面的特点，结合《新帕尔格雷夫经济学大辞典》（1992）中的解释：“作为现在和未来产出与收入流的源泉，资本是一个具有价值的存量。人力资本是体现在人身上的技能和生产知识的存量。”将人力资本定义为依附于人身的，具有可投资性和增值性的价值存量。在此基础上，又有学者拓展了人力资本概念的范畴，在包含人力资本的主要内容以及人力与资本的特点的基础上，将人力资本定义为“特定行为主体为增加未来效用或实现价值增值，通过有意识的投资活动而获得的，具有异质性和边际收益递增性的，依附于人身上的知识、技术、信息、健康、道德、信誉和社会关系的总和”（姚树荣、张耀奇，2001）。第五类定义从社会角度出发，将人力资本定义为“个人的知识、技能、能力和属性，这些知识、技能、能力和属性有助于创造个人、社会和经济福祉”（Rodriguez & Loom，2007）。与社会视角定义人力资本类似，经济合作与发展组织（2001）对人力资本的定义为“人力资本是个人拥有的能够创造个人、社会和经济福祉的知识、技能、能力和素质”。经济合作与发展组织关于人力资本的定义反映了人力资本包括知识、技能、能力等多种形式的个人属性这一特性。例如，人力资本既包含了一般的技能和能力，也包含了与特定的工作相关的技能和能力，特别是在知识经济时代能适应新的技术发展和具有创新性质的技能、能力和态度等；人力资本涵盖的不仅有在这个领域的传统研究中承认的认知能力，也包含了在现代社会越来越受到重视的诸如人际关系等非认知的技能和能力。

从以上人力资本的概念定义分类可以看出，教育、培训和学习，以及经验、知识、技能等同时都在定义人力资本的概念上起着重要作用。人力资本概念的提出，形成了与“物质资本”相对的“非物质资本”，是体现在劳动者身上的资本。因此，从广泛意义上来讲，从个体视角来看，人力资本可以视为通过“自我”和“环境”之间的持续连接来界定知识、技能、能力和经验，是人们通过自身进行教育和培训投资所形成的、人身上的知识和能力（闵维方，2020）。从宏观层面而言，从群体视角来看，人力资本是指一个国家或地区的人口具备的知识、技能、能力和素质等。例如，世界银行发布的公告（Sen，1996）中将人力资本（即人力资源价值）定义为“人们的生产能力（如教育、营养）所代表的价值”，作为国家财富的组成部分之一。

大量研究表明，人力资本能够提高社会的产出水平，是经济社会发展的内在动力和重要保障。人力资本的整体水平和结构层次都对经济增长起着重要作用，主要影响机制既包括人力资本提高劳动生产率、直接影响经济增长，也包括人力资本影响一系列要素（如物质资本、技术进步等）从而间接促进经济增长。而且，人力资本也对个体的收入等有着显著影响。

第二节　人力资本的内涵

不同学者对人力资本的不同定义主要是由于对人力资本的

内涵有着不同的看法。为了更深入地理解人力资本的概念，本节将从人力资本的特征、分类、形成途径等方面来对人力资本的内涵进行进一步的阐释。

一、人力资本的特征

人力资本概念的提出突破了传统理论中的资本只是物质资本的狭隘眼界，将资本划分为人力资本和物质资本两种形式。人力资本理论的创始人认为，物质资本是指用于生产物品与劳动的机器设备和厂房建筑等物质资源和基础设施的存量，而人力资本是指劳动者通过教育和培训以及在工作中积累的经验而获得的知识和能力（闵维方、马莉萍，2020）。因此，人力资本不仅具有与物质资本相似的收益性、投资性、增值性等“资本”特征，还具有人身依附性、异质性和边际收益递增性等“人力”特征，同时还具有能动性、时效性、变动性、产权性、激励性等自有的特殊特征。

（一）人力资本的“资本”特征

作为区别于物质资本的另一种资本形式，人力资本与物质资本有着一些相似之处，例如，人力资本与物质资本都是通过投资形成的，人力资本与物质资本对经济发展起着生产性的作用等（闵维方、马莉萍，2020）。因此，人力资本应该具有“资本”特征，如收益性、投资性和增值性。

首先，人力资本具有收益性这一重要的资本特征。资本具有收益性，能够预期在未来创造一定的收入（李宝元，2001）。收益性是资本最重要的特征，也是用来判断是否为资本的重要因素（夏光等，2008）。人力资本，作为一种凝聚在人体中的无形资本，通过物化于商品或服务以增加效用从而获得收益（李忠民，1999）。人力资本与物质资本一样会带来国民收入增加和经济增长，而且人力资本对经济发展的作用越来越大。人力资本既是一种宝贵的经济资源，可以带来巨大的经济收益，也是一种宝贵的社会资源，可以带来许多方面外溢的社会效益，对社会发展和社会文明都有益（曲恒昌、曾晓东，2000）。因而，人力资本具备收益特征。

其次，人力资本具有投资性的特征。如前所述，人力资本与物质资本一样都是通过投资形成的，人力资本投资与物质资本投资都意味着将当前稀缺的资源的一部分用于积累，即减少或牺牲当期的消费，以换取未来的收益，如更高的生产能力和更多的投资收益（姚树荣、张耀奇，2001）。基于人力资本的特殊属性，人力资本投资具有一些与物质资本投资不同的显著特征：一是人力资本投资具有收益滞后性和长期性。一般来说，人力资本投资是要经过长时间才能见到收益的。例如，从动态的角度来看，在小学期间的教育投资，可能需要几十年甚至人的终生才能体现出来。这就是人力资本投资的收益滞后性。同时，在投资见效后，由于人力资本能够长期使用，就能体现出其收益的长期性。二是人力资本投资具有可调整性。由于物质资本体现在土地、厂房、机器设备、原材料等物质产品上，一经投资进行生产、使用，非到使用期终止一般不会发生实质性变化。但是，与之不同，人力资本的形成不是通过一次性投资完成的，而是多次、连续不断地通过教育和培训等各种活动进行投资的结果。因此，在人的一生中，人们可以根据社会经济对人力资本的供需变化，不断地调整投资内容与方向，改变自己的人力资本结构（姚树荣、张耀奇，2001）。三是人力资本投资具有收益多样性。人力资本投资不仅能产生巨大的经济效益，也能产生明显的社会效益。对人力资本进行投资能增长个体的知识和技能、增强劳动者的素质、优化人力资源的配置，对于促进经济的发展和人类社会的进步都具有重要的作用。

最后，人力资本具有另一重要特征——增值性。根据人力资本理论，人力资本是体现在人 / 劳动者身上的、以人 / 劳动者的数量和质量表示的资本。人们可以通过教育、培训、经济累积或者“干中学”等因素不断提高自身的人力资本水平和存量，因而人力资本可以不断增值，这就是人力资本的增值特征。

（二）人力资本的“人力”特征

国内外学者都普遍认同人力资本具有人身依附性、异质性和边际收益递增性等“人力”特征（夏光等，2008），这是人力资本与物质资本的区别。

首先，人力资本具有人身依附性。人力资本的根本特点就是其存在于人体之中，天然属于个人，与其承载者不可分离。这也是人力资本与其他资本相区别的最本质特征。人是人力资本的载体，人力资本只有在人参与生产活动的过程中才能发挥作用。人力资本是通过对人投资形成的、存在于健康人体之中的具有经济价值的综合能力。人力资本的价值量和新增价值的创造，只能在人参与劳动和劳务的过程中才能得以体现。因此，人力资本具有依附性。

其次，人力资本具有异质性。人不是同质的，因此，每个人的个体、健康、知识等人力资本也是有差异的。所谓人力资本的异质性一方面是由作为人力资本的载体——人的特异性决定的，另一方面是由人力资本的投资程度及方式不同，从而造成的人的能力差异引起的。有学者从商品的角度将人力资本的异质性定义为各种人力资本所具有的使用价值的异质性，进一步而言，是指人力资本在形式上和效率上的差别以及在此基础上的利润创造功能的差别（谌洁，2014）。无论是哪种定义形式，都可以看出人力资本的异质性决定了多种形式的人力资本组合时不能做简单的叠加，而是应该考虑其相互之间的协调和专用性。

最后，人力资本具有边际收益递增性。与物质资本的投资收益递减不同，在人力资源上投资的越多，经过一段特定的时间获得的边际收益也将越多。较高的人力资本水平能够有效推动知识、技术的创新和扩散，显著提高其他生产要素的生产率，进而带动社会生产力的快速发展，使生产最终呈现边际收益递增的特性，这将克服其他生产要素的边际收益递减，从而保证经济长期稳定的增长。

（三）人力资本的其他自有特征

人力资本除了具有“资本”特征与“人力”特征之外，还具有自己的特殊特征，包括能动性、时效性、变动性、产权性、激励性等。

第一，人力资本具有的一个自有特征是能动性。经济发展过程中，最具能动性的因素就是人力资本。人力资本的能动性是由人的能动性决定的。人力资本的能动性表现为能够自动做出有效的人力资本投资决策，自动适应环境及就业变化的需求，能够认识或创造新的机会并从中受益。只有人力资本才能创造或实现其他资本如物质资本等的价值量，才能创造出自身价值量的经济效益，这都是人力资本的能动性特征带来的。

第二，人力资本具有时效性。人力资本的形成及其作用发挥与人的生命周期密切相关，因此，人力资本的时效性就是指人力资本的形成和利用受到生物学意义上的时间限制。一般来说，基于人一生中的不同生命发展阶段，人在儿童时期及少年时期算是潜在的人力资本；在进入具有实际劳动能力的劳动适龄时期，即达到法定的劳动年龄之后，才能成为具有实际劳动能力的人力资本；而进入老年期之后，一般会退出劳动力市场。因此，基于人力资本的时效性特征，为了让人力资本成为社会发展的有生力量，需要对其进行适时的开发和利用。例如，根据人类生物学的规律来使用自身的劳动能力，合理规定劳动年龄的上下限，充分利用劳动适龄时期（尤其是劳动时期）的劳动能力。

第三，人力资本的另外一个自有特征是变动性。人力资本是随着科技发展和社会进步不断变动的，人力资本的存量、增量及其构成要素的价值都将不是固定不变的。虽然人力资本是通过投资形成和增长的，但是人力资本也较容易流失，而且人的知识、技能和能力一般需要比物质资本更新得更快。同时，人力资本与人的年龄、体力、健康状况和寿命相关。因此，人力资本处于不断变化之中，具有很强的可变性。

第四，人力资本还具有产权性的特征。由于人力资本的人身依附性，人力资本与其载体——人不可分离，因此，人力资本的所有权不能直接转让或者买卖，不能被直接继承。于是，人力资本作为一种产权形态，是其产权主体追求效用最大化的重要手段，本质上体现了人与人之间的经济利益关系（姚树荣、张耀奇，2001）。而如果人力资本的产权权利一旦受损，人力资本就可能贬值或消失。

第五，人力资本另一项重要的特征是激励性。由于人力资本的产权性具有与物质资本产权性不同的特点，大多数学者认为人力资本与人体的不可分离性导致了激励的产生（赵曙明，2001）。人力资本产权主体对人力资本载体的“激励”十分重要，因为人力资本载体的“满意度”决定了人力资本的实际使用效率（姚树荣、张耀奇，2001）。基于人力资本的激励性，把对人力资本开发利用的市场信号传递给个人或群体，再由其决定如何进行人力资本投资和提高人力资本利用效率的决策。

二、人力资本的分类

目前，学者们对人力资本的分类主要是基于研究目的和研究对象的需要，因此，对人力资本的分类还缺乏统一的划分，有多种不同的分类方法。本部分将介绍文献中人力资本的常用分类方法。归纳起来人力资本主要有以下几种分类方法。

（一）按人力资本的稀缺性分类

按人力资本的稀缺性，可以将人力资本划分为一般人力资本和特殊人力资本（Becker，1962；明塞尔，2001）。一般人力资本是指对很多企业（既包括某一特定企业即本企业，也包括其他企业）都有用的基础性的知识和技能，能增加企业员工的边际生产率。特殊人力资本又分为企业特殊人力资本和行业特殊人力资本（Pennings et al.，1998；明塞尔，2001）。其中，企业特殊人力资本是指通过特定的某一企业 / 本企业内部学习得到的特殊知识和技能，只对某一企业 / 本企业有用，可以增加其生产率，而对其他企业都是没有价值的。行业特殊人力资本是指在同一行业很多企业中有效的关于本行业的知识和技能，而在其他行业中无效，能够提升拥有这种人力资本的企业在本行业中的竞争力。在企业特殊人力资本和行业特殊人力资本的基础上，吉本斯等人（Gibbons et al.，2004）提出第三种人力资本，即任务特殊人力资本，或特定任务人力资本。所谓任务特殊人力资本或特定任务人力资本，是指具体到需要完成的任务，个体在工作中需要掌握的人力资本，即大部分工作中的人力资本的积累是取决于特定任务中的“干中学”（刘勇等，2010）。

在企业经营实践中，一般人力资本的价值“通过工资费用报酬这种相对固定收入形式就可以得到比较合理的反映”，而特殊人力资本的价值则代表着企业获取超额收益的能力，需要给予其剩余索取权以进行有效的激励（周艳，2007）。

（二）按人力资本转移成本大小和对企业的依赖程度分类

按人力资本转移成本的大小和人力资本的价值对企业的依赖程度，可以把人力资本分为通用性人力资本、专用性人力资本和准专用性人力资本（朱明伟、杨刚，2001）。转移成本主要是指职工在新企业中所得报酬与其实际人力资本价值的差额。对企业的依赖程度是指同一人力资本在不同企业内价值变动的大小。基于这种分类，通用性人力资本是指转移成本较小且对企业依赖程度较低的人力资本，如企业的保安、保洁人员等；专用性人力资本是指转移成本较大且依赖程度较高的人力资本，如拥有企业专用技术的技术人员等；准专用性人力资本是指转移成本较大但依赖程度较低的人力资本，如大部分员工的人力资本（朱明伟、杨刚，2001）。

（三）按人力资本的所有者类型分类

人力资本的所有者是指掌握企业所需知识或技能的员工或群体。按人力资本的所有者类型，可以把人力资本分为企业家人力资本和非企业家人力资本（Pennings et al.，1998；刘剑雄，2008）。企业家人力资本包括进行创新的能力、管理的经验、领导和决策能力；非企业家人力资本包括一般性的知识、技能、健康、研究与开发等方面的人力资本（刘剑雄，2008）。由于人力资本的所有者也可能是高学历人才，或者是拥有独特技能或高素质的员工、管理者，因此，也有学者将企业家人力资本和非企业家人力资本这两类人力资本进一步细分，比如基于社会网络分析的企业关键智力资本的识别模式将人力资本进一步分为企业家资本、经理人资本、员工资本和团队资本（李平、张庆普，2008）；按照人力资本所有者的能力结构将人力资本进一步分为一般型人力资本、技能型人力资本和管理型人力资本（包括企业家在内）（周艳，2007）。

（四）按人力资本的性质分类

按人力资本的性质进行划分时有多种具体划分方式。第一种方式是按人力资本的层次分类，可以把人力资本分为初级人力资本和高级人力资本两类。初级人力资本是指人的体力、经验、生产知识和技能；高级人力资本是指人的天赋、才能和被源源不绝地发掘出来的潜能的集中体现——智慧（刘伟东、尹轲，2002）。第二种方式是按获取收益的能力分类，可以把人力资本分为同质型人力资本和异质型人力资本（丁栋虹，1999）。异质型人力资本是指具有边际报酬递增生产力形态的人力资本；同质型人力资本则是指具有边际报酬递减生产力形态的人力资本（杨增雄、张焕勇，2005）。也有学者进一步将异质型人力资本分为创新高质人力资本（熟练劳动）和低质人力资本（非熟练劳动）（易先忠、张亚斌，2008）。

（五）其他分类方法

以上四种分类方法在已有研究中较为常见。从已有的文献中发现，还有一些对人力资本进行分类的其他方法。例如，根据人力资本的概念和特征，有学者提出按人力资本的不同视角将人力资本分为三个层次，即微观视角的“个体人力资本”、中观视角的“企业人力资本”和宏观视角的“社会人力资本”（贾宗武等，2006；贾茜、贾宗武，2010）。还有学者按照个体受教育年限的长短将人力资本分类，比如分为较高层次的技能型人力资本和较低层次的普通型人力资本（陈晓迅，2013）。

综上所述，关于人力资本的分类，学界没有统一的观点，并且这一方面的理论和实证研究相对不足，是后续需要继续研究的内容。

三、人力资本的形成途径

人力资本的形成，也被称作“人力资本的投资”，由舒尔茨等经济学家提出。在《人力资本投资》一书中，舒尔茨把人力资本分解为医疗保健设施和服务，在职培训，正规的初等、中等和高等教育，成人教育计划和劳动迁移五个部分。人力资本投资包括的内容很多，不同人力资本投资形式获得的人力资本是不一样的。基于舒尔茨的观点，一般认为人力资本的形成途径主要有：教育（包括学校教育和培训）、卫生健康、劳动力迁移流动、吸引高质量的移民。本部分将对这四种主要的人力资本的形成途径进行简要介绍。

（一）教育

教育是人力资本形成和发展的最主要途径。教育作为能够对人的文化知识、技术技能的形成和发展起到影响作用的活动，在人力资本形成的途径中处于特殊的重要地位。通过教育可以提高劳动者的认知能力以及非认知能力，进而提高劳动力的质量、劳动者的工作能力和技术水平，从而提高劳动生产率。认知能力是指通过教育、知识积累、培训等方式形成的包括数学运算能力、读写能力、文化和科学技术素质、加工处理信息的能力、分析和解决问题的能力等的总和；非认知能力是由动机、自控力、偏好等个人潜在特质构成，如良好的价值观念和社会表现、有效的时间管理等（肖焰、蔡晨，2017）。一般来说，教育包括正规学校教育、在职培训、劳动者在工作中“干中学”等多种形式。通过教育投资形成的人力资本被称为教育人力资本，是人力资本的核心部分。

接受教育是一种旨在掌握知识和提高生产率，并且能带来更高收入的投资。个人可以通过教育获得更高的劳动力市场回报，社会也会从教育投资中获得经济增长。许多国家的经济发展实践表明，教育投资增长速度应大于物质资本投资的增长速度，这是实现经济更快发展的规律。教育发展作为人力资本积累的一个重要手段，也是促进一国经济发展的决定性因素之一。目前，世界各国，尤其是发达国家为了获得经济发展的优势，均将大力发展国民教育作为重要的政策和措施。发达国家的平均受教育年限整体上要远远高于发展中国家。为了获得经济的长远发展，发展中国家更应该加大教育人力资本投资。

（二）卫生健康

良好的健康状况是人力资本的重要组成部分，卫生健康投资有助于提高个体的健康水平。因此，卫生健康也是人力资本形成的一种重要途径。由于人力资本具有人身依附性的特征，人的健康状况的改善会直接影响到个体人力资本的积累和效能的发挥。人的体能、健康状况和寿命都会直接影响一个人的人力资本投资风险和社会效益，因此，人们主要通过对医疗卫生和保健等的支出获得健康人力资本，卫生健康支出是一种十分重要的人力资本投资形式，卫生健康投资是人力资本提高和发展的前提。良好的卫生健康投资能够提高个体的身体素质和心理状况，减少疾病和死亡，进而提升劳动者的身体素质、工作能力，延长劳动者的工作时间，从而促进人力资本质量提升和推动经济增长。

加大卫生健康投资，能够有效提升劳动者的身体素质，提高其健康人力资本，使其在生产过程中具有更多的活力与更快的成长力，这不仅能增加有效劳动供给，还能提高其在生产中的产出水平和工作质量，形成高质量的经济增长。实践经验表明，越是发展水平高的国家越重视通过良好的卫生健康来提高国民的身体健康素质，进而形成高质量人力资本和推动经济高质量发展。

（三）劳动力迁移流动

劳动力通过迁移流动可以获得更好的工作机会和更高的收入，这也是人力资本形成的一种途径，是人力资本合理优化配置的实现过程。劳动力的迁移流动是指具有一定劳动能力的劳动者为了与生产资料结合的需要，在生产过程之外，在不同的地理区域范围和不同的工作岗位之间的迁移和流动。从个人层面来看，劳动力迁移流动是因为劳动者预期可以获得更高的收益，通过迁移流动来找到合适的单位和工作岗位，以满足自己收入、福利等的要求，这就是进行了人力资本投资。从社会层面来看，劳动力作为生产要素的流动，可以调节地区之间的供求关系，使生产要素达到均衡配置，有利于促进经济增长。劳动力的迁移流动既有利于调剂不同地区间劳动力资源的剩余、尽可能充分利用社会劳动力，又有利于优化配置劳动力资源、充分发挥人力资本的潜能。可见，劳动力的跨地区、跨行业流动实现了资源的合理配置，能够促进人力资本产出更大的经济价值，推动经济的更大发展，实现更大化的社会收益。

因此，劳动力迁移流动也是一种人力资本形成途径，这种人力资本投资能够用相对少的人力资本社会投入获得相对大的全社会劳动力资源利用的经济效用和社会效用。

（四）吸引高质量的移民

吸引高质量的移民，就是实现国际的人力资本流动，也是形成人力资本的一个重要途径。如果吸引入境的移民是接受过良好教育和专业培训的人才，他们的人力资本是由人才流出国的教育投资形成的，那么，通过国际移民就增加了本国即人才流入国的人力资本总量，形成了新的人力资本增加。只要吸引的移民不导致人才流入国的人力资本供大于求，不导致人才流入国的就业机会受到影响，不给人才流入国的基础设施和社会服务造成压力，那么，通过吸引移民来提高本国的人力资本就是可行的。在当前经济全球化和教育国际化的大背景下，全球人力资本的跨国流动日益增多，各国都在采取多种措施大力吸引高质量人才，以提高自己的人力资本存量，增强国家的综合国力和国际竞争力。因此，吸引移民，特别是高质量的移民，也是人力资本形成的一种重要途径。

第三节　人力资本的相关理论简介

人力资本理论作为经济学中的一个重要分支，其诞生和发展经历了一个漫长的历史过程。人力资本理论在系统化形成的过程中，经历了早期人力资本思想、现代人力资本理论、当代人力资本理论和新人力资本理论四个阶段（肖焰、蔡晨，2017）。本节将按照人力资本理论诞生与发展的这四个阶段以及中国人力资本理论相关研究等方面的内容对人力资本的相关理论做简要概述。

一、早期人力资本思想

“人力资本理论”这一概念最早可以追溯到1776年亚当·斯密（Adam Smith）撰写的《国富论》，他认为“学习是一种才能，须受教育，须进学校，须做学徒，所费不少。这样费去的资本，好像已经实现并且固定在学习者的身上。这些才能，对于他个人自然是财产的一部分，对于他所属的社会，也是财产的一部分”。这时实际上已经有了人力资本思想（肖焰、蔡晨，2017）。之后，李斯特（List）、费希尔（Fisher）、沃尔什（Walsh）、马歇尔（Marshall）等经济学家都以古典政治学为基础对人力资本概念进行过探索。例如，李斯特（1856）提出了物质资本与精神资本的概念，认为人可以通过教育投资掌握更多的技艺、智力有助于人们获得更多的产出，这个“精神资本”的概念已经与“人力资本”较为类似。马歇尔（1890）则提出将人的能力看作通用能力和特殊能力之和，认为“所有资本中对人本身的投资是最具价值的，教育能够开发人力资源的智力”，并且主张由国家进行教育投资。费希尔（1906）提出了人力资本的概念。沃尔什（1935）通过分析个人教育费用和个人收益来研究人力资本。

在人力资本理论的萌芽时期，虽然学者们开始打破传统观念，注意到教育、能力对于人力资本有重要的作用，但是对于“能力”到底是什么没有清楚的界定。

二、现代人力资本思想

进入现代人力资本思想的发展阶段，20世纪60年代，舒尔茨与贝克尔等经济学家创立的人力资本理论从经济学角度对个人能力和素质的经济学价值进行了阐述，并为教育投资、经济增长、个人收入分配、企业理论等问题提供了人力资本视角下的分析与结论。

舒尔茨（1961）阐述了人力资本的概念、性质、如何投资、对经济增长的作用等，以宏观经济增长问题为对象，研究了教育、在职培训、医疗保健、流动迁移等投入对一国经济增长的贡献，认为人力资本是通过投资而凝聚在人身上的知识、技能和健康等因素的集合，第一次明确提出人力资本投资理论，因此，舒尔茨被公认为“人力资本理论之父”。在舒尔茨之后，贝克尔（1962）从个人、家庭的微观层面分析了人力资本投资，研究人力资本积累与个人收入分配的关系，建立了微观决策的人力资本理论，通过对人力资本的投入和产出的分析将人力资本理论从具体发展到抽象。贝克尔和舒尔茨都认为应当从预期收益的角度衡量人力资本的投资行为。明瑟（Mincer，1962，1974）延续上述理论，首次将受教育年限作为衡量人力资本的指标来构建人力资本收益率模型，在个人收入和人力资本方面给出了自己的解释，也是现代人力资本理论最早的开拓者之一。

现代人力资本理论时期，舒尔茨等学者对人力资本的概念、性质以及人力资本的投资途径都有了较为明确的阐述，他们指出，人的资源是一切资源中最重要的。提高人的素质，提高整体人力资本，无论是对社会经济增长还是对劳动者个人的收入提高，都会带来巨大效率。

三、当代人力资本理论

20世纪80年代以后，随着科学技术的突飞猛进和新的经济发展现实，兴起了以知识经济为背景的新经济增长理论的研究，并采用数学的方法，建立了以人力资本为核心的经济增长模型，拓宽了人力资本的研究领域。斯彭斯（Spence）、保罗·罗默（Paul Romer）、罗伯特·卢卡斯（Robert Lucas）等学者对这一时期人力资本理论的发展做出了重大贡献。

斯彭斯（1973）创立了筛选理论，认为教育只是反映个人能力的信号，以帮助雇主识别不同能力的求职者，将他们安置到不同职业岗位上，但教育并不会直接提高受教育者的劳动生产率或增加劳动产量。与筛选理论一样，对现代人力资本理论提出异议的还有劳动力市场分割理论，也认为教育不能直接提高个人的认知技能、影响收入，而是让受教育者能够进入收入高、工作环境优越、福利有保障的主要劳动力市场，避免风险大且不稳定的次要劳动力市场（肖焰、蔡晨，2017）。筛选理论和劳动力市场分割理论也被认为是第二代人力资本理论。

新经济增长理论的代表性学者如罗默、卢卡斯的研究，使人力资本更为具体化、数量化和精细化。罗默（1986）建立了内生经济增长模型，把知识作为资本和劳动力之外的第三种要素加入生产函数中，使其作为经济增长的内生变量。罗默提出了四要素增长理论，将生产要素分为四个方面：资本、非熟练劳动、人力资本和新思想，还对人力资本的形成来源提供了新的视角。罗默论证了人力资本的数量和质量决定经济增长率，从而成为新经济增长理论的重要创始人之一。卢卡斯是新经济增长理论的另一位重要代表人物，他提出了人力资本积累增长模型，该模型由“两资本模型”（以舒尔茨的理论为基础，强调正规学校教育对经济增长产生的内部效应）和“两商品模型”［以阿罗（Arrow）的“干中学”理论为基础，强调边干边学边积累的人力资本存量能产生外部效应］构成，分析了整个经济中人力资本的形成、积累及产出贡献，论证了经济增长的根本动力在于人力资本的不断增长，并指出人力资本投资具有溢出效应（Lucas，1988）。新经济增长理论解决了人力资本内生化的需求，认为人力资本是经济长期增长的决定性因素，更加突出人的知识和能力对经济增长的作用。

四、新人力资本理论

前三个阶段的人力资本理论是以认知能力为核心的人力

资本理论，忽视了非认知能力的经济、投资价值（肖焰、蔡晨，2017）。近些年来学者们不断尝试将非认知能力添加到人力资本理论框架中，代表性的学者有赫克曼（Heckman）。赫克曼（2003）主要从微观的个体人力资本投资的分析入手，建立了从人的生命周期动态分析人力资本投资的理论框架，而且他对人力资本的分析不仅包括传统的认知能力，也包括非认知能力（杜育红，2020）。赫克曼的全生命周期动态人力资本理论的一个关键点是，前期的人力资本投资会影响后期的人力资本投资效率；另一个关键点是强调非认知能力的重要性，他认为非认知能力不仅与认知能力同样重要，而且早期教育干预对非认知能力影响更大。还有一些学者单独考察了非认知能力对劳动力市场中的工资收入、职业成就等的影响（Barrick & Mount，1993；Salgado，1997；Nyhus & Pons，2005）。可见，在加入非认知能力后，新人力资本理论开始了更为全面系统的、以能力为核心的人力资本研究。

五、中国人力资本理论相关研究

中国学者对人力资本理论的认识相对较晚，从 20 世纪 80 年代开始对西方人力资本理论进行研究，一方面是传播人力资本理论，另一方面是利用人力资本来解释经济增长、收入分配等问题，还有一些研究是对人力资本理论本身进行探索。目前中国学者对人力资本理论的研究可以分为以下几个方面。

第一，介绍国外人力资本理论。这一类研究主要是系统地介绍西方人力资本理论及其相关研究，包括人力资本的概念、历史、研究现状、人力资本构成、研究方法等，并结合中国国情提出符合国内人力资本的研究理论和见解（胡旸，2021），例如对人力资本的概念进行深入讨论等（丁栋虹、刘志彪，1999；李建民，1999）。

第二，分析人力资本与经济增长关系的研究。人力资本与经济增长关系的研究是西方人力资本研究中最重要的内容之一，其中最主要的研究集中于新增长理论。中国学者在西方研究的基础上，结合中国国情，通过改进现有模型、采用中国数据进行实证分析等方法考察人力资本与中国经济增长之间的关系，已有研究发现人力资本对中国经济的快速增长以及地区经济差异的缩小做出了重要的贡献（杨建芳等，2006；杨俊、李雪松，2007；李从欣等，2008；Fleisher et al.，2010；李德煌、夏恩君，2013；刘智勇等，2018）。

第三，人力资本投资及其收益研究。根据人力资本理论，人力资本投资的依据主要包括预期收益、对个人的预期效用、社会经济及其他外部效应三方面。中国学者运用投资收益率等实证研究方法对我国人力资本投资的收益，特别是教育投资的收益进行了很多研究（朱国宏，1992；诸建芳等，1995；侯风云、邹融冰，2005；薛进军、高晓淳，2011；胡鞍钢等，2015）。也有一些研究针对不同群体，如农村/农民群体、大学生群体、农民工群体等，采用实证分析、案例研究等不同研究方法进行了人力资本投资的收益研究（赵宏斌，2004；程伟，2006；侯风云、张凤兵，2007；黄斌、徐彩群，2013）。

第四，人力资本与收入分配关系的研究。个人收入一般是指劳动者通过自己的体力与脑力劳动所取得的报酬，包括工资、福利等收入。个人收入的分配问题既关系到经济发展，也关系到社会稳定、人民幸福。人力资本与收入分配关系的研究是建立在对人力资本投资的收益分析的研究基础之上的。明瑟（1958）、奇斯维克（Chiswick，1968）等西方学者从教育和人力资本投资的角度建立了人力资本投资与个人收入分配之间的关系模型。基于此，中国学者也对中国现有的分配制度的优缺点，人力资本与个人收入分配、收入不平等之间的关系等问题进行了分析研究（胡锋，2002）。关于中国人力资本与个人收入分配的研究得到了一些显著的结果（赖德胜，1998；邹薇、张芬，2006；李亚玲、汪戎，2006；杨俊等，2008）。

第五，人力资本的产权研究。人力资本的产权是人力资本理论的一个重要方面，而西方人力资本理论忽视产权的研究（胡锋，2002）。随着改革开放后国有企业改革等一系列社会经济现象的出现，中国学者从企业理论的角度对人力资本的产权及其拓展进行了研究。一些学者从人力资本所有权（李建民，1997）、产权的可交易性和合约性（黄乾，2000）等不同角度对人力资本产权的定义进行了讨论（钟庆才，2004）。还有学者对人力资本产权的特性进行了讨论。例如，周其仁（1996）认为人力资本具有一种独一无二的所有权，它天然归属于个人，它的所有权限于体现它的人。

第六，人力资本其他方面的研究。除了以上五个方面的研究，中国学术界也讨论了人力资本理论的其他相关问题，如人力资本的测量研究、人力资本的错配研究等。人力资本测量对人力资本理论研究十分重要，不仅能够验证之前提出的理论是否正确，检验人力资本对经济增长的贡献，还能够通过运用具体数据来指导政策的制定（王增武、张晓东，2022）。关于人力资本测量的国内外相关研究将在第二章中进行介绍。人力资本错配会导致人力资本的浪费，降低人力资本对经济的促进作用，因此，一些学者关注了中国人力资本的配置与效率问题（李静等，2017；纪雯雯、赖德胜，2018；李静、楠玉，2019）。

第二章 人力资本的测量

由于人力资本能够增加投资者的未来收益，并促进宏观经济的增长，因此，为了保证以人力资本为基础的经济发展政策具备最基础的科学性，需要对人力资本进行准确的测量。而人力资本是人们通过对自身进行教育和培训投资所形成的、凝结在人身上的知识和能力，是无形的、不可直接观测到的。因此，如何度量无形的、不可直接观测到的人力资本是学术界和政策制定者讨论的重要问题。鉴于人力资本的重要性，学者们围绕如何全面、系统地度量人力资本进行了很多研究。本章将从人力资本测量的常用基本方法、人力资本测量的研究进展方法、新时代高质量发展阶段人力资本的多重维度测量等方面来介绍人力资本的测量。

第一节　人力资本测量的常用基本方法

测量人力资本的常用基本方法主要分为三种：基于产出度量人力资本的方法、基于成本度量人力资本的方法、基于收入度量人力资本的方法。本节对这三种人力资本测量的方法进行介绍。

一、产出法

产出法，是测量人力资本的常用基本方法之一，就是基于教育投资的产出来测量人力资本（存量）。这种方法基于人力资本的某项特征来估计人力资本水平，主要采用平均受教育年限、学校入学率、学业成绩、成人识字率、高等教育劳动者的比例等指标作为人力资本的代理，特别是以平均受教育年限为依据估计相应的人力资本水平最为常见。因此，产出法也被称为教育指标法，即通常以某一个教育指标来估算整体的人力资本。产出法在国内外的学术界和政策制定者中均得到了广泛使用。本部分将简要介绍基于产出法使用不同的教育指标测量人力资本的方法，更具体的使用各指标测量人力资本的计算方法将在本章第三节中的"教育人力资本"部分进行阐述。

在测量人力资本时，一些学者使用学校入学率作为人力资本的代理指标，主要是在分析人力资本与经济增长之间的关系时来衡量一个国家（或地区）的人力资本存量（Barro，1991；Barro & Lee，1996）。入学率一般是指在教育机构就读的学生与学龄人口之间的比率，如使用小学、初中、高中、大学等不同阶段的入学率来进行一个国家（或地区）的人力资本的衡量。还有利用识字率来衡量人力资本存量的，如经济合作与发展组织利用国际成人识字率调查（International Adult Literacy Survey，IALS），即识字成人与成人总数之间的比率来衡量国家（或地区）的人力资本存量。另外一个常用来衡量人力资本的教育指标是高等教育相关指标。高等教育发展关系着一个国家的人力资源水平和素质，影响着一个国家的经济和社会发展水平。高等教育相关指标较多，一般较常用的有高等教育在学规模和高等教育毛入学率，用以衡量人力资本水平。高等教育在学规模是指包括研究生、普通本科、职业本科和高职（专科）、成人本专科、网络本专科、高等教育自学考试本专科等各种形式的高等教育在学人数。高等教育毛入学率是指高等教育在校生（不分年龄）占 18～22 岁年龄组人口数的百分比。

除了用入学率、识字率、高等教育相关指标来测量人力资本以外，还有很多学者使用平均受教育年限等教育程度指标来测量人力资本（Psacharopoulos & Arriagada，1986；Barro & Lee，1996；胡鞍钢，2002）。用平均受教育年限来度量人力资本是基于个人的生产力与其平均受教育年限成正比这一假定，例如一个人完成十二年的学校教育的生产力是完成一年教育的十二倍（Psacharopoulos & Arriagada，1986）。基于此，就可以认为平均受教育年限作为测量人力资本的代理指标是有意义的。在实际度量人力资本时，一般将各种受教育程度折算成受教育年限计算平均数，得出平均受教育年限，具体计算方法将在本章第三节中的“教育人力资本”部分进行详细说明。在利用平均受教育年限测量人力资本的水平的基础上，还可以利用平均受教育年限来衡量人力资本的存量。目前一般有两种不同的计算人力资本存量的方法。第一种方法是使用“受教育人年”，即将人口数量与平均受教育年限相乘，二者之积就是人力资本存量，体现一个国家或地区的总人力资本水平。也可以使用不同年龄段的人口，如 15 岁及以上人口、劳动年龄人口等来计算不同年龄段人口的人力资本存量，更全面地衡量一个国家或地区的人力资本。第二种方法是用不同阶段的受教育人数与相应的受教育年限相乘来计算人力资本存量。其中，受教育人数的计算方法一般有两种：一种是根据历年从小学到研究生学历的各类学校入学人数、毕业人数和退出的人数计算受教育人数；另一种是利用永续盘存法[①]分别计算小学、初中、高中、中专、大学五个不同教育阶段接受教育的人数（闵维方、马莉萍，2020）。在对中国的人力资本测度方面，周德禄（2005）、岳书敬（2008）利用人力资本的一些特征指标的加权平均值进行了中国人力资本水平的估算；胡鞍钢（2002）等学者则使用平均受教育年限或总体教育水平等作为人力资本的特征指标估算了中国的人力资本。

利用产出法测量人力资本相对来说十分直观，也容易计量，因而，基于产出来度量人力资本在实际中得到了较广泛的运用。但是，产出法也存在较明显的局限性。一是产出法主要是间接测量人力资本，只是测量了人力资本最简单的量，而没有测量人力资本更重要的质量。例如教育指标一般只是作为人力资本数量的代理，因而不能准确衡量人力资本的质。比如，使用入学率测量人力资本的一个缺点是没有衡量出学生在参与生产活动后可以认识到的其有效性；使用识字率作为代理变量的一个缺点则是忽略了识字与劳动生产率之间可能存在的关系，而且忽略了通过非正式或非正规的学习活动（如个人学习和在职培训）来提高生产率的可能性；受教育年限只反映了人们接受学校教育的时间长短，而不能反映学校教育的质量和结果，也不

① 借用计算物质资本的永续盘存法来计算受教育人数，是根据统计结果连续记录接受不同阶段教育人数的增加和减少，并随时根据统计数据计算出账面结存的受教育人数。

一定保证个人具有某种特定的能力，而且个人受教育的年限也可能与其生产力相关（Kwon，2009）。二是产出法不能准确反映人力资本积累的动态过程。比如，受教育年限不能反映学校教育结束后人力资本积累的动态过程，也不能综合反映人们在除学校以外的其他场所积累的人力资本情况。三是产出法也没有考虑其他重要因素对一个国家人力资本状况的影响。例如，跨国人才流动、不同国家生均投入和教育产出质量的差别等因素也可能会影响人力资本。

二、成本法

成本法，是从投资的角度，认为人力资本是由于投资形成，因而将一个人的人力资本投资成本相加来测量人力资本。这种方法是测算人力资本最常用的方法之一，是计算投资于人力资本的总费用成本，以间接衡量人力资本存量。舒尔茨将人力资本的投资成本主要概括为以下五类：个体继续生存或者增加生存能力的医疗保健投资、个体参加工作前进行培训的投资、个体在学校中学习进行的教育投资、个体参与非企业组织的继续教育投资和个体变更工作单位和居住地点所进行的投资。结合现实中的实际情况，学者们一般将以下几个方面的人力资本投资成本进行加总：一是教育和培训投资的直接成本，既包括宏观层面国家（或地区）进行教育公共投资的直接成本，如国家财政支出中的文教事业费、科学研究投入经费等，也包括个体投资教育和人力资本的直接成本，如人均教育培训、文化娱乐等方面的支出等。二是接受教育和培训投资的机会成本，如接受教育和培训的时间机会成本、放弃工作的机会成本等。三是卫生保健投资的直接成本，既包括宏观层面的卫生总经费、国家财政支出中的卫生事业费等，也包括个体层面的人均医疗保健支出等费用。四是吸引国外人才和促进人力资本积极流动以实现资源最佳配置的投资，如迁移流动费用等。

在对各渠道的人力资本投资成本进行加总计算时，一般利用“成本法”或“永续盘存法”（Schultz，1961）[①]，采用折旧法（Kendric，1976）或者未来贴现收入法（或终生收入法）（Jorgenson & Fraumeni，1989）等具体方法来计算人力资本的投入成本。例如，肯德里克（Kendrick，1976）使用了考虑折旧来计算个人投资成本，将人力资本分为有形人力资本（如养育孩子的费用）和无形人力资本（如教育与培训、医疗、健康和安全等方面的支出），通过完整的人力资本投资相关成本的清单来估计人力资本的价值（李海峥等，2010）。而乔根森和弗劳梅尼（Jorgenson & Fraumeni，1989）则提出使用未来的贴现收入来计算人力资本的投入成本，具体方法将在本节的“收入法”部分中进行介绍。已有学者基于总投资从成本角度计算了中国的人力资本存量，不过由于学者们的计算方法稍有差别，在人力资本投资具体包含的项目和计算成本时的折旧率等问题上看法不一致，因而导致对我国人力资本存量的测量结果也不一致

① 借用计算物质资本的永续盘存法来测量人力资本存量，是根据统计结果连续记录人力资本存量的增加和减少，并随时根据统计数据计算出账面结存的人力资本数量，是通过计算增减随时反映人力资本存量的一种核算方法（闵维方、马莉萍，2020）。

（张帆，2000；钱雪亚、刘杰，2004；侯风云，2007；钱雪亚，2011）。

利用成本法测量人力资本对人力资本进行了区分，考虑了形成人力资本的投入成本，不仅能够提高人们对人力资本投资的成本意识，而且能够促进宏观层面和微观层面对人力资本投资的增加。但是，成本法也存在一些较明显的问题。首先，成本法也是基于间接测量法衡量人力资本存量，因此仅仅通过计算人力资本投资的成本量不能全面和准确反映人力资本实际的质和量。一是采用成本法很难从人力资本成本的角度精确划分投资和消费之间的界限，如健康支出如何划分为投资性支出和维持性支出，难以准确度量对人力资本的投资费用。二是成本法也没有考虑投入的配置和使用效率，因而不一定能够准确反映人力资本的实际存量。三是成本法无法反映人力资本投资（如教育）产出的质量。即使进行相同数量的教育和培训、医疗保健、吸引人才等方面的投入，但由于教育体制、教学方式、培训水平、培训内容和方法、医疗配置效率、人才发挥作用的环境和基础等诸多方面因素的不同，可能会导致不同质量的人力资本产出。其次，成本法忽略了个体自身所具有的人力资本，也没有考虑到家庭环境、努力程度等其他因素对人力资本形成的影响。再次，成本法测量人力资本时所要求的数据量巨大，数据涵盖的内容也要求极高。比如，采用折旧法计算某年的人力资本可能需要用到 80 ~ 90 年前的统计数据，需要涵盖人力资本投资方面的所有细节，这在很多国家，如我国不太适用。最后，成本法在许多技术细节的处理过程中具有一定的主观性。比如，对人力资本自然折旧的折旧率等问题的处理。

三、收入法

收入法，是从收益的角度，通过人力资本带来的产出增量来测量人力资本。收入法的内在逻辑是人力资本（存量）应该与经济产出之间存在正相关关系。舒尔茨（1961）从收益的角度对通过教育投资形成的人力资本进行了分析，测量了美国教育投资的经济收益。贝克尔（1964）从微观分析的角度说明了人们为什么要进行教育等人力资本投资，首次使用了成本–收益分析方法对人力资本投资进行分析，为从收益的角度测量人力资本奠定了基础。收入法基于个人在整个教育投资过程中从劳动力市场获得的回报，通过教育和培训投资获得的与个人相关的利益来测量人力资本。这种方法也是测量人力资本的基本常用方法之一。

学者们利用收入法测量人力资本的具体模型有所不同，但是较为主流的计算方法是乔根森–弗劳梅尼的终生收入法，简称为 J–F 法（Jorgenson & Fraumeni，1989，1992a，1992b）。终生收入法是用个体在其整个生命周期中预期终生收入的现值来衡量其人力资本水平。采用终生收入而不是当前收入来度量人力资本的一个重要原因就是它能够更加准确合理地反映出教育、健康等长期投资对人力资本积累的重要作用（李海珍等，2010）。终生收入法不仅考虑了当期的收入，而且能反映教育、工作经验和在职培训等因素在个体身上积累的潜在收入（何珺子等，2019）。J–F 法具体的估算方法是把一个国家的人口按照性别、年龄、受教育程度等因素分为不同的群体，然后加总不同群体的预期生命期的未来终生收入的现值，从而得到一国的人力资本存量。J–F 法在测算时一般使用倒推法计算终生收入，通常把人的一生划分为五个阶段，分别对每个阶段使用不同的公式计算其预期收入。生命周期一般被分为五个阶段：不上学且不工作阶段、上学且没有工作阶段、上学或工作阶段、工作但不再接受正规教育阶段、退休（既不上学也不工作）阶段。使用倒推法计算时，先计算最后一个阶段，即退休阶段的未来终生收入，再依次向上一阶段推算，然后将各个阶段的预期收入进行加总，就得到了个体一生的人力资本存量。由于终生收入法的可操作性强，其已在国际范围得到认可并且在许多国家付诸实践。这是终生收入法最基本的计算公式，在实际中根据各国实际数据情况和教育机制的不同一般会进行调整（何珺子等，2019）。已有学者运用收入法对中国的人力资本进行了测度与估计（王德劲等，2006；朱平芳、徐大丰，2007；李海峥等，2010；李海峥等，2013）。

利用收入法测量人力资本是从人力资本投资的收益来衡量人力资本存量，一个明显的优点是一定程度上能够体现人力资本的质，因为收入法可以用和劳动相关的收入直接衡量个体在劳动力市场上的经济价值。收入法的另外一个优点是可以体现出人力资本服务在劳动力市场上由于需求和供给的共同作用体现出来的服务价值（何珺子等，2019）。而终生收入法还有一个优点是可以描述个体全部生命周期的持续变化，可以用来衡量人力资本的潜在收益。但是，收入法也存在一些缺点。一是收入法的计算模型相对复杂，使用起来不方便。二是收入法的测算结果受到参数的假设和数据精准度的影响。比如，如何设定人力资本的折旧率、如何选择退休年龄等，这些都需要准确的收入、生命表等相关数据，可能会影响到人力资本测算的准确性。三是使用收入法测量人力资本无法区分个体通过人力资本和物质资本获得的收入，考虑到“与人力无关的因素”也会对个人收入产生影响，因此该方法只能采用估算，而很少对人力资本进行完整的衡量。

第二节　人力资本测量的研究进展方法

人力资本测量的常用基本方法——产出法、成本法、收入法——主要集中在教育维度指标，利用人力资本的增收效应间接测量人力资本。由于这些方法各自都有较明显的优缺点，因此，在此基础上，学者们不断扩大人力资本的内涵，以不同的指标和方法去测量人力资本。本节将对人力资本测量的研究进展方法进行介绍，主要包括人力资本的综合性测量法和人力资本的直接测量法。

一、人力资本的综合性测量法

为了能够更全面、更综合地测量人力资本，一些研究通过对不同维度的指标进行结构分析，综合考察人力资本水平。目前人力资本的综合性测量法的最新进展代表是2018年世界银行的“人力资本计划”（The Human Capital Project，HCP）研究并发布的“人力资本指数”（The Human Capital Index，HCI）（World Bank，2018）。根据这种综合性测量法，不仅可以比较简便地计算出各个国家的人力资本指数，对各国人力资本的质量进行定期监测、追踪和跨国比较，提高人力资本的政策能见度，而且可以进一步计算出人力资本对一个国家的劳动生产率和经济增长的贡献，促进各国进行人力资本质量提升。

人力资本指数用于衡量下一代的人力资本，定义为今天出生的孩子在目前该儿童居住的国家普遍存在健康状况不佳和教育水平低下的风险的情况下，在18岁时预期可能达到的人力资本数量（World Bank，2018）。人力资本指数是一项在由安格里斯特等（Angrist et al.，2021）构建的协调学习结果（Harmonized Learning Outcomes，HLO）数据库基础上，对人力资本形成进行大规模追踪的工作。人力资本指数将定期更新以监测进展情况，并将随着数据的改进而扩展和完善。

人力资本指数由三个部分组成：一是生存（Survival）指标，这一组成部分反映了一个事实，即并非所有今天出生的儿童都能活到通过正规教育积累人力资本的过程开始的年龄；二是根据学习调整的预期受教育年限（Expected Years of Learning-adjusted Schooling），这一组成部分由儿童在18岁之前预期获得的教育数量的信息与质量衡量标准相结合；三是健康（Health）指标，这一组成部分衡量一个国家的整体卫生健康环境。具体而言，人力资本指数这一综合性测量人力资本的方法包括六个基本指标：（1）5岁以下儿童存活率。（2）18岁人口的预期受教育年限。这个指标反映的是根据普遍的入学率模式，儿童在18岁之前可以预期获得的上学年数。在数据中，预期的上学年限从4年左右到接近14年不等，基本对应于4岁开始学前班的孩子在18岁时获得的最大上学年数。（3）教育质量，即学生平均学业成绩，将在标准化测度中衡量的基本认知技能，包括数学、阅读和科学等测试项目的考试成绩统一为协调学习结果的衡量标准。协调学习结果以国际数学和科学趋势研究（Trends in International Mathematics and Science Study，TIMSS）进行测量，该研究满分为625分，各国的评分范围从300分到600分不等。（4）根据教育质量调整的受教育年限。这个指标是通过将预期的上学年数乘以TIMSS成绩与高级成绩基准（625分）的比率而得到。例如，如果一个国家的预期受教育年限为10年，TIMSS的平均考试成绩为400分，由于满分是625分，那么这个国家根据学习调整后的受教育年限就是10×（400/625）=6.4（年）。而预期受教育年限10年与调整后的受教育年限6.4年之间的差值3.6年就代表二者之间的学习差距。（5）15~60岁成年存活率。这个指标是以人口从15岁存活到60岁的比例来衡量的。这一死亡率指标可以代表如果当前条件在未来仍持续，今天出生的儿童成年后将经历的一系列非致命健康结果的范围。（6）5岁以下儿童健康成长的比例。这个指标是用发育迟缓率来衡量的，即用1减去5岁以下儿童低于正常身高的比例。发育迟缓是衡量产前、婴儿和幼儿健康环境的指标，总结了今天出生的儿童在早期可能经历的良好健康风险，对成年期的健康具有重要意义。将以上六个指标加成综合起来，就构成了一个国家的人力资本指数，该指数的范围介于0和1之间，指数越高表明这个国家的人力资本越高。具体的加成方法是根据严格的微观计量实证研究的证据，将健康和教育各指标以反映其对工人生产力贡献的方式加总在一起。这个指数的得分可以代表一个国家的新生儿预计在 18 周岁时的人力资本相对获得效率。如果一个国家在三个组成部分的六个指标上均达到最高水平，即 5 岁以上儿童存活率为 100%、国家具有完全的教育潜力（包括 18 岁人口的预期受教育年限为 14 年、教育质量为最高水平、根据教育质量调整的受教育年限为 10 年）、一个今天出生的孩子可以期望实现完全健康（包括 100% 的成人存活率和没有发育迟缓），那么这个国家的人力资本指数为 1。如果一个国家的指标达不到最高水平，人力资本指数则相应递减。例如，如果一个国家的得分为 0.7，则表明对于这个国家今天出生的孩子来说，作为未来工作者的生产力比接受完全教育和实现完全健康所能实现的生产力低 30%。

根据世界银行公布的数据（World Bank，2018），2018 年人力资本指数排名第一的国家是新加坡，得分为 0.88；而中国的人力资本指数得分为 0.67，排在第 46 位，这表明我国 2018 年出生的人口，也就是 2036 年的新增 18 岁成年人口，与接受完全教育和完全健康所能实现的生产力相比，预计有近 33% 的未来生产力没有实现。2021 年，世界银行公布的中国人力资本指数为 0.65（World Bank，2020）。

综上所述，人力资本指数这种人力资本测量的最新综合性测量方法，从数据层面为持续监测各国的人力资本发展状况提供了一个国际可比的、对政策制定与学术研究都极具价值的跨国人力资本质量数据库（刘骥、郑磊，2019）。人力资本指数在测量时综合考虑了人力资本的量和质，即教育和健康方面的数量和质量，也考虑了达到这些指标所需要的投入与产出，在实践中具有较强的可操作性（闵维方、马莉萍，2020）。

二、人力资本的直接测量法

如前所述，传统人力资本研究采用的常用基本方法一般都是间接测量人力资本。比如，产出法用受教育年限、各级教育的入学率以及国家对教育的投入如经费和培训时间、师资的质量等指标来间接测量人力资本。但是，用这些方法，特别是用教育指标来间接测量人力资本存在一定的局限性。比如，常用的教育指标——受教育年限只反映了人们接受学校教育的时间长短，而不能反映学校教育的质量和结果，也不一定保证个人具有某种特定的能力；不能准确反映学校教育结束后人力资本积累的动态过程，也不能综合反映人们在除学校以外的其他场所积累的人力资本情况（李海峥等，2010；曹浩文、杜育红，2015）。因此，基于间接测量人力资本方法的局限性，近些年来学者们提出，可以对人力资本进行直接测量，即直接测量个体的知识、技能和能力，以反映人力资本状况。

由于能力是不能直接观测和直接测量的，一般只有在要求个体实际操作一项或一些任务时才能决定这个人的能力如何，这是人力资本的直接测量的理论基础。人力资本的直接测量是直接测量人们的知识、技能和能力，以直接反映其人力资本状况，进而分析他们与当前经济、社会的关系并指导对人力资本投资的政策和策略（高文书、谢倩芸，2017）。基于此，技能是一个较为合适的直接反映人力资本的指标。技能既能反映学校教育的时长，也能反映学校教育的质量和结果；能够反映个体一生之中人力资本变化的动态过程；能够反映个体在学校、家庭、社会等不同场所积累的人力资本总和。经济合作与发展组织将技能定义为“完成一项任务或活动所必须具备的知识、特征与潜能的集合”，那么个人的人力资本则定义为“与促进个人、社会和经济发展的创造力有关的知识、技能、能力和其他特征等”；而“一个国家在一定时间内所具备的技能总和”则可认为是这个国家的人力资本。于是，基于技能的人力资本直接测量方法，主张对个体的知识、技能、能力、素质，特别是对那些能够适应新的技术发展和具有创新性质的技能、能力和态度进行直接测量，以反映其人力资本状况（高文书、谢倩芸，2017）。

在实践中，对人力资本的直接测量一般是通过采用一系列特别设计的能力量表及抽样调查的方法，对教育的结果和学习者所掌握的知识、技能和能力进行直接测量。人力资本的直接测量法的一个实际运用是国际成人能力评估调查（Programme for the International Assessment of Adult Competencies，PIAAC）。国际成人能力评估调查是由经济合作与发展组织开展的一项具有影响的评估和分析成人技能的专门调查。它主要评估全球 16 ~ 65 岁成人的阅读素养、数学素养和高技术环境下的问题解决能力这三方面技能，以了解参与调查的劳动力的技能现状及存在的问题，对劳动力的技能状况进行动态监测（OECD，

2012）。其中，阅读素养包括理解、评估、使用文本并与之互动，以参与社会、实现目标、发展知识和潜力的能力；数学素养指能够访问、使用和解释日常数学信息，管理日常生活中数学需求的能力；高技术环境下的问题解决能力指成功使用数字技术、通信工具，以及使用网络搜索、传达和解释信息的能力。在国际成人能力评估调查的问卷中，是通过一系列测试问题对这三大类技能和能力进行直接测量的。其中，阅读素养分为识字能力和阅读能力测试，阅读能力测试包括一系列的技能测试，从文字的解码到句子的理解、解释并评价复杂的文本。数学素养主要是通过计算测试进行考察，包括测评获得、使用、解释及组合数学信息和理解的能力。高技术环境下的问题解决能力主要是通过对在工作与生活中使用数码技术、通信工具、网络，获取、评估信息，与人交流，执行实际任务，解决问题等一系列问题进行测试。国际成人能力评估调查是目前唯一比较成熟和国际可比的、对成年人劳动力基本素养水平进行宏观监测和评估的项目。这种宏观监控以低成本的抽样调查为基础，面向决策者，为宏观决策服务。它包括对样本人群的知识、技能和能力的直接测量，以及背景变量的测量。国际成人能力评估调查首轮测评于 2011 年开始在经济合作与发展组织成员国和合作伙伴国家进行第一次调查，并于 2013 年公布调查报告。第一周期有 39 个国家 / 地区的经济体参加了 2011—2018 年的成人技能调查。第二阶段成人技能调查于 2018—2023 年举行。国际成人能力评估调查旨在协助各国政府评估、监测和分析成年人口中的技能水平和分布情况，以及各种技能在不同环境中的使用程度，为决策者提供各国现有和未来劳动力的人力资本状况的客观证据。

由此可见，人力资本的直接测量法主要强调的是：其一，在知识经济时代作为资本形式存在的人们的技能和能力，特别是那些能够适应新的技术发展和具有创新性质的技能、能力和态度；其二，直接为国家的经济、社会发展的决策服务，特别是为指导对人力资本投资的政策和策略服务；其三，既要包括现实劳动力（即成人）素质的信息，也要包括未来劳动力（学生）素质的信息；其四，是知识经济和全球化进程的产物。人力资本的直接测量法较为明显的优点就是能够直接测量人力资本，既能反映学校教育的时长，也能反映学校教育的质量和结果，同时，也能够反映个体一生之中人力资本变化的动态过程，能够反映个体在学校、家庭、社会等不同场所积累的人力资本总和。但是，需要注意的是这种直接测量法也有一些缺点。比如，目前研究者对技能的分类还未达成共识，对某些技能如非认知技能的测量相对较为困难；实施人力资本的直接测量需要时间，以进行历时较长的大规模劳动力技能调查等。

第三节 新时代高质量发展阶段人力资本的多重维度测量

根据人力资本理论，人力资本是经济社会发展的内在动力和重要保障。第四次产业革命以来，新一轮科技革命和产业升级对人力资本产生了新需求，也对人力资本提出了更高要求。

新时代高质量发展阶段，应着力提高人口教育素质、健康水平和文明素养等整体素质。人口教育素质可以通过人力资本的重要组成部分——人口的教育人力资本来衡量。人口健康水平可以通过人力资本的另外一个重要组成部分——人口的健康人力资本来衡量。人口的技能水平也是人口整体素质的重要组成部分，可以通过人力资本的一种重要类型——人口的技能人力资本来衡量。因此，基于新时代高质量发展阶段赋予人力资本的新内涵，本书提出人力资本的多重维度测量方法，即用教育人力资本、技能人力资本和健康人力资本三类人力资本来共同衡量人力资本，结合人力资本直接测量和间接测量方法，以全面、系统地反映中国的人力资本及其变动状况。本节将分别介绍教育人力资本、技能人力资本、健康人力资本的定义、测量及已有相关研究，为后文对中国人力资本的测算和分析打下基础。

一、教育人力资本

（一）定义

根据人力资本理论，人力资本的核心是教育，教育是人力资本形成和发展的最主要途径，因而，通过教育赋予个体的知识、技能和能力就是教育人力资本（谢倩芸、蔡翼飞，2020）。接受教育可以掌握知识、提高生产率、带来更高收入，而教育投资的收益是可以测算的，教育投资增长速度应大于物质资本投资的增长速度。个人可以通过教育获得更高的劳动力市场回报，社会也会从教育投资中获得经济增长（谢倩芸，2022）。教育人力资本在很大程度上决定了劳动生产率和人均 GDP 水平，对经济发展有显著的影响，对中国经济的迅速增长、经济效率的提高及地区差异的缩小做出了重要的贡献（Fleisher & Chen，1997；Démurger，2001；李晶莹、齐中英，2008；Fleisher et al.，2010；倪超，2016）。因此，通过教育发展来积累教育人力资本，不仅是提升人力资本的一个重要手段，也是促进一国经济发展的决定性因素之一。

由于教育是人力资本理论中最为核心和关键的部分，也是人力资本最直观、最有效的体现形式，教育人力资本经常被作为人力资本的主要形式进行讨论。

（二）测量

教育人力资本的测量包括衡量教育人力资本的水平、结构及存量。下面将分别介绍如何使用不同的指标来度量教育人力资本的水平、结构及存量，以及说明本书中选取的测量指标。

1．教育人力资本水平的测量

结合产出法使用教育指标来估算整体人力资本的方法，测量教育人力资本的水平的主要指标包括平均受教育年限、高等教育人口比例相关指标（包括高等教育毛入学率、高等教育在学规模、受教育程度为大学及以上人口占总人口的比例）。

（1）使用平均受教育年限测量教育人力资本水平

在实际度量教育人力资本时，需要将各种受教育程度折算成受教育年限，再计算其平均数得出平均受教育年限。人口的受教育程度一般分为：文盲、小学、初中、高中（含中专）、大专及以上（包括大专、本科、研究生）五类。具体的折算标准是：文盲 =0 年，小学 =6 年，初中 =9 年，高中 =12 年，大专及以上 =16 年[①]。例如，如果要计算一个国家或地区 15 岁及以上人口的平均受教育年限，其具体的计算公式为：

15 岁及以上人口的平均受教育年限 =（未上过学的 15 岁及以上人口 ×0 + 小学文化程度的 15 岁及以上人口 ×6 + 初中文化程度的 15 岁及以上人口 ×9 + 高中文化程度的 15 岁及以上人口 ×12 + 大专及以上文化程度的 15 岁及以上人口 ×16）/15 岁及以上总人口。

通过平均受教育年限这个指标，我们就可以衡量一个国家或地区整体的教育人力资本水平，也可以和其他国家进行国际比较。我们还可以通过测算不同人群（如 6 岁及以上人口、15 岁及以上人口、劳动年龄人口、60 岁及以上人口等）的平均受教育年限，更加深入、细致地对人口的教育人力资本水平进行测量。

（2）使用高等教育人口比例相关指标测量教育人力资本水平

高等教育发展关系着一个国家的人力资源水平和素质，影响着一个国家经济和社会发展水平。通过高等教育相关指标来衡量人力资本，不仅能衡量高等教育本身的情况，更是能通过

---

① 由于中国教育的学制曾经发生过变化，所以有学者将文盲、小学、初中、高中（中专）、大专及以上这五种教育的年限分别设定为 5、8、11、12、15 年。

对人力资本的衡量，体现出应以高等教育的强盛和现代化为全面建设社会主义现代化国家提供战略性支撑。因此，另外一个用来衡量教育人力资本水平的指标是高等教育人口比例相关指标，具体包括高等教育毛入学率、高等教育在学规模、受教育程度为大学及以上人口占总人口的比例这三个指标。

首先，高等教育毛入学率，又称大学毛入学率，是指高等教育在校生（不分年龄）占 18～22 岁年龄组人口数的百分比。国际上通常认为，高等教育毛入学率在 15% 以下时属于精英教育阶段，15%～50% 为高等教育大众化阶段，50% 以上为高等教育普及化阶段。2022 年，中国高等教育毛入学率已经达到 59.6%①。参照国际通用标准，中国已经进入高等教育普及化阶段。

其次，高等教育在学规模是指包括研究生、普通本科、职业本科和高职（专科）、成人本专科、网络本专科、高等教育自学考试本专科等各种形式的高等教育在学人数。2022 年，中国各种形式的高等教育在学总规模已达 4655 万人②。

最后，受教育程度为大学及以上人口占总人口的比例，也就是接受过高等教育的人口比例，是指受教育程度为大学（大专）及以上的人口数与总人口数之比。

在本书后面章节的测算和分析中，将使用平均受教育年限这一指标来测量教育人力资本的水平。

---

① 数据来源：《2022 年全国教育事业发展统计公报》。

② 数据来源：《2022 年全国教育事业发展统计公报》。

2．教育人力资本结构的测量

本书使用人口的受教育结构这一指标来测量教育人力资本的结构。具体而言，一个国家或地区的总人口的受教育结构指未上过学、小学文化程度、初中文化程度、高中文化程度（含中职教育）、大专及以上文化程度的人口数分别在总人口中所占的比例。一般来说，如果未上过学的人口比例和相对低的受教育程度（如小学文化程度）的人口比例低、相对高的文化程度（如初中、高中、大专及以上文化程度）的人口比例高，那么这个国家或地区人口的受教育结构相对较优。特别是一般使用大专及以上文化程度的人口占总人口的比例作为度量接受高等教育人口比例的指标，用来体现高等教育发展的情况，如果这一指标较高或者变高，那么可以说明受教育程度较高或者有所改善。

通过受教育程度可以衡量一个国家或地区整体的教育人力资本结构，也可以和其他国家进行国际比较。我们还可以通过测算不同人群（如 6 岁及以上人口、16 ~ 59 岁劳动年龄人口、60 岁及以上人口等）的受教育结构，更加全面地对人口的教育人力资本结构进行测量。

3．教育人力资本存量的测量

如前所述，目前一般有两种不同的计算人力资本存量的方法：一是用人口数量与平均受教育年限相乘得到“受教育人年”来计算人力资本存量；二是用不同阶段的受教育人数与相应的受教育年限相乘来计算人力资本存量。为了与测量教育人力资本水平的指标对应，本书选取“受教育人年”这一指标来测量教育人力资本的存量。

具体的计算方法是：将总人口的教育人力资本存量表示为总人口数量与总人口的平均受教育年限之积，即 $Edu\_HC = Population \times Schooling$，其中 Edu_HC 表示一个国家或地区整体的教育人力资本存量，*Population* 表示总人口数量，*Schooling* 表示总人口的平均受教育年限。按照这种算法，我们就可以测量中国的人力资本存量，衡量其总人力资本水平，并与其他国家进行比较。也可以计算不同年龄段的人口（如 15 岁及以上人口、劳动年龄人口等）的人力资本存量。

4. 测量教育人力资本的其他指标

实际测量中，还有一些常用的教育指标，包括文盲率、教育经费投入（如人均教育经费、教育经费占 GDP 的比重）等，可以用来测量教育人力资本。

（1）文盲率

文盲率是指 15 岁及以上成年人口中不识字与识字很少的人数在人口中所占的比重。其计算公式为：文盲率 =15 岁以上的文盲人数 /15 岁以上的总人口数 ×100%。2022 年的数据显示我国的文盲率已经降至 3.39%[①]。

（2）教育经费投入

教育人力资本的获得要依赖教育体系，而教育体系高效运转又需要充分的经费保障。教育经费投入是从投入角度度量教

① 数据来源：《中国统计年鉴 2023》。

育人力资本的常用指标，具体包括人均教育经费、教育经费占GDP的比重等指标。

人均教育经费是指一个国家或地区在一定时间（通常为一年）内按人口平均的教育费用。人均教育经费的多少取决于一个国家或地区一定时期教育经费的总量和人口的数量。具体指的是按每人平均计算的中央和地方财政部门的财政预算中实际用于教育的费用。其计算公式为：人均教育经费 = 教育经费 / 总人口。2021 年，我国人均教育经费为 4096.96 元 / 人[①]。

教育经费占 GDP 的比重指的是一个国家核算期（通常是一年）内，中央和地方财政部门的财政预算中实际用于教育的费用占实际国内生产总值的比例。其计算公式为：教育经费占GDP 的比重 = 教育经费 / 国内生产总值 ×100%。2021 年的数据显示，目前我国总教育经费占 GDP 的比重为 5.07%[②]。

（三）已有相关研究

使用各种不同指标对教育人力资本进行测量的已有相关研究很多（Barro & Lee，1996；Yan & Yudong，2003；王小鲁等，2009）。例如，对于中国的教育人力资本及其发展变化情况，有学者使用平均教育年限或总体教育水平等作为人力资本的特征指标，估计了中国的教育人力资本（胡鞍钢等，2015）；也有学者使用受教育人年的总人力资本衡量了中国教育人力资本存量（胡鞍钢，2002）。另外，如前所述，不少研究讨论了教育人

① 根据《中国统计年鉴 2023》相关数据计算得到。
② 根据《中国统计年鉴 2023》相关数据计算得到。

力资本对经济发展的影响（Fleisher & Chen，1997；Démurger，2001；李晶莹、齐中英，2008；Fleisher et al.，2010；倪超，2016）。已有研究发现，以教育年限法计量的教育人力资本对绿色低碳创新效率有显著正向影响（秦天如等，2018），对中国未来的可持续发展可能有重要作用。除了衡量中国整体的教育人力资本，也有研究对中国不同人群的教育人力资本进行了测量。例如，有学者对劳动年龄人口的教育人力资本的状况及变化进行了度量和分析（杜鹏、安瑞霞，2018；谢倩芸，2021）。

二、技能人力资本

（一）定义

技能人力资本是现代社会发展的重要推动力。技能人力资本是人力资本的一种重要类型，是指经过专门培养和训练，具备必要的理论知识，掌握了较高水平的应用技术、技能和理论知识，并具有创造性能力和独立解决关键性问题能力的一种人力资本（李文武，2004）。简而言之，技能人力资本就是指通过专门教育或培训形成的具有特殊知识、技术和技能的人力资本（胡茂波等，2018）。

不同社会经济条件对技能人力资本的要求是不一样的。中世纪工厂制度出现以来，高级技能人才的概念才开始趋向专业化和职业化；工业社会的高级技能人才主要由官方颁布的标准认定，并趋于职业化、专业化、标准化、系统化和社会化；知识经济社会，随着以知识为基础的新兴产业迅速崛起，对技能人力资本地位和作用的认识逐步提升（李文武，2004）。随着以人工智能技术为标志的第四次工业革命的到来，特别是人工智能、机器人、新一代通信技术、清洁能源、无人控制、量子信息、虚拟现实和生物技术等新型技术的迅速发展，会更加重视技能人力资本，特别是专业人力资本、高技术技能人力资本等类型的技能人力资本在未来工作中的使用。

一般认为技能人力资本具有资本投入大、增值性大、流通性强、难以替代性、团体性高等特征（李文武，2004）。技能培训是提高技能人力资本的重要途径（周灵灵，2020）。中等职业教育、高等职业教育等专门类职业教育也是积累技能人力资本的重要途径。

（二）测量

根据技能人力资本的特征和积累途径，结合现有文献，本书将采取间接测量和直接测量的方法，从宏观层面和微观层面共同衡量技能人力资本。

1. 从宏观层面测量技能人力资本

从宏观层面测量技能人力资本时，采取的是间接测量人力资本的方法。一般认为技能人力资本拥有者主要为中等教育（含中专、高中、职高）、高等教育的完成者（胡永远、刘智勇，2004）。因此，从宏观层面测量技能人力资本时，一个国家或地区人口的技能人力资本就是指受教育程度为中等教育（含中专、高中、职高）、高等教育（含高职、大专及以上）的人口的人力资本存量。具体计算公式为：中等教育人口的技能人力资本 = 受教育程度为中等教育（包含中专、中等职业教育、普通高中）的人口数 × 中等教育受教育年限（一般认为是 12 年）；高等教育人口的技能人力资本 = 受教育程度为高等教育（包含高等职业教育、大专、本科、研究生）的人口数 × 高等教育受教育年限（一般认为是 16 年）。

另外，职业技能人力资本是技能人力资本的一个重要类型，一般认为职业技能拥有者主要是指高等职业教育、中等职业教育（含中专、职高）的完成者（胡茂波等，2018）。从宏观层面测量职业技能人力资本时，一个国家或地区人口的职业技能人力资本是指受教育程度为中等职业教育、高等职业教育的人口的人力资本存量。具体计算公式为：中等职业教育人口的技能人力资本 = 受教育程度为中等职业教育的人口数 × 中等职业教育受教育年限（一般认为是 12 年）；高等职业教育人口的技能人力资本 = 受教育程度为高等职业教育的人口数 × 高等职业教育受教育年限（一般认为是 16 年）；其中，大学专科（包含高等职业教育、大专）人口的技能人力资本 = 受教育程度为大学专科的人口数 × 大学专科受教育年限（一般认为是 16 年）。

2．从微观层面测量技能人力资本

从微观层面测量技能人力资本时，采取的是直接测量人力资本的方法。基于技能的人力资本研究，主张对个体的知识、技能、能力等进行直接测量以反映其技能人力资本状况。从微观层面进行衡量时，一般利用大型微观调查数据，直接对个体 / 被调查者的不同类型的技能分别进行直接测量。个体的技能一般包括认知技能、非认知技能和职业技能等（曹浩文、杜育红，2015）。例如，国际成人能力评估调查通过问卷评估全球 16 ~ 65 岁成人的阅读素养、数学素养和高技术环境下的问题解决能力，就是直接测量成人的认知技能。职业技能包括技术技能、工作专业技能等与职业能力相关的技能。例如，数字技能、操作机械的能力等都属于技术技能。工作专业技能是劳动者职业技能的核心组成部分，直接反映劳动者的素质，也体现了不同企业、工作和岗位对工作技能的需求。

因此，在实际测量中，对个体的技能人力资本进行直接测量时，根据研究内容的需要并结合微观调查问卷的相关问题，可以对不同的技能进行分别测量。

（三）已有相关研究

目前，已有学者从宏观层面利用间接测量人力资本存量的方法测量了中国技能人力资本的状况，特别是关注了技能人力资本对经济增长的影响（胡永远、刘智勇，2004；胡茂波等，2018）。在微观层面直接测量技能人力资本方面，也有学者进行了尝试。例如，高文书、谢倩芸（2017）利用中国社会科学院“人力资本测量、提升与积累”课题组进行的抽样调查，直接测量了被访者的阅读能力、数学能力及信息通信技术使用能力等方面的技能，衡量了其技能人力资本情况。谢倩芸（2021）利用中国社会科学院社会学研究所发起的中国社会状况综合调查数据，从微观层面直接测量了劳动年龄人口的互联网技能和工作专业技能两类技能人力资本，以及劳动年龄人口参加技能培训的情况。

三、健康人力资本

（一）定义

健康人力资本是人力资本的重要组成部分。舒尔茨（1961）将包含教育、健康和移民等方面投资所形成的资本定义为人力资本。舒尔茨指出，健康人力资本是初始健康状态的一种延伸，“每个人的健康状况都是一种资本储备，即健康资本，主要通过健康服务来发挥作用”。穆什金（Mushkin，1962）首次将教育和健康并列为人力资本的主要组成部分。刘国恩等（2004）将人口健康视为健康人力资本。经济学领域的健康人力资本，基本都是建立在舒尔茨（1961）定义的基础上，将个人健康状况视为一种健康存量（Grossman，1972）。

随着研究的发展，健康逐渐形成了包含生物学、心理学、社会学等方面的多维度结构（李明霞、周志钦，2012）。例如，汪泓等（2017）认为健康人力资本是指投入生产过程中能带来产出效应，且劳动力由健康状态决定的价值形态。从综合视角出发，目前学术界较为认可基于世界卫生组织（WHO）提出的健康内涵而发展的健康人力资本结构维度，即健康人力资本涵盖身体健康、心理健康、社会适应以及道德健康四个方面（张征、王叶雨，2020）。

健康人力资本对促进经济增长以及人类社会其他维度的发展都具有重要作用。健康人力资本通过劳动生产率、劳动供给、生育率、教育和储蓄五个微观层面对个人收入以及经济增长产生正效应（吕娜，2009）。

（二）测量

结合学术界关于健康人力资本指标体系的探讨，本书基于宏观和微观视角，用宏观类健康人力资本指标和微观类健康人力资本指标来共同衡量健康人力资本。参照以往研究，宏观类指标从国家层面出发，测量对象为一个国家或地区的总人口健康状况；微观类指标则以个人或家庭为研究对象，用具体数据测量个体健康状况（万萍、李红艳，2018）。通过宏观层面和微观层面的共同衡量，以期更全面、更综合地测量健康人力资本。

1. 宏观类健康人力资本测量指标

根据现有文献，从宏观层面度量健康人力资本一般有三种方法：（1）产出法，通常采用死亡率或预期寿命等指标来衡量健康人力资本；（2）投入法，通常采用健康支出等指标来衡量健康人力资本，考察其对经济增长的影响；（3）综合指标复合法，构建一个包含环境污染、儿童死亡率、预期寿命、卫生服务等的综合健康人力资本指数，考察其对经济增长的作用（梁巧，2012）。基于较常用的产出法和投入法，参照以往研究（向晶，2020；谢倩芸，2022），本书用预期寿命、死亡率、卫生健康支出和健康总人力资本四个指标作为宏观类健康人力资本测量指标，从宏观层面来衡量健康人力资本。

（1）预期寿命

预期寿命是反映个体身体健康程度的重要指标，也能够体现一个国家和地区的健康水平和社会发展状况，是用产出法衡量健康人力资本的重要指标之一。人口平均预期寿命是指假若当前的分年龄死亡率保持不变，同一时期出生的人预期能继续生存的平均年数。由于预期寿命是以当前分年龄死亡率为基础进行计算的，但实际上，死亡率是不断变化的，因此，平均预期寿命是一个假定的指标。

（2）死亡率

死亡率是利用产出法来衡量健康人力资本的另外一个重要指标，具体包括新生儿死亡率、5岁以下儿童死亡率、孕产妇死亡率三个子指标。

新生儿死亡率是指年内产后28天以内死亡的新生儿数与活产数之比。一般以千分率表示。

5岁以下儿童死亡率是指规定年份出生的儿童在年满5岁前死亡的概率。一般以千分率表示（即每一千例活产中死亡的比率）。

孕产妇死亡率是指每万例活产或每十万例活产中孕产妇的死亡数。从妊娠开始到产后42天内，各种原因（除意外事故外）造成的孕产妇死亡均计在内。由于其比例较小，因而一般分母多以万或十万计。

（3）卫生健康支出

卫生健康支出是指中央和地方一般公共预算主要支出项目中的卫生健康支出，是利用投入法来衡量健康人力资本的一个重要指标。这一指标可以体现健康投入的经济效应，即“投入生产过程中的能够带来产出效应的”价值形态（汪泓等，2017）。

（4）健康总人力资本

健康总人力资本是指一个国家或地区的人均预期寿命与总人口数之积（胡鞍钢，2023）。这一指标用来体现一个国家或地区的总健康人力资本存量。

2. 微观类健康人力资本测量指标

已有文献中使用了较多不同的微观指标来测量个体的健康人力资本，如一些学者使用了包括短期疾病冲击、疾病史、身体质量指数、营养摄入的多维健康指标体系（王建国，2011）；还有一些学者使用人体身高指标、体重指标、身高质量指数等来衡量个体健康状况（见张辉综述，2018）；也有学者从身体健康、心理健康、道德健康、社会适应四个方面测量健康人力资本（张征、王叶雨，2020）。

本书采用身体质量指数（BMI 指数）、健康自评状况、疾病相关指标（包括短期疾病冲击、疾病史）等微观层面的指标作为微观类健康人力资本测量指标。实际中将结合微观调查的问卷题目进行具体测量。

（1）身体质量指数

身体质量指数，也就是 BMI（Body Mass Index）指数，简称体质指数，是一个设计用于公众健康研究的统计工具。国际上常用身体质量指数来衡量人体胖瘦程度以及是否健康。身体质量指数的计算公式为：BMI= 体重 ÷ 身高 ^{2}，其中，体重的单位为千克（kg），身高的单位为米（m）。当需要比较并分析不同身高的人的体重对其健康带来的影响时，身体质量指数是一个可靠而中立的指标（俞福丽，2016）。按照世界卫生组织的分类标准，将身体质量指数分为四个等级，即偏瘦（<18.5kg/m²）、正常（18.5 ~ 24.9kg/m²）、超重（25 ~ 29.9kg/m²）和肥胖（≥ 30kg/m²）。

（2）健康自评状况

健康自评状况（Self-Reforted or Rated Health，SRH）是个体自我评价的一般健康状况，是衡量总体健康状况的常用指标。由于宏观健康测量指标的缺陷，以及社会调查中进行临床体检的成本太高，健康自评状况被广泛使用（王建国，2011；俞福丽，2016）。健康自评状况是个人根据自身的感受，在心理上的一种健康自我定位，并不测量实际的健康状况（俞福丽，2016）。健康自评状况一般情况下分为几个等级，如很好、好、一般和差四个等级或者很好、良好、一般和不好四个等级。虽然健康自评状况有调查简单方便、成本很低的优势，但也存在较明显的缺点：健康自评状况是主观测量指标，会导致测量误差；选用该指标，容易出现评分集中趋势，即被调查者通常会集中选择“一般”或“好”这两个中间选项。

（3）疾病相关指标

疾病相关指标意味着个体不健康或者健康水平下降。本书中采用的疾病相关指标包括短期疾病冲击和疾病史。短期疾病冲击是指个体在近期的一定时间内（如过去的四周）是否生过病或受过伤。短期“疾病的严重程度”一般情况下分为几个等级，如不严重、一般和相当重三个等级。疾病史是指个体是否患有高血压、糖尿病、心肌梗死、中风、骨折等疾病。疾病史一般用来反映个体的长期疾病冲击。疾病相关指标的优点是指标比较客观，可以通过医学检查获得；缺点是无法通过疾病指标全面衡量每个个体的患病情况。

（三）已有相关研究

虽然对健康人力资本的研究日益增多，但是，采用的研究方法和采取的度量变量也较为有限。可能的原因是对健康人力资本的衡量标准还不明确，早期的数据统计中衡量健康人力资本的变量难以准确识别和测度等（吕娜，2009；徐祖辉、谭远发，2014）。而且，由于学者对健康人力资本的定义尚未达成完全一致，有效衡量健康人力资本的测量工具并未出现（张征、王叶雨，2020）。尽管已有研究开始探讨如何有效测量健康人力资本（如陈善平等，2005），但是仍然需要选取合适的指标，构建全方位的指标体系。

第三章 中国人口的发展变化

新时代背景下，我国经济迈向高质量发展，人民生活水平持续提高，我国人口也呈现新的发展变化态势，人口的数量、结构特别是年龄结构均表现出一些突出的变化特点。人口的发展变化对我国政治、经济、文化、社会的整体发展均会产生深远影响。同时，人口的发展变化也对人力资本有着明显的影响，人口的数量、结构的变化与人力资本的变化有着较显著的关系。已有文献关于人口数量、结构（包括年龄结构）的变化与人力资本的关系展开了一系列研究，形成了较丰富的研究成果（吴瑞君，2023）。因此，本章将先介绍中国整体人口的发展变化，关注中国人口的最新动态与趋势，然后结合已有研究（蔡昉等，2001）关于人口年龄结构[①]的划分，重点关注劳动年龄人口、老年人口两个年龄组的人口发展变化情况，为后面分析中国整体的人力资本、劳动年龄人口的人力资本、老年人口的人力资本打下基础。

① 测度人口年龄结构时，将人口年龄结构划分为0～14岁少儿组、15～59岁劳动年龄人口组和60岁及以上老年人口组。

第一节　中国人口的整体发展变化

人口转变是指从生育率和死亡率都相当高的状况，转变到两者都低的状况的过程[①]。中国自20世纪70年代末开始实行计划生育政策后，生育率即开始大幅度下降，到21世纪完成了人口转变过程（王美艳，2023）。随着人口转变过程的推进，中国人口呈现出一些新的发展变化，人口数量和结构均发生了较大变化，表现出一些突出的变化特点。

一、中国的人口规模巨大，但是增长速度和幅度持续降低，人口的负增长将导致总人口规模下降

（一）中国保持着巨大的人口规模，但整体总人口数量已出现下降

根据国家统计局的数据，从1949年到2022年，中国一直

① 根据发达国家的经验，人口转变通常经历三个阶段：第一个阶段是高出生率、高死亡率、低自然增长率；第二个阶段是高出生率、低死亡率、高自然增长率；第三个阶段是低出生率、低死亡率、低自然增长率（王美艳，2023）。

保持着巨大的人口规模。如图 3–1 所示，从中华人民共和国成立之初的 1949 年，中国总人口为 54167 万人，一直增长到改革开放之初的 1978 年，总人口达到了 96259 万人；进入 20 世纪 80 年代后，中国总人口持续增长，1981 年中国总人口数量超过 10 亿，1988 年超过 11 亿，1995 年超过 12 亿，2005 年超过 13 亿，2017 年超过 14 亿，2021 年总人口达到了 141260 万人；但是，2022 年，中国总人口比 2021 年减少了 85 万人，为 141175 万人，出现了人口的负增长。

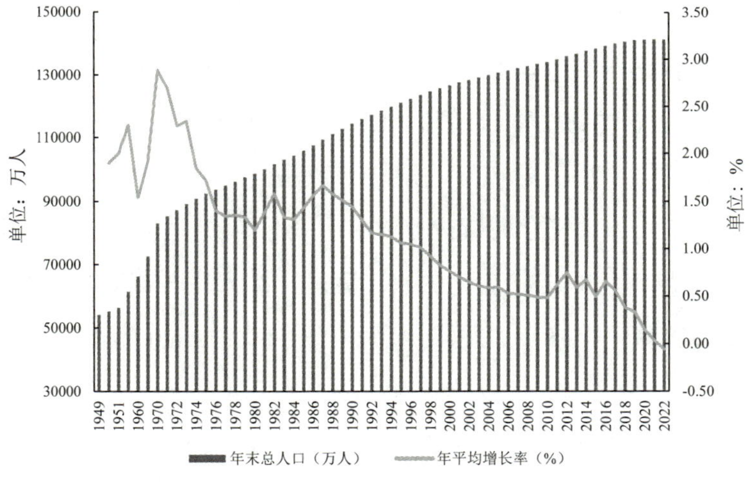

图 3–1　中国总人口及人口年平均增长率（1949—2022 年）

数据来源：根据《中国统计年鉴 2023》中相关数据整理计算。

（二）中国人口的增长速度和幅度持续降低，人口年平均增长率已出现负值，出现人口负增长

根据国家统计局数据测算，如图 3–1 所示，中国总人口的

增长速度和增长幅度持续降低，人口年平均增长率不断下降。从 1949 年到 20 世纪 70 年代初期，中国人口规模的年平均增长率较高，基本在 2% 以上，比如 1970 年达到了 2.88%；虽然从 1973 年之后，总人口的增长速度逐年下降，但是人口的年平均增长率在 1998 年前一直保持在 1% 以上，1997 年时总人口年平均增长率为 1.01%，1998 年时为 0.92%；从 1998 年开始，人口年平均增长率一直在 1% 以下，并且持续下降，2020 年时降到了 0.14%，2021 年为 0.03%，而 2022 年人口年平均增长率出现负值，出现人口负增长。

中国人口增长的持续下降与持续的低生育水平是相关的。总和生育率是指假设在一批同时出生的妇女按照某一时期的年龄别生育率度过整个育龄期，且育龄期内无一死亡的情况下，平均每个妇女所生的孩子数量；一般用一定时期内各年龄别妇女生育率相加计算，是衡量生育水平最常用的指标之一[①]。中国的总和生育率长期处于低水平，根据历次人口普查数据，2000 年中国总和生育率为 1.22，2010 年为 1.188，2020 年为 1.3[②]。

（三）人口负增长将导致人口规模持续下降

虽然中国总人口数量仍然巨大，但是，2022 年中国人口已经出现了负增长。根据联合国经济社会事务司人口处的人口预

① 人口学家普遍认可，总和生育率 2.1 为生育率更替水平，达到之后，出生和死亡将逐渐趋于均衡，在没有国际迁入与迁出的情况下，人口最终停止增长，保持稳定状况。总和生育率低于 1.5 为很低生育率，低于 1.3 为极低生育率（王美艳，2023）。

② 数据来源：2000 年数据来自《中国 2000 年人口普查资料》；2010 年数据来自《中国 2010 年人口普查资料》；2020 年数据来自《中国人口普查年鉴 2020》。

测，根据人口的中方案[①]，中国人口负增长将就此延续，人口规模将持续下降[②]。根据该预测，2050 年前中国人口将继续下降，2035 年预计降到 14.0 亿人，2050 年进一步降到 13.1 亿人。

二、中国人口性别结构进一步趋于平衡

从人口的性别构成上来看，中国总人口性别比在波动中呈现下降趋势（见图 3–2）。中国总人口性别比从 1949 年的 108.16，下降到 1953 年的 107.56[③]，然后长时期保持在 105～107 之间，从 2009 年开始，总人口性别比下降至 106 以下，2022 年下降为 104.71。2022 年时，中国男性人口 72206 万人，占总人口的比例为 51.15%，女性人口 68969 万人，占总人口的比例为 48.85%[④]。

由此可见，中国人口性别比例呈现出一个较为稳定的下降趋势，总人口性别结构趋于平衡。

① 联合国经济社会事务司人口处采用低、中、高等多种方案对各国人口进行预测，此处使用的是中方案预测结果。

② 数据来源：World Population Prospects 2022, United Nations Population Division, Online Edition, 2022.

③ 数据来源：《第一次全国人口普查公报》。

④ 数据来源：《中国统计年鉴 2023》。

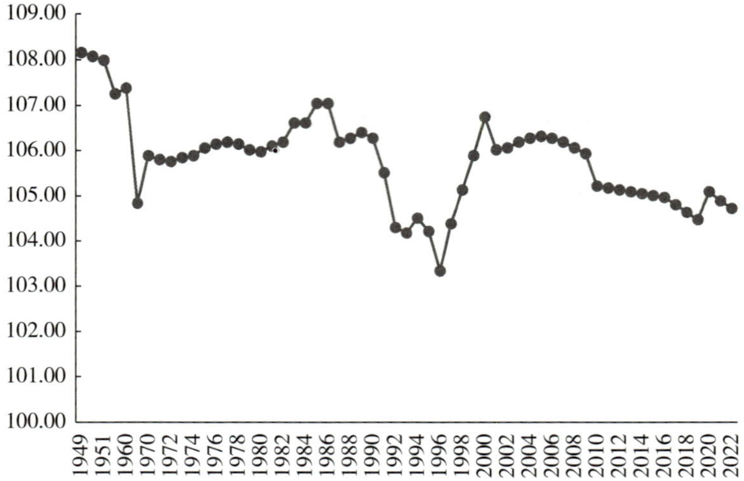

图 3-2　中国总人口性别比（1949—2022 年）

数据来源：根据《中国统计年鉴 2023》中相关数据整理计算。

三、中国人口分城乡变化明显，城乡间人口流动进一步增加

如图 3-3 所示，1949—2022 年，中国城镇居住人口的数量和比重均持续增加，同时，乡村居住人口的数量先增加后减少。具体而言，1949 年，中国居住在城镇的人口为 5765 万人，占总人口的比重仅为 10.64%；1981 年，城镇居住人口增长至 20171 万人，城镇人口比重突破 20%，增至 20.16%；1996 年，城镇居住人口继续增长至 37304 万人，城镇人口比重突破 30%，为 30.48%；之后城镇居住人口继续增长，2003 年城镇人口比重突破 40%，为 40.53%；2011 年城镇人口比重突破 50%，为

51.83%；2017年城镇人口比重超过60%，为60.24%；2022年，中国居住在城镇的人口为92071万人，占总人口的比重增至65.22%。同时，与2000年相比，2010年的城镇居住人口增加21072万人，乡村居住人口减少13724万人，城镇人口比重提高13.73个百分点；而2010—2022年，城镇化进程速度加快，与2010年相比，2022年的城镇居住人口增加25093万人，乡村居住人口减少18009万人，城镇人口比重提高15.27个百分点[①]。

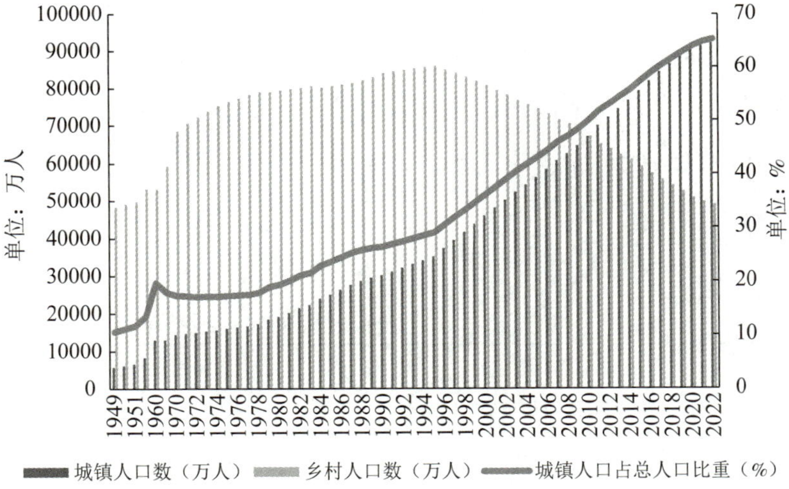

图3-3　中国城镇和乡村的人口及比重（1949—2022年）

数据来源：《中国统计年鉴2023》。

由此可见，在中国的城镇化率不断增加的同时，城镇化进程也有所加快，这与城镇人口的自然增长，以及乡村人口通过

① 数据来源：根据《中国统计年鉴2023》相关数据计算。

流动转为城镇人口是相关的。

四、中国人口分区域变化显著，区域间人口流动增加

根据表3–1中国分区域①人口分布变化可以看出，东部地区人口数量最多且不断增加，东北地区人口数量最少且不断减少；从人口比重分布来看，东部地区人口占总人口的比重最高且继续上升，中部地区人口比重不断下降，西部人口比重略有上升，东北地区人口比重最低且不断下降。可见，东部地区人口流动规模最大，东北地区人口流失较为严重。分区域来看，中国人口在各区域的分布变化显著，各区域间人口流动规模较大且不均衡。

表3–1　中国分区域人口数量和比重(2013—2022年)

年份	人口数(万人)				占总人口的比重(%)			
	东部	中部	西部	东北	东部	中部	西部	东北
2013	53068	35970	36759	10699	38.88	26.35	26.93	7.84
2014	53739	36077	36993	10608	39.11	26.25	26.92	7.72
2015	54203	36181	37233	10480	39.25	26.20	26.96	7.59

① 参照国家统计局划分，将我国的经济区域分为东部、中部、西部和东北四大地区，其中，东部地区包括：北京市、天津市、河北省、上海市、江苏省、浙江省、福建省、山东省、广东省和海南省；中部地区包括：山西省、安徽省、江西省、河南省、湖北省和湖南省；西部地区包括：内蒙古自治区、广西壮族自治区、重庆市、四川省、贵州省、云南省、西藏自治区、陕西省、甘肃省、青海省、宁夏回族自治区和新疆维吾尔自治区；东北包括：辽宁省、吉林省和黑龙江省。

续表

年份	人口数（万人）				占总人口的比重（%）			
	东部	中部	西部	东北	东部	中部	西部	东北
2016	54787	36331	37528	10357	39.41	26.14	27.00	7.45
2017	55283	36444	37815	10237	39.55	26.07	27.05	7.32
2018	55706	36507	37995	10102	39.70	26.02	27.08	7.20
2019	56074	36573	38178	9980	39.82	25.97	27.11	7.09
2020	56435	36445	38308	9825	40.02	25.85	27.17	6.97
2021	56605	36445	38281	9729	40.13	25.84	27.14	6.90
2022	56569	36456	38306	9644	40.13	25.86	27.17	6.84

数据来源：根据《中国统计年鉴 2023》相关数据整理计算。

五、分年龄段来看，中国劳动年龄人口持续下降，老年人口持续增加

（一）劳动年龄人口的数量和比例均有所下降

根据第六次和第七次全国人口普查数据，2010 年，中国 15 ~ 59 岁劳动年龄人口数量为 93961.64 万人，占全国总人口的比重为 70.14%；2020 年，15 ~ 59 岁劳动年龄人口数量为 89437.60 万人，比 2010 年减少了约 4524 万人，占全国总人口的比重为 63.35%，比 2010 年下降了 6.79 个百分点（见表 3–2）。可见，劳动年龄人口数量持续下降，并且劳动年龄人口占总人口的比重也不断下降。关于中国劳动年龄人口发展变化的更详细分析见本章第二节。

表 3-2 中国人口年龄构成（2010 年，2020 年）

年龄	2010 年		2020 年	
	人口数(人)	比重(%)	人口数(人)	比重(%)
总计	1339724852	100.00	1411778724	100.00
0～14 岁	222459737	16.60	253383938	17.95
15～59 岁	939616410	70.14	894376020	63.35
60 岁及以上	177648705	13.26	264018766	18.70
其中:65 岁及以上	118831709	8.87	190635280	13.50

数据来源：2010 年数据来自《2010 年第六次全国人口普查主要数据公报（第 1 号）》；2020 年数据来自《第七次全国人口普查公报（第五号）》。

（二）老年人口的数量和比例不断快速增加，老龄化程度快速上升

如表 3-2 所示，根据第六次和第七次全国人口普查数据可以看出，中国老年人口的数量和占总人口的比例均不断快速增加。2010 年，中国 60 岁及以上老年人口 17764.87 万人，占总人口的比重为 13.26%，其中，65 岁及以上老年人口 11883.17 万人，占总人口的 8.87%；2020 年，60 岁及以上老年人口增至 26401.88 万人，占总人口的比重上升至 18.70%，其中 65 岁及以上老年人口 19063.53 万人，占总人口的比例上升至 13.50%。这表明中国人口老龄化程度呈现快速上升且不断加剧的态势。关于中国老年人口发展变化的更详细分析见本章第三节。

第二节　中国劳动年龄人口的发展变化

人力资本变动受到人口规模与结构变化的直接影响，因此，作为分析中国劳动年龄人口的人力资本变动的基础，本节阐述劳动年龄人口规模、比重、年龄结构、城乡分布等方面的发展变化情况。

一、劳动年龄人口规模持续下降，劳动年龄人口比重不断下降

进入21世纪以来，中国劳动年龄人口的规模呈现出先上升后下降的变化趋势。具体而言，从2000年到2011年，我国劳动年龄人口总量稳步增长，从2000年的82811万人一直增加到2011年的94072万人；从2012年开始，劳动年龄人口数量逐年减少，除了2019年，劳动年龄人口每年下降的绝对值在300万人以上，2023年，劳动年龄人口减少至86481万人（见图3-4）。由此可见，中国劳动年龄人口总量在2011年达到峰值，于2012年出现下降“拐点”，之后开始持续下降，劳动年龄人口的数量优势逐渐减少。

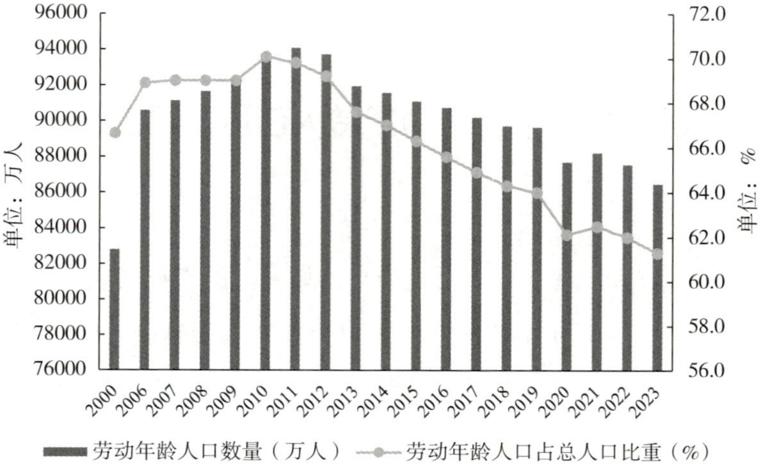

图 3-4　中国劳动年龄人口变化（2000—2023 年）

注：2006—2012 年统计口径为 15～59 岁，2013—2023 年统计口径为 16～59 岁。

数据来源：2000 年、2010 年和 2020 年分别根据中国第五次、第六次和第七次人口普查数据计算。2006—2009 年和 2011—2023 年来自国家统计局历年《中华人民共和国国民经济和社会发展统计公报》。

与此同时，劳动年龄人口占总人口的比重也呈现出先上升后下降的变化趋势，劳动年龄人口快速减少。劳动年龄人口占总人口的比重从 2000 年的 66.6% 增加到 2010 年的 70.1%，然后从 2011 年开始逐年下降，一直减少到 2023 年的 61.3%。

另外，联合国经济社会事务司人口处对各国人口数的预测（中方案）也显示，2022—2050 年中国的劳动年龄人口数量将继续下降，而中国劳动年龄人口的比例在 2022—2027 年将有所波动，之后较快速下降[①]。

① 资料来源：World Population Prospects 2022, United Nations Population Division, Online Edition, 2022。

由此可见，中国已经跨越了16～59岁劳动年龄人口的峰值点，目前处于劳动年龄人口总体规模下降的阶段。在“十四五”时期及未来更长一段时期内，中国的劳动年龄人口还可能持续减少，劳动年龄人口占总人口的比例会继续呈现下降趋势（李学明，2020；杨舸，2021）。这是由中国即将进入人口负增长时代、劳动年龄人口数量将先于总人口开始负增长的进程（林宝，2020），低生育水平的特征和“低生育陷阱”问题日益突出的变化趋势没有发生改变（王广州、王军，2019），以及老龄化进程加快等多重因素共同影响导致的。

二、劳动年龄人口结构老化现象明显

伴随着劳动年龄人口规模的持续下降，中国劳动年龄人口的年龄结构也发生了明显的变动（见图3-5）。中国16～24岁的人口占16～59岁劳动年龄人口的比例从2000年的21.94%上升到2010年的22.85%，然后下降至2020年的15.08%；25～44岁人口的占比则从2000年的53.90%下降到2010年的48.14%和2020年的46.51%；而45～59岁人口的占比一直增加，从2000年的24.17%，上升到2010年的29.01%，再上升到2020年的38.40%。这说明中国劳动年龄人口在持续老化。

另外，中国劳动年龄人口的平均年龄也在不断增加。根据中国第五次、第六次和第七次人口普查数据计算，2000年中国16～59岁劳动年龄人口的平均年龄为34.84岁，2010年和2020

年分别上升到 36.40 岁和 38.89 岁。这也可以说明中国劳动年龄人口在持续老化。

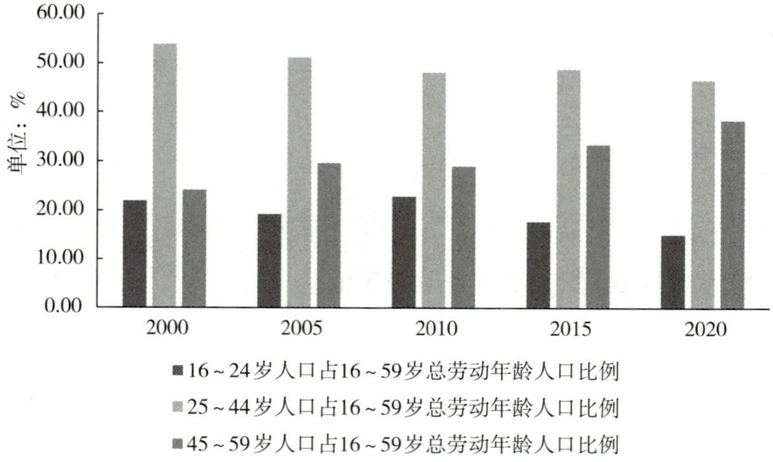

图 3-5　中国劳动年龄人口的年龄结构变化（2000—2020 年）

数据来源：2000 年、2010 年和 2020 年分别根据中国第五次、第六次和第七次人口普查数据计算；2015 年根据全国 1% 人口抽样调查数据计算。

由此可见，中国中青年（16～24 岁、25～44 岁）劳动年龄人口占 16～59 岁劳动年龄人口的比例不断减少，而劳动年龄人口中的中老年（45～59 岁）劳动者比例不断增加。因而，中国劳动年龄人口结构日益趋向老化，而且未来数年内这一现象将继续加剧（汪伟等，2020），劳动年龄人口的结构优势也逐渐消失，提升劳动年龄人口的人力资本迫在眉睫。

三、劳动年龄人口城乡间分布差异明显

根据中国第五次、第六次和第七次人口普查数据测算，中国 16 ~ 59 岁劳动年龄人口城乡间分布存在明显差异（见表 3-3）。2000—2020 年，中国城市 16 ~ 59 岁劳动年龄人口数量不断增加，从 2000 年的 21082.36 万人增加到 2020 年的 38983.39 万人；中国乡村 16 ~ 59 岁劳动年龄人口数量不断减少，从 2000 年的 48439.29 万人减少到 2020 年的 28518.20 万人。与此同时，城乡劳动年龄人口占总人口的比重也呈现同样的变化，城市 16 ~ 59 岁劳动年龄人口占总人口的比重从 2000 年的 26.10% 上升到 2020 年的 44.45%，乡村 16 ~ 59 岁劳动年龄人口占总人口的比重从 2000 年的 59.97% 下降到 2020 年的 32.52%。这说明城市劳动年龄人口规模和比重不断增加，乡村劳动年龄人口规模和比重不断减少。

表 3-3　中国 16 ~ 59 岁劳动年龄人口分城镇乡分布（2000—2020 年）

	2000 年		2010 年		2020 年	
	16 ~ 59 岁人口数量（人）	16 ~ 59 岁人口比重（%）	16 ~ 59 岁人口数量（人）	16 ~ 59 岁人口比重（%）	16 ~ 59 岁人口数量（人）	16 ~ 59 岁人口比重（%）
城市	210823571	26.10	303658709	33.16	389833944	44.45
镇	112460954	13.92	185198914	20.22	202037434	23.04
乡村	484392911	59.97	427011701	46.62	285181966	32.52

数据来源：2000 年、2010 年和 2020 年分别根据中国第五次、第六次和第七次人口普查数据计算。

第三节 中国老年人口的发展变化

如前所述，随着人口转变，中国的人口年龄结构发生了变化，老龄化水平不断提高，这会影响老年人口的人力资本。因此，作为分析中国老年人口的人力资本变动的基础，本节阐述老年人口规模、比重、年龄结构、城乡分布等方面的发展变化情况。

一、老年人口规模和比重持续增加

自 21 世纪以来，中国人口老龄化呈现程度不断提高、水平不断上升的趋势。2000 年，中国 60 岁及以上人口为 12998 万，占总人口的比重为 10.46%，其中，65 岁及以上人口为 8827 万，占总人口的比重为 7.10%；2010 年中国 60 岁及以上人口增长到 17759 万，占总人口的比重上升至 13.32%，其中，65 岁及以上人口增长到 11893 万，占总人口的比重上升至 8.92%；2020 年，中国 60 岁及以上人口达到 26402 万，占总人口的比重达到 18.70%，其中，65 岁及以上人口 19064 万，占总人口的比重增加至 13.50%[①]。按照国际通行划分标准，当一个国家或地区 65

① 数据来源：2000 年、2010 年和 2020 年数据分别根据中国第五次、第六次和第七次人口普查数据计算。

岁及以上人口占总人口的比重超过 7% 时，意味着这个国家或地区进入老龄化社会；比重超过 14% 时，代表着进入了老龄社会；比重超过 20% 时，则进入高度老龄社会。在中国老年人口数量不断增加的同时，老年人口比重也不断上升。根据中国 65 岁及以上老年人口占总人口的比重变化（见图 3-6），2000 年中国 65 岁及以上老年人口占总人口的比重达到 7%，中国基本进入老龄化社会；之后，中国 65 岁及以上老年人口比重一直持续增加且增长速度加快，2014 年超过 10%，2017 年超过 11%，2019 年超过 12%，2020 年超过 13%，2021 年中国 65 岁及以上老年人口比重达到 14.2%，超过了 14%，中国进入老龄社会；2022 年，中国 65 岁及以上老年人口比重进一步提高，达到了 14.9%。

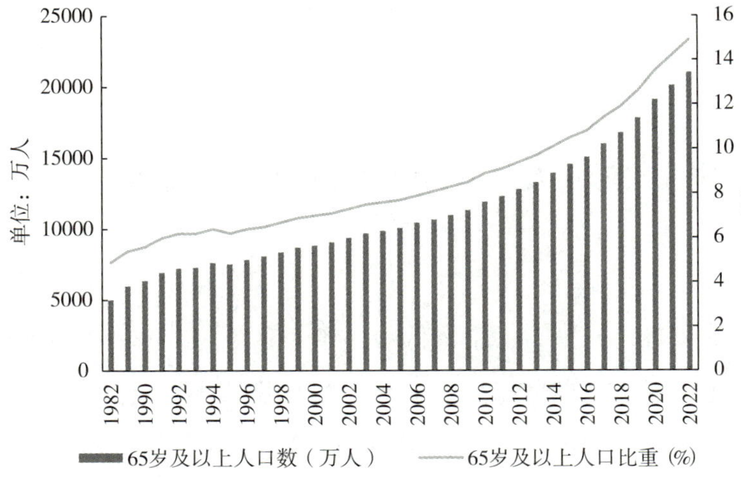

图 3-6　中国 65 岁及以上老年人口的数量和比重（1982—2022 年）

数据来源：《中国统计年鉴 2023》。

另外，根据联合国经济社会事务司人口处的预测（中方案），2023年中国的老年人口比例将超过14%，进入老龄社会；2034年中国的老年人口比例将超过21%，进入高度老龄社会[①]。

同时，中国人口老龄化速度明显加快，且增速越来越快（陶涛，2020；林宝，2021）。2000—2010年，60岁及以上人口比重上升了2.86个百分点，65岁及以上人口比重上升了1.82个百分点；2010—2020年，60岁及以上人口比重上升了5.44个百分点，65岁及以上人口比重上升了4.63个百分点[②]。另外，无论是中国65岁及以上老年人口规模每次突破1000万人口的年份间隔，还是老年人口比重每提升一个百分点的年份间隔，都越来越短，说明老龄化加速（童玉芬，2021）。

由此可见，中国老年人口的数量已达较高水平，并且仍处于快速增加的阶段。同时，中国老年人口占总人口的比重不断增加并将持续增加，目前中国已从老龄化社会进入了老龄社会。

二、中高龄老年人口规模和比重较大且快速增长

从年龄结构来看，中国低龄（60～64岁）、中高龄（65岁及以上）老年人的数量和占总人口的比重均不断增加，不过，中高龄老年人的规模和比重均超过低龄老年人且增长速度相对

---

① 资料来源：World Population Prospects 2022, United Nations Population Division, Online Edition, 2022.

② 数据来源：2000年、2010年和2020年数据分别根据中国第五次、第六次和第七次人口普查数据计算。

较快（见表3–4）。2000—2020年，60～64岁老年人口的数量从4170.38万人增加到7338.29万人，60～64岁人口占总人口的比重从3.36%上升到5.21%；而65岁及以上人口的数量从8827.40万人增加到19063.53万人，65岁及以上人口占总人口的比重从7.10%上升到13.52%。这也进一步说明了我国老龄化的程度在不断加深。

表3–4　中国60岁及以上老年人口分年龄段的数量和比重（2000—2020年）

年份	人口数量（人）		占总人口的比重（%）	
	60～64岁	65岁及以上	60～64岁	65岁及以上
2000	41703848	88274022	3.36	7.10
2010	58667282	118927158	4.40	8.92
2020	73382938	190635280	5.21	13.52

数据来源：2000年、2010年和2020年分别根据中国第五次、第六次和第七次人口普查数据计算。

三、老年人口城乡分布差距较大

分城乡来看，中国老年人口的数量和比重在城乡间的差距较大（见表3–5）。2000—2020年，城市、镇和乡村60岁及以上老年人口数量均不断增加，而且乡村60岁及以上老年人口数量一直高于城市，不过乡村超过城市的数量逐渐变小，从2000年的乡村多约5614.80万人减少到2020年的多约3197.92万人。其中，城乡65岁及以上老年人口的数量也呈现相同的变化趋势，城市、镇和乡村65岁及以上老年人口数量均不断增加，不过乡村65岁及以上人口高于城市的数量逐渐变小，从2000年的乡村多约3930.01万人减少到2020年的多约2841.66万人。

表3-5 中国60岁及以上老年人口数量的分城镇乡分布（2000—2020年）

	60岁及以上人口数量（人）			65岁及以上人口数量（人）		
	2000年	2010年	2020年	2000年	2010年	2020年
城市	29420070	46313673	89377073	19508687	31015486	61936262
镇	14989704	31977470	53284851	9956535	21238740	38346142
乡村	85568096	99303297	121356294	58808800	66672932	90352876

数据来源：2000年、2010年和2020年分别根据中国第五次、第六次和第七次人口普查数据计算。

与此同时，中国人口老龄化城乡差距较大且呈现快速扩大的趋势。2010年，乡村60岁及以上老年人口占乡村人口的比重为14.98%，比城市高3.51个百分点，65岁及以上老年人口占比为10.06%，比城市高2.38个百分点；与2000年相比，60岁及以上、65岁及以上老年人口占比的城乡差距分别扩大2.64、1.55个百分点。2020年，乡村60岁及以上老年人口占比为23.81%，比城市高8.27个百分点，乡村65岁及以上老年人口占比为17.72%，比城市高6.95个百分点；与2010年相比，60岁及以上、65岁及以上老年人口占比的城乡差距分别扩大4.76、4.57个百分点[①]。由此可见，中国城乡人口老龄化程度均有所增加，城乡差距快速扩大。

① 数据来源：2000年、2010年和2020年数据分别根据中国第五次、第六次和第七次人口普查数据计算。

第四章

中国教育人力资本

根据人力资本理论，教育是人力资本形成和发展的最主要途径，个人可以通过教育获得更高的劳动力市场回报，社会也会从教育投资中获得经济增长，因而，教育人力资本是人力资本的最主要形式。如前所述，测量教育人力资本主要是采用常用的教育指标，如平均受教育年限、受教育结构等间接测量教育人力资本的水平、结构和存量。本章将按照测量教育人力资本的方法，分别考察中国 6 岁及以上人口、劳动年龄人口、老年人口的教育人力资本及其变动情况，以全面地反映中国教育人力资本。在此基础上，本章最后通过相关教育指标的国际比较分析了中国教育人力资本的发展情况及变化趋势。

第一节　中国 6 岁及以上人口的教育人力资本

利用历年《中国统计年鉴》《中国人口和就业统计年鉴》数据以及第五次和第六次全国人口普查数据，本节测算 2001—2022 年中国 6 岁及以上人口的教育人力资本水平、结构、存量，并从分性别、分地区和区域、分城镇乡等多角度分析 6 岁及以上人口教育人力资本的发展变化，以反映中国整体人口的教育人力资本情况。

一、6岁及以上人口的教育人力资本水平及变化

本书采用6岁及以上人口的平均受教育年限[①]这个指标来度量中国教育人力资本的水平。

（一）6岁及以上人口的整体平均受教育年限

如表4-1所示，2001—2022年中国6岁及以上人口的整体平均受教育年限在不断提高，呈现逐年增加趋势。2001年，中国6岁及以上人口的平均受教育年限为7.66年，2005年为7.83年，2010年增加到了8.80年，2015年达到9.13年，2020年增加至9.50年，而2022年我国6岁及以上人口的平均受教育年限已经提高到9.73年。这意味着中国6岁及以上人口的教育人力资本水平在不断提高，且将继续增加。

分性别来看，6岁及以上男性的平均受教育年限高于6岁及以上女性，不过，6岁及以上男性和女性的平均受教育年限均呈现快速上升的趋势，且二者之间的差距不断缩小。这在一定程度上可以说明中国6岁及以上男性和女性的教育人力资本

① 在本书中，除2001年外，6岁及以上人口的平均受教育年限的计算公式为：平均受教育年限=（未上过学的6岁及以上人口 ×0+小学文化程度的6岁及以上人口 ×6+初中文化程度的6岁及以上人口 ×9+高中文化程度的6岁及以上人口 ×12+大专及以上文化程度的6岁及以上人口 ×16）/6岁及以上总人口。2000年中国第五次人口普查，可获得参加过扫盲班的人口信息，而扫盲班的受教育年限一般认为是2年（夏忠、黄钟仪，2009），故2001年的6岁及以上人口平均受教育年限的计算公式为：平均受教育年限=（未上过学的6岁及以上人口 ×0+扫盲班的6岁及以上人口 ×2+小学文化程度的6岁及以上人口 ×6+初中文化程度的6岁及以上人口 ×9+高中文化程度的6岁及以上人口 ×12+大专及以上文化程度的6岁及以上人口 ×16）/6岁及以上总人口。

水平之间的差距在不断减小。

表 4-1　中国 6 岁及以上人口平均受教育年限（2001—2022 年）

单位：年

年份	全国	男性	女性
2001	7.66	8.17	7.12
2002	7.73	8.27	7.18
2003	7.91	8.43	7.38
2004	8.01	8.50	7.51
2005	7.83	8.39	7.27
2006	8.04	8.55	7.53
2007	8.19	8.66	7.70
2008	8.27	8.73	7.80
2009	8.38	8.81	7.94
2010	8.80	9.16	8.44
2011	8.85	9.20	8.48
2012	8.94	9.28	8.59
2013	9.05	9.37	8.71
2014	9.04	9.37	8.69
2015	9.13	9.47	8.77
2016	9.13	9.47	8.78
2017	9.27	9.59	8.93
2018	9.26	9.59	8.92
2019	9.33	9.67	8.99
2020	9.50	9.75	9.23
2021	9.71	9.99	9.42
2022	9.73	10.00	9.45

数据来源：根据《中国统计年鉴 2002—2023》历年数据及 2000 年第五次全国人口普查数据、2010 年第六次全国人口普查数据整理计算。

（二）6 岁及以上人口分地区和分区域的平均受教育年限

本部分首先考察中国 6 岁及以上人口的教育人力资本水平在各地区间的分布情况。如表 4-2 所示，分地区来看，中国各省（自治区、直辖市）之间 6 岁及以上人口的平均受教育年限分布严重不均衡。2001 年时，除了北京、天津和上海以外，其他省（自治区、直辖市）的 6 岁及以上人口平均受教育年限均未达到 9 年，各省（自治区、直辖市）间最高与最低平均受教育年限的差距为 6.43 年。2010 年时，各地区 6 岁及以上人口平均受教育年限均有所增加，北京、上海、天津仍然最高，平均受教育年限均超过了 10 年，分别为 11.48 年、10.55 年、10.16 年，西藏自治区最低，为 5.28 年，最大值与最小值的差为 6.20 年，差距有所缩减。到 2022 年时，北京依然最高，达到了 12.59 年，上海次之，为 11.74 年，西藏自治区依然最低，为 6.66 年，各省（自治区、直辖市）间最高与最低平均受教育年限的差距进一步缩小为 5.93 年。由此可见，我国各地区 6 岁及以上人口的教育人力资本水平存在明显差距，不过，地区间教育人力资本差距呈现缩小趋势。

其次，进一步考察中国 6 岁及以上人口的教育人力资本水平在各区域间的分布情况。表 4-3 展示了 2001—2022 年中国 6 岁及以上人口平均受教育年限分区域的分布情况。通过对各区域的比较，发现各区域平均受教育年限的空间分布不均衡依然存在，呈现东部地区最高、西部地区最低的态势。2001 年时，东部地区 6 岁及以上人口平均受教育年限为 7.94 年，西部地区为 7.09 年，差距为 0.85 年。2010 年时，东部地区 6 岁及以上

表 4-2　中国 6 岁及以上人口分地区平均受教育年限（2001—2022 年）

单位：年

	2001年	2002年	2003年	2004年	2005年	2006年	2007年	2008年	2009年	2010年	2011年	2012年	2013年	2014年	2015年	2016年	2017年	2018年	2019年	2020年	2021年	2022年
北京	9.99	10.26	10.35	10.56	10.69	10.95	11.09	10.97	11.17	11.48	11.55	11.84	12.03	11.85	12.08	12.30	12.50	12.56	12.68	12.21	12.54	12.59
天津	9.00	9.15	9.25	9.64	9.51	9.73	9.81	9.88	10.05	10.16	10.40	10.51	10.54	10.50	10.56	10.77	11.10	11.07	11.10	10.87	11.24	11.19
河北	7.78	8.03	8.38	8.38	8.17	8.13	8.17	8.36	8.42	8.87	8.67	8.71	8.90	8.87	9.04	8.97	9.14	9.15	9.26	9.35	9.50	9.63
山西	8.05	8.25	8.40	8.38	8.42	8.70	8.78	8.81	8.88	9.22	9.15	9.38	9.36	9.30	9.63	9.70	9.92	9.84	9.85	10.03	10.14	10.20
内蒙古	7.77	7.88	7.77	8.17	8.22	8.19	8.36	8.37	8.49	8.99	9.23	9.23	9.01	9.00	9.37	9.68	9.61	9.69	9.86	9.74	10.03	9.89
辽宁	8.42	8.44	8.92	8.84	8.75	8.92	8.99	9.08	9.24	9.46	9.47	9.90	10.10	9.91	9.84	9.97	9.98	9.95	9.96	10.06	10.23	10.18
吉林	8.25	8.61	8.70	8.80	8.47	8.66	8.78	8.89	8.90	9.28	9.10	9.25	9.40	9.37	9.39	9.51	9.56	9.46	9.46	9.88	10.08	9.90
黑龙江	8.26	8.54	8.41	8.49	8.46	8.53	8.70	8.70	8.75	9.16	9.11	9.21	9.48	9.35	9.38	9.37	9.42	9.54	9.57	9.69	9.93	9.74
上海	9.33	9.59	10.13	10.11	10.03	10.44	10.45	10.55	10.65	10.55	10.48	10.65	10.56	10.82	10.95	11.04	11.43	11.24	11.14	11.50	11.74	11.74
江苏	7.90	7.59	7.69	7.81	8.13	8.25	8.43	8.44	8.55	9.13	9.16	9.26	9.42	9.35	9.49	9.51	9.52	9.37	9.63	9.83	10.06	10.20
浙江	7.52	7.68	7.76	7.95	7.61	8.06	8.11	8.24	8.40	8.62	8.82	9.21	9.37	9.06	8.98	9.12	9.19	9.23	9.35	9.51	9.68	9.74
安徽	7.04	6.99	7.66	7.49	7.04	7.34	7.24	7.44	7.62	8.12	8.25	8.52	8.52	8.73	8.80	8.57	8.61	8.87	8.84	9.01	9.25	9.32
福建	7.53	7.46	7.59	7.49	7.54	7.73	7.75	7.80	8.35	8.80	8.83	8.56	8.65	8.79	8.87	8.73	9.14	8.97	8.77	9.25	9.50	9.51
江西	7.59	7.48	8.29	7.98	7.53	7.71	8.25	8.26	8.52	8.57	8.74	8.87	9.24	8.88	8.87	8.75	8.77	8.93	9.22	9.23	9.43	9.51
山东	7.62	8.08	7.85	7.94	7.72	8.09	8.23	8.28	8.31	8.76	8.67	8.78	8.92	8.98	9.03	9.03	9.12	9.00	9.01	9.37	9.49	9.57
河南	7.75	8.08	7.97	8.22	7.99	8.05	8.18	8.34	8.39	8.66	8.70	8.66	8.78	9.00	8.83	8.81	8.94	8.97	9.12	9.26	9.41	9.49

续表

	2001年	2002年	2003年	2004年	2005年	2006年	2007年	2008年	2009年	2010年	2011年	2012年	2013年	2014年	2015年	2016年	2017年	2018年	2019年	2020年	2021年	2022年
湖北	7.79	7.34	7.92	8.10	7.82	8.26	8.42	8.49	8.49	9.01	9.05	9.20	9.34	9.11	9.33	9.30	9.40	9.53	9.48	9.66	9.84	9.70
湖南	7.82	7.91	8.05	8.16	7.99	8.17	8.42	8.43	8.47	8.91	8.81	8.72	8.96	9.02	9.30	9.36	9.45	9.37	9.54	9.45	9.77	9.80
广东	8.09	8.09	8.01	8.13	8.36	8.44	8.68	8.77	8.87	9.23	9.33	9.35	9.23	9.28	9.50	9.61	9.77	9.63	9.71	9.88	10.13	10.18
广西	7.60	7.62	7.77	8.02	7.66	8.03	8.03	7.98	8.10	8.44	8.61	8.42	8.59	8.75	8.68	8.76	8.76	8.74	9.02	9.01	9.24	9.29
海南	7.70	7.94	8.19	8.41	8.11	8.17	8.32	8.35	8.44	8.90	8.88	9.15	9.19	9.10	9.20	9.12	9.48	9.80	9.57	9.61	9.70	9.91
重庆	7.30	7.44	7.67	7.25	7.39	7.57	7.72	7.79	7.93	8.53	8.78	8.64	8.68	8.96	8.94	9.07	9.20	9.26	9.34	9.47	9.83	9.85
四川	7.11	7.29	7.42	7.45	6.84	7.24	7.43	7.51	7.69	8.16	8.22	8.48	8.45	8.35	8.45	8.30	8.56	8.67	8.82	8.95	9.21	9.20
贵州	6.19	6.73	6.89	6.98	6.42	6.59	6.84	7.05	7.08	7.44	7.59	7.63	8.04	8.09	7.78	7.77	8.14	8.08	7.95	8.37	8.71	8.64
云南	6.41	6.12	6.04	6.82	6.38	6.66	6.79	6.90	6.91	7.57	7.69	7.85	7.84	7.79	8.05	7.99	8.17	8.26	8.38	8.51	8.77	8.73
西藏	3.56	4.32	3.87	4.40	3.74	4.16	4.62	4.71	4.55	5.28	5.51	5.07	4.37	4.22	5.33	5.09	5.62	5.75	5.85	6.62	6.44	6.66
陕西	7.75	7.43	8.11	8.26	8.06	8.30	8.40	8.51	8.58	9.12	8.95	9.14	9.28	9.14	9.55	9.27	9.31	9.53	9.50	9.84	10.02	10.01
甘肃	6.60	6.78	7.04	7.24	6.86	6.78	7.06	7.17	7.29	8.01	8.15	8.28	8.35	8.32	8.44	8.45	8.66	8.46	8.46	8.79	8.86	8.78
青海	6.19	6.35	6.72	6.80	6.76	6.99	7.18	7.26	7.45	7.63	7.78	7.61	7.96	8.04	7.51	7.79	8.02	8.28	8.22	8.47	8.47	8.59
宁夏	7.11	7.39	7.35	7.70	7.37	7.63	7.82	8.13	8.22	8.50	8.39	8.37	8.71	8.55	8.89	9.15	9.20	8.73	8.87	9.37	9.49	9.41
新疆	7.76	8.37	8.38	8.49	8.20	8.30	8.51	8.56	8.66	8.92	9.18	9.05	8.99	9.18	9.09	9.10	9.56	9.41	9.17	9.43	9.60	9.64

数据来源：根据《中国统计年鉴 2001—2023》历年数据及 2000 年第五次全国人口普查数据、2010 年第六次全国人口普查数据整理计算。

人口平均受教育年限增加至 9.15 年，西部地区增加至 8.25 年，差距为 0.90 年，比 2001 年时稍有增加。2022 年时，东部地区 6 岁及以上人口的平均受教育年限达到了 10.08 年，西部地区为 9.26 年，二者之间差距为 0.82 年，与前相比有所缩小。

综上可见，随着教育的大力发展，中国的平均受教育年限得到了很大增加，教育人力资本水平不断提升。但是，各地区间 6 岁及以上人口的教育人力资本差距仍然存在，教育人力资本水平的空间分布严重不均衡，呈现东部地区高于西部地区、发达地区高于不发达地区的态势。

表 4-3　中国 6 岁及以上人口分区域平均受教育年限（2001—2022 年）

单位：年

年份	东部	中部	西部	东北
2001	7.94	7.66	7.09	8.32
2002	8.05	7.68	7.20	8.52
2003	8.11	8.00	7.35	8.68
2004	8.21	8.05	7.53	8.71
2005	8.20	7.78	7.17	8.57
2006	8.39	8.00	7.41	8.72
2007	8.52	8.17	7.57	8.83
2008	8.60	8.26	7.65	8.90
2009	8.73	8.35	7.76	8.98
2010	9.15	8.72	8.25	9.31
2011	9.16	8.75	8.36	9.25
2012	9.26	8.84	8.42	9.50
2013	9.35	8.98	8.48	9.71
2014	9.33	8.99	8.49	9.58
2015	9.45	9.08	8.59	9.57

续表

年份	东部	中部	西部	东北
2016	9.49	9.03	8.57	9.65
2017	9.64	9.13	8.74	9.68
2018	9.56	9.20	8.78	9.68
2019	9.62	9.30	8.86	9.70
2020	9.81	9.39	9.03	9.90
2021	10.01	9.59	9.27	10.10
2022	10.08	9.62	9.26	9.97

数据来源：根据《中国统计年鉴 2002—2023》历年数据及 2000 年第五次全国人口普查数据、2010 年第六次全国人口普查数据整理计算。

（三）6 岁及以上人口分城镇乡的平均受教育年限

表 4–4 展示了中国 6 岁及以上人口的教育人力资本水平分城镇乡的变化情况。2001—2022 年，我国城镇乡 6 岁及以上人口的平均受教育年限均有所增加，但增加幅度不相同。城市 6 岁及以上人口的平均受教育年限从 2001 年的 9.49 年上升到 2010 年的 10.57 年，再上升到 2022 年的 11.22 年，共增加 1.73 年；镇 6 岁及以上人口的平均受教育年限由 2001 年的 8.71 年上升到 2010 年的 9.08 年，再上升到 2022 年的 9.65 年，共增加 0.94 年；乡村 6 岁及以上人口的平均受教育年限由 2001 年的 6.75 年上升到 2010 年的 7.58 年，再上升到 2022 年的 8.07 年，共增加 1.32 年。

但是，城镇乡 6 岁及以上人口的平均受教育年限之间存在明显差异，城市 6 岁及以上人口的平均受教育年限明显高于镇和乡村。2022 年乡村 6 岁及以上人口的平均受教育年限（8.07 年）还没有达到 2001 年城市的平均受教育年限（9.49 年）；而

2022 年镇 6 岁及以上人口的平均受教育年限（9.65 年）约相当于城市 2005—2006 年的水平。同时，城市和乡村的 6 岁及以上人口平均受教育年限的差距很大，且逐年扩大。如表 4-4 所示，6 岁及以上人口的平均受教育年限的城乡差距由 2001 年时的 2.74 年扩大到 2010 年时的 2.99 年，再扩大到 2022 年时的 3.15 年。

由此可见，中国 6 岁及以上人口城乡之间的平均受教育年限即教育人力资本水平呈现城市高于农村的变化趋势；同时，城乡之间的教育人力资本水平差距相当大，且城乡差距日益增加。

表 4-4　中国 6 岁及以上人口平均受教育年限的分城镇乡变化（2001—2022 年）

单位：年

年份	全国	城市	镇	乡村	城乡差距
2001	7.66	9.49	8.71	6.75	2.74
2002	7.73	9.57	8.46	6.79	2.78
2003	7.91	8.89	8.43	6.86	2.03
2004	8.01	9.83	8.75	7.00	2.83
2005	7.83	9.57	8.32	6.78	2.79
2006	8.04	10.15	8.28	7.03	3.12
2007	8.19	10.26	8.36	7.18	3.08
2008	8.27	10.28	8.40	7.28	3.00
2009	8.38	10.37	8.44	7.38	2.99
2010	8.80	10.57	9.08	7.58	2.99
2011	8.85	10.62	9.14	7.59	3.03
2012	8.94	10.73	9.15	7.63	3.10
2013	9.05	10.83	9.22	7.71	3.12
2014	9.04	10.81	9.10	7.69	3.12
2015	9.13	10.95	9.20	7.71	3.24

续表

年份	全国	城市	镇	乡村	城乡差距
2016	9.13	10.89	9.13	7.70	3.19
2017	9.27	11.06	9.19	7.80	3.26
2018	9.26	10.97	9.13	7.84	3.13
2019	9.33	10.95	9.19	7.92	3.03
2020	9.50	10.54	9.02	7.63	2.91
2021	9.71	11.25	9.58	8.04	3.21
2022	9.73	11.22	9.65	8.07	3.15

数据来源：根据《中国人口和就业统计年鉴 2002—2023》历年数据整理计算，其中 2020 年为 3 岁及以上人口。

二、6 岁及以上人口的教育人力资本的结构及变化

本书采用6岁及以上人口的受教育结构[①]这个指标来度量中国教育人力资本的结构。

（一）6 岁及以上人口的受教育结构

整体来看，2001—2022 年，中国 6 岁及以上人口的受教育结构得到了显著改善，表现为未上过学的 6 岁及以上人口比例不断下降，初中以上文化程度的 6 岁及以上人口比例不断增加，特别是接受过高等教育的 6 岁及以上人口比例不断增加，如表

① 6 岁及以上人口的受教育结构指未上过学、小学文化程度、初中文化程度、高中文化程度（含中职教育）、大专及以上文化程度的 6 岁及以上人口分别在 6 岁及以上总人口中所占的比例。

4–5 所示。具体而言，2001—2022 年，未上过学的 6 岁及以上人口比例由 2001 年的 7.75% 在波动中下降到 2010 年的 5.00%，再下降到 2022 年的 3.77%，共下降了 3.98 个百分点；小学文化程度的 6 岁及以上人口比例明显下降，由 2001 年的 38.18% 下降到 2010 年的 28.75%，再在波动中下降到 2022 年的 26.07%，共下降了 12.11 个百分点。同时，2001—2022 年，初中文化程度的 6 岁及以上人口比例先上升再下降，先由 2001 年的 36.52% 一直上升至最高值 2010 年的 41.70%，再下降到 2022 年的 34.33%，共下降了 2.19 个百分点；高中文化程度的 6 岁及以上人口比例在波动中由 2001 年的 11.95% 增加到 2022 年的 16.35%，共上升了 4.40 个百分点。而接受过高等教育，即大专及以上文化程度的 6 岁及以上人口比例显著增加，由 2001 年的 3.81% 上升至 2010 年的 9.53%，再上升到了 2022 年的 19.47%，共增加了 15.66 个百分点，平均每年上升约 0.71 个百分点。由此可见，中国 6 岁及以上人口教育人力资本的结构显著改善，受教育程度明显提高。

表 4–5　中国 6 岁及以上人口受教育结构（2001—2022 年）

单位：%

年份	未上过学	小学	初中	高中	大专及以上
2001	7.75	38.18	36.52	11.95	3.81
2002	10.23	34.96	37.65	12.45	4.71
2003	9.68	33.42	38.04	13.37	5.49
2004	9.16	32.38	39.29	13.40	5.77
2005	10.37	33.28	38.35	12.44	5.56
2006	8.79	33.07	38.99	12.93	6.22
2007	8.01	31.80	40.22	13.41	6.56

续表

年份	未上过学	小学	初中	高中	大专及以上
2008	7.50	31.17	40.94	13.69	6.70
2009	7.12	30.13	41.67	13.80	7.29
2010	5.00	28.75	41.70	15.02	9.53
2011	5.50	27.57	41.41	15.46	10.06
2012	5.29	26.88	41.11	16.12	10.59
2013	4.99	26.36	40.81	16.52	11.32
2014	5.37	26.25	40.15	16.70	11.53
2015	5.69	26.22	38.32	16.44	13.33
2016	5.70	25.61	38.84	16.91	12.94
2017	5.28	25.23	38.06	17.55	13.87
2018	5.40	25.27	37.76	17.55	14.01
2019	5.11	25.29	37.29	17.74	14.58
2020	3.91	26.41	37.03	16.13	16.51
2021	3.65	26.09	34.74	16.66	18.86
2022	3.77	26.07	34.33	16.35	19.47

数据来源：根据《中国统计年鉴 2002—2023》历年数据及 2000 年第五次全国人口普查数据、2010 年第六次全国人口普查数据整理计算。

注：2001 年数据含“扫盲班”的人口，其比例未在表中列出。

图 4-1 展示了中国 6 岁及以上人口分性别的受教育结构情况。分性别来看，6 岁及以上男性的受教育结构相对优于 6 岁及以上女性，表现为未上过学的 6 岁及以上男性比例低于女性，初中以上文化程度的 6 岁及以上男性比例高于女性，特别是接受过高中以上教育的 6 岁及以上男性比例高于女性。但是，大专及以上文化程度的 6 岁及以上女性比例不断增加，与男性的差距不断缩小。2001 年，大专及以上文化程度的 6 岁及以上男性比例为 4.57%，女性比例为 3.00%；2022 年，大专及以上

文化程度的 6 岁及以上女性比例已增加至 19.12%，接近男性（19.81%）。可见，中国 6 岁及以上男性和女性的教育人力资本的结构均有所改善，且二者之间的差距在不断缩小。

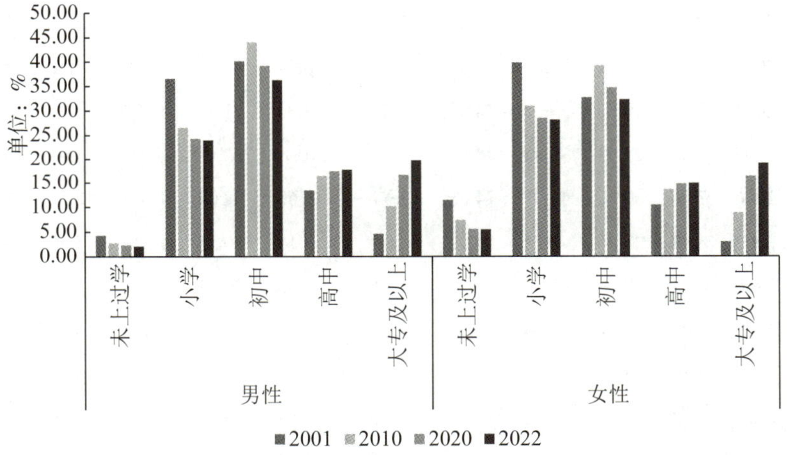

图 4–1　中国 6 岁及以上人口分性别的受教育结构（2001—2022 年）

数据来源：根据《中国统计年鉴 2002—2023》历年数据及 2000 年第五次全国人口普查数据、2010 年第六次全国人口普查数据整理计算。

（二）6 岁及以上人口分区域的受教育结构

本部分考察中国 6 岁及以上人口的教育人力资本结构分区域的分布情况。如表 4–6 所示，通过对 2001—2022 年中国 6 岁及以上人口受教育结构的区域分布情况进行比较发现，受教育结构在空间上存在着分布不均衡，东部地区 6 岁及以上人口的受教育结构相对优于中部和西部地区，而西部地区 6 岁及以上人口的受教育结构最需改善。其中，2022 年，6 岁及以上人口中未上过学、小学文化程度的人口比例从低到高依次排序为

表 4-6 中国 6 岁及以上人口受教育结构的分区域变化（2001—2022 年）

单位：%

年份	东部					中部				
	未上过学	小学	初中	高中	大专及以上	未上过学	小学	初中	高中	大专及以上
2001	6.76	34.75	38.65	13.55	4.43	6.94	38.39	38.61	11.20	3.15
2002	9.31	31.90	38.51	14.35	5.92	9.63	35.44	39.82	11.30	3.81
2003	9.68	30.81	38.04	14.91	6.55	8.44	32.37	41.18	13.30	4.71
2004	9.28	29.63	39.24	14.99	6.87	8.32	31.49	42.09	13.20	4.90
2005	9.02	29.93	39.85	14.47	6.73	10.14	32.46	41.06	11.92	4.43
2006	7.56	30.16	40.01	14.63	7.64	8.68	32.04	41.44	12.52	5.31
2007	6.97	28.86	41.21	14.92	8.05	8.11	30.35	42.26	13.50	5.77
2008	6.54	28.19	41.67	15.47	8.13	7.56	29.72	42.85	13.95	5.92
2009	6.04	27.31	42.14	15.50	9.02	7.21	28.48	44.00	14.20	6.10
2010	4.19	25.38	42.57	16.63	11.24	5.24	27.68	43.90	15.08	8.10
2011	4.88	24.25	42.28	16.81	11.78	5.49	26.86	43.42	16.09	8.15
2012	4.64	23.73	41.74	17.55	12.34	5.36	26.36	43.01	16.48	8.78
2013	4.37	23.31	41.64	17.75	12.94	4.82	25.83	42.28	17.67	9.39
2014	4.83	23.23	40.73	17.99	13.22	4.95	26.10	41.65	17.29	10.01
2015	5.02	23.51	38.33	17.88	15.26	5.21	26.02	39.92	17.28	11.58
2016	5.23	23.09	37.78	18.11	15.79	5.35	25.12	41.27	17.71	10.54
2017	4.78	22.13	37.72	18.59	16.78	5.02	25.41	39.66	18.70	11.22
2018	5.10	22.45	37.60	18.81	16.05	4.94	24.94	39.64	18.46	12.02
2019	4.90	22.68	36.81	18.73	16.88	4.59	25.07	38.57	19.06	12.71
2020	3.43	23.79	36.94	17.01	18.83	3.65	26.43	38.64	17.03	14.25
2021	3.23	23.67	34.36	17.50	21.23	3.37	26.28	36.25	17.62	16.49
2022	3.31	23.44	33.67	17.17	22.42	3.48	25.97	36.11	17.45	16.99

表 4-6（续）　中国 6 岁及以上人口受教育结构的分区域变化（2001—2022 年）

单位：%

年份	西部					东北				
	未上过学	小学	初中	高中	大专及以上	未上过学	小学	初中	高中	大专及以上
2001	10.55	44.02	30.36	9.80	3.08	5.46	32.99	40.67	14.69	5.68
2002	13.43	39.46	32.61	10.62	3.88	5.21	30.85	43.72	14.69	5.53
2003	12.41	39.27	32.83	10.94	4.55	4.69	27.94	45.05	15.43	6.88
2004	11.33	38.10	34.29	11.26	5.02	4.23	27.34	47.07	14.72	6.64
2005	13.83	39.92	31.92	9.69	4.63	5.60	28.64	44.17	14.35	7.24
2006	11.69	39.44	33.70	10.38	4.79	4.89	27.99	44.14	15.28	7.70
2007	10.39	38.62	35.34	10.74	4.90	4.39	26.68	45.48	15.36	8.10
2008	9.70	38.13	36.59	10.51	5.07	4.25	25.82	45.92	15.64	8.37
2009	9.35	37.21	37.07	10.77	5.60	4.18	24.34	47.34	15.08	9.07
2010	6.73	36.04	36.81	12.35	8.07	2.41	24.07	46.47	16.11	10.94
2011	7.26	34.08	36.59	12.74	9.33	2.77	24.05	46.51	16.09	10.58
2012	7.00	33.19	37.03	13.71	9.07	2.58	22.69	45.32	16.21	13.20
2013	6.80	32.96	37.05	13.48	9.72	2.57	20.85	44.43	17.03	15.12
2014	7.31	32.09	36.57	14.26	9.79	2.92	21.74	44.38	16.77	14.19
2015	7.98	31.40	34.91	13.84	11.88	2.87	22.46	44.35	15.60	14.71
2016	7.50	30.91	36.54	14.58	10.47	3.13	21.51	43.50	16.40	15.46
2017	6.92	30.68	35.37	15.11	11.92	2.99	21.16	43.44	17.09	15.32
2018	7.11	30.78	34.38	14.94	12.78	2.64	21.38	43.75	17.30	14.92
2019	6.66	30.31	34.84	15.23	12.97	2.52	21.58	43.70	17.07	15.13
2020	5.42	31.62	33.96	13.98	15.02	1.81	21.40	43.28	16.13	17.39
2021	4.99	30.78	32.40	14.59	17.23	1.89	21.31	40.29	16.29	20.23
2022	5.12	31.08	32.06	14.30	17.44	2.28	22.20	40.37	15.55	19.59

数据来源：根据《中国统计年鉴 2002—2023》历年数据及 2000 年第五次全国人口普查数据、2010 年第六次全国人口普查数据整理计算。

注：2001 年数据含“扫盲班”的人口，其比例未在表中列出。

东北、东部、中部、西部地区；6岁及以上人口中初中文化程度的人口比例从高到低依次排序为东北、中部、东部、西部地区；6岁及以上人口中高中文化程度的人口比例从高到低依次排序为中部、东部、东北、西部地区。而从接受过高等教育的人口比例来看，2001—2022年，东部地区6岁及以上人口中大专及以上文化程度的人口比例从2001年的4.43%提高到2022年的22.42%；中部地区从2001年的3.15%增加到2022年的16.99%；西部地区从2001年的3.08%上升到2022年的17.44%；东北地区从2001年的5.68%上升到2022年的19.59%。根据以上数据，2001年，6岁及以上人口中大专及以上人口的比例，东部地区比中部、西部地区分别高1.28、1.35个百分点；2022年，6岁及以上人口中大专及以上人口的比例，东部地区比中部、西部地区分别高5.43、4.98个百分点。

可见，东部地区大专及以上人口比例明显高于中部、西部地区，并且差距改善不明显、呈现扩大趋势。

（三）6岁及以上人口分城镇乡的受教育结构

表4-7展示了中国6岁及以上人口的教育人力资本结构在城乡间的分布情况。2001—2022年，我国城镇乡6岁及以上人口的受教育结构均有所改善，但是，城镇乡之间存在明显差异，城市6岁及以上人口的受教育结构明显优于镇和乡村。其中，从未上过学、小学文化程度的人口比例来看，城市6岁及以上人口中未上过学、小学文化程度的人口比例均明显低于镇和乡村。从初中和高中文化程度的人口比例来看，城市6岁及

表 4-7　中国 6 岁及以上人口受教育结构的分城镇乡变化（2001—2022 年）

单位：%

年份	城市					镇					乡村				
	未上过学	小学	初中	高中	大专及以上	未上过学	小学	初中	高中	大专及以上	未上过学	小学	初中	高中	大专及以上
2001	5.48	20.82	36.38	25.00	12.31	7.01	26.83	37.78	21.00	7.38	12.60	44.29	36.82	5.63	0.65
2002	5.33	20.38	36.44	24.68	13.16	7.69	28.38	38.92	18.68	6.33	12.87	42.65	37.91	5.86	0.71
2003	4.92	19.76	35.55	25.38	9.13	7.42	26.45	38.03	19.78	6.54	12.42	41.40	39.16	6.29	0.64
2004	4.55	19.19	35.81	25.33	15.13	6.94	26.22	39.38	19.04	8.42	11.81	39.89	40.83	6.58	0.89
2005	5.16	21.36	36.72	22.38	14.38	8.07	29.13	40.66	15.71	6.43	13.76	40.72	38.45	6.31	0.76
2006	3.63	18.16	35.33	24.50	18.38	7.50	30.19	41.35	15.05	5.91	11.50	40.62	39.80	7.11	0.97
2007	3.27	17.63	35.26	24.71	19.13	6.86	29.40	42.96	14.81	5.97	10.59	39.10	41.46	7.77	1.08
2008	3.20	17.27	35.50	24.96	19.08	6.51	29.18	43.62	14.53	6.15	9.89	38.41	42.40	8.13	1.18
2009	3.01	16.94	35.59	24.17	20.29	6.24	28.39	44.66	14.84	5.87	9.50	37.33	43.44	8.26	1.46
2010	2.09	15.95	36.08	24.37	21.50	3.99	25.68	42.53	18.46	9.33	7.25	38.06	44.91	7.73	2.06
2011	2.25	15.93	35.14	24.21	22.47	4.17	24.72	42.37	18.81	9.93	8.17	36.25	44.92	8.39	2.27
2012	2.09	15.27	34.47	24.84	23.33	4.39	24.35	42.26	18.97	10.03	7.89	35.95	45.05	8.85	2.25
2013	2.16	14.68	33.54	25.29	24.33	4.04	24.16	42.67	18.36	10.77	7.47	35.73	45.01	9.39	2.40
2014	2.36	14.94	33.06	25.11	24.54	4.32	25.48	42.10	17.80	10.29	8.16	35.04	44.40	9.88	2.52

续表

年份	城市					镇					乡村				
	未上过学	小学	初中	高中	大专及以上	未上过学	小学	初中	高中	大专及以上	未上过学	小学	初中	高中	大专及以上
2015	2.29	15.15	31.74	23.63	27.19	4.97	24.76	40.24	17.90	12.12	8.65	35.36	42.28	10.22	3.48
2016	2.40	15.35	31.79	24.11	26.35	4.95	24.32	41.82	18.09	10.82	8.81	34.70	43.00	10.39	3.11
2017	2.14	14.55	30.76	24.62	27.93	4.83	24.50	40.57	18.59	11.51	8.17	34.61	42.72	11.03	3.47
2018	2.29	14.98	31.26	24.51	26.96	5.20	24.67	40.50	18.29	11.33	8.26	34.69	41.83	10.99	4.24
2019	2.26	15.25	31.33	24.18	26.98	4.86	25.32	39.50	18.43	11.89	7.91	34.62	41.50	11.31	4.67
2020	1.71	16.47	30.38	20.64	27.12	3.06	25.21	37.16	16.88	13.38	5.94	36.04	40.52	8.84	4.76
2021	1.73	16.50	28.31	21.11	32.35	3.23	25.79	37.09	18.30	15.59	6.14	37.29	40.48	10.44	5.66
2022	1.84	17.12	28.06	20.32	32.66	3.33	25.67	36.11	18.06	16.82	6.33	36.75	40.34	10.52	6.06

数据来源：根据《中国人口和就业统计年鉴 2002—2023》历年数据整理计算，其中 2020 年为 3 岁及以上人口，“学前教育”的人口未在表中列出。

以上人口中接受过初、高中教育的人口比例高于镇和乡村。而从接受过高等教育的人口比例来看，2001 年—2022 年，城市 6 岁及以上人口中大专及以上文化程度的人口比例从 2001 年的 12.31% 提高到 2022 年的 32.66%；镇从 2001 年的 7.38% 提高到 2022 年的 16.82%；乡村从 2001 年的仅 0.65% 提高到 2022 年的 6.06%。受过大专及以上教育的 6 岁及以上人口比例在城乡之间的差距从 2001 年的 11.66 个百分点，扩大到 2022 年的 26.60 个百分点。

以上数据说明中国 6 岁及以上人口的受教育结构，即教育人力资本的结构在城镇乡之间分布仍旧不均衡，城乡间差距很大，且呈现逐年增加的趋势。

三、6 岁及以上人口的教育人力资本存量及变化

（一）6 岁及以上人口的教育人力资本存量

为了全面反映中国教育人力资本的情况，本书将 6 岁及以上人口的教育人力资本存量表示为：6 岁及以上人口数量与 6 岁及以上人口的平均受教育年限之积，即 $Edu\_HC=Population\times Schooling$，其中 Edu_HC 表示 6 岁及以上人口的教育人力资本存量，*Population* 表示 6 岁及以上人口的数量，*Schooling* 表示 6 岁及以上人口的平均受教育年限。利用

相关数据和前文的测算结果，经过计算得到了2001—2022年中国6岁及以上人口的教育人力资本存量（见表4–8）。

从2001年到2022年，中国6岁及以上人口的教育人力资本存量快速增加，从2001年的886032.43年·万人，增加至2010年的1093440.57年·万人，2020年已经增长到1249580.22年·万人，2022年达到了1265770.50年·万人。这说明6岁及以上人口的教育人力资本存量不断提升，这给中国经济的快速增长提供了有效保障。

分性别来看，从2001年到2022年，6岁及以上男性教育人力资本存量一直高于女性，不过，二者之间的差距呈现缩小的趋势（见图4–2）。2001年时，6岁及以上男性教育人力资本存量为484601.47年·万人，6岁及以上女性教育人力资本存量为401040.33年·万人，男女之间的差距为83561.14年·万人；2022年时，6岁及以上男性教育人力资本存量为679847.31年·万人，6岁及以上女性教育人力资本存量为616855.82年·万人，男女之间的差距为62991.49年·万人，比2001年时有所减少。

表4–8 中国6岁及以上人口的教育人力资本存量(2001—2022年)

年份	6岁及以上人口平均受教育年限(年)	6岁及以上总人口数量（万人）	人力资本存量（年·万人）
2001	7.66	115670.03	886032.43
2002	7.73	119327.02	922397.86
2003	7.91	120391.75	952298.74
2004	8.01	121927.23	976637.11
2005	7.83	119836.64	938320.89

续表

年份	6岁及以上人口平均受教育年限(年)	6岁及以上总人口数量（万人）	人力资本存量（年·万人）
2006	8.04	123357.77	991796.47
2007	8.19	124004.11	1015593.66
2008	8.27	124738.90	1031590.70
2009	8.38	125070.79	1048093.22
2010	8.80	124254.61	1093440.57
2011	8.85	125560.82	1111213.26
2012	8.94	126096.87	1127306.02
2013	9.05	126742.70	1147021.44
2014	9.04	127383.21	1151544.22
2015	9.13	127957.86	1168255.26
2016	9.13	128712.31	1175143.39
2017	9.27	129096.84	1196727.71
2018	9.26	129779.88	1201761.69
2019	9.33	130309.87	1215791.09
2020	9.50	131534.76	1249580.22
2021	9.50	132546.31	1259189.95
2022	9.50	133239.00	1265770.50

数据来源：根据《中国统计年鉴 2002—2023》历年数据及 2000 年第五次全国人口普查数据、2010 年第六次全国人口普查数据整理计算。

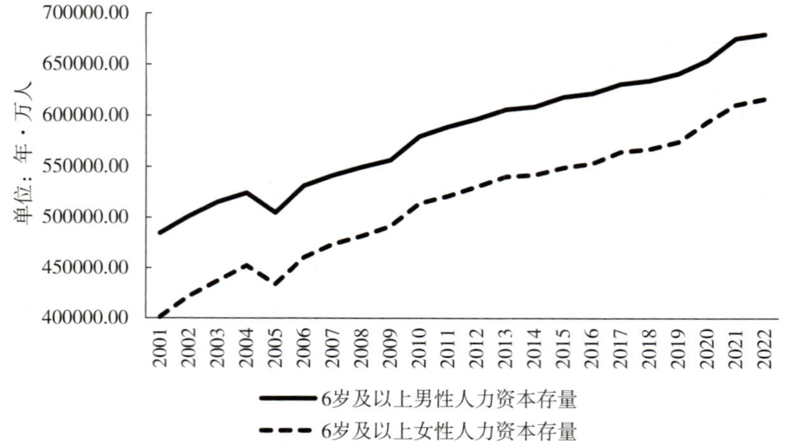

图 4-2 中国 6 岁及以上人口分性别的教育人力资本存量（2001—2022 年）

数据来源：根据《中国统计年鉴 2002—2023》历年数据及 2000 年第五次全国人口普查数据、2010 年第六次全国人口普查数据整理计算。

（二）6 岁及以上人口分区域的教育人力资本存量

表 4-9 展示了 2001—2022 年中国 6 岁及以上人口教育人力资本存量的分区域分布情况。首先，从教育人力资本存量水平来看，2001—2022 年，东部地区 6 岁及以上人口的教育人力资本存量高于中部、西部和东北地区，教育人力资本存量水平在空间上分布不均衡，东部地区和其他地区差距显著。其次，从变化趋势来看，2001—2022 年，东部、中部和西部地区的 6 岁及以上人口的教育人力资本存量均有所增加且呈现总体上升的趋势；但是，东北地区的 6 岁及以上人口的教育人力资本存量先上升后下降，2013 年时达到最大值，2022 年时已减少至与 2007 年接近的水平。这一定程度上可以说明 6 岁及以上人口的教育人力资本存量区域分布不平衡，而且未来各区域间的差

距可能会不断扩大，特别是东北地区与其他地区的差距会日益增加。

表 4-9　中国 6 岁及以上人口分区域的教育人力资本存量（2001—2022 年）

单位：年・万人

年份	东部	中部	西部	东北
2001	329137.33	246733.54	227324.39	82731.09
2002	332844.69	258975.35	244926.07	86392.63
2003	338522.30	271966.60	252463.52	89453.50
2004	347451.28	276855.00	262255.25	90470.39
2005	357933.59	254224.15	238617.82	87667.35
2006	376595.37	268301.65	254833.74	91936.87
2007	385329.31	274757.10	261716.77	93376.27
2008	393384.55	277771.60	265689.59	94672.12
2009	401545.00	280927.29	270037.33	95482.19
2010	434044.81	286925.27	275969.46	97409.62
2011	439774.83	290750.15	282467.68	97440.59
2012	447253.54	294690.07	285559.59	100198.13
2013	454651.14	300402.85	289096.82	102664.94
2014	455863.57	302324.29	291355.73	101326.56
2015	463318.26	307458.82	296548.19	100924.11
2016	468156.33	307987.73	298036.34	101303.09
2017	477711.14	311844.90	305296.47	101199.47
2018	478050.13	315462.39	307806.46	100938.79
2019	483485.17	320173.96	312329.77	100613.87
2020	516183.42	318291.55	320847.49	93936.38
2021	532596.34	327583.70	331685.51	94943.82
2022	538961.74	330959.03	333532.89	93205.37

数据来源：根据《中国统计年鉴 2002—2023》历年数据及 2000 年第五次全国人口普查数据、2010 年第六次全国人口普查数据整理计算。

（三）6 岁及以上人口分城镇乡的教育人力资本存量

表 4–10 展示了中国 6 岁及以上人口的教育人力资本存量在城乡间的分布情况。2001—2022 年，城市和镇的 6 岁及以上人口的教育人力资本存量均有增加，而乡村 6 岁及以上人口的教育人力资本存量则不断减少（见表 4–10）。具体而言，城市 6 岁及以上人口的教育人力资本存量从 2001 年的 274910.49 年 · 万人增加到 2010 年的 406034.42 年 · 万人，再增加到 2022 年的 602954.25 年 · 万人；镇 6 岁及以上人口的教育人力资本存量从 2001 年的 133526.58 年 · 万人增加到 2010 年的 225749.84 年 · 万人，再增加到 2022 年的 320287.88 年 · 万人；而乡村 6 岁及以上人口的教育人力资本存量从 2001 年的 498975.80 年 · 万人减少到 2010 年的 462277.45 年 · 万人，再减少到 2022 年的 373461.49 年 · 万人。

表 4–10　中国 6 岁及以上人口分城镇乡的教育人力资本存量（2001—2022 年）

单位：年 · 万人

年份	城市	镇	乡村
2001	274910.49	133526.58	498975.80
2002	302273.89	126777.83	493858.81
2003	282011.71	154391.24	482995.72
2004	313450.93	163794.20	499348.03
2005	322621.05	170915.54	444882.11
2006	309529.99	195481.04	486791.07
2007	316172.67	210029.11	488896.11
2008	319917.02	223025.82	488632.47
2009	335540.09	227836.77	484673.08

续表

年份	城市	镇	乡村
2010	406034.42	225749.84	462277.45
2011	402527.41	253472.35	454673.76
2012	423972.92	257664.02	445967.51
2013	439070.56	265721.05	441934.43
2014	451313.75	267284.55	432540.27
2015	463115.92	273916.60	430898.69
2016	486737.28	267872.28	420675.15
2017	494944.17	284819.05	416430.46
2018	504408.78	287539.63	410205.49
2019	522586.03	288481.54	405300.64
2020	589079.97	283988.36	377323.77
2021	602476.56	308585.07	375779.87
2022	602954.25	320287.88	373461.49

数据来源：根据《中国人口和就业统计年鉴 2002—2023》历年数据整理计算，其中 2020 年为 3 岁及以上人口。

为了进一步分析城市、镇、乡村人口对 6 岁及以上人口教育人力资本存量增长的贡献，本书用 Edu_HC 表示 6 岁及以上人口教育人力资本存量，Edu_HC_1、Edu_HC_2、Edu_HC_3 分别表示城市、镇、乡村 6 岁及以上人口教育人力资本存量，ΔEdu_HC 表示 6 岁及以上人口教育人力资本存量的增加值，ΔEdu_HC_1、ΔEdu_HC_2、ΔEdu_HC_3 分别表示城市、镇、乡村 6 岁及以上人口教育人力资本存量的增加值。因为 $Edu\_HC=Edu\_HC_1+Edu\_HC_2+Edu\_HC_3$，所以 $\Delta Edu\_HC=\Delta Edu\_HC_1+\Delta Edu\_HC_2+\Delta Edu\_HC_3$，从而有 $\frac{\Delta Edu\_HC}{Edu\_HC}=\frac{Edu\_HC_1}{Edu\_HC}\frac{\Delta Edu\_HC_1}{Edu\_HC_1}+$

$\frac{Edu\_HC_2}{Edu\_HC}\frac{\Delta Edu\_HC_2}{Edu\_HC_2}+\frac{Edu\_HC_3}{Edu\_HC}\frac{\Delta Edu\_HC_3}{Edu\_HC_3}$。这表明，6岁及以上人口的教育人力资本存量的增长率等于城市6岁及以上人口教育人力资本存量占6岁及以上人口教育人力资本存量的比重与其增长率之积，加上镇6岁及以上人口教育人力资本存量占6岁及以上人口教育人力资本存量的比重与其增长率之积，再加上乡村6岁及以上人口教育人力资本存量占6岁及以上人口教育人力资本存量的比重与其增长率之积。据此，便可以计算出城市、镇、乡村分别对教育人力资本存量增长的贡献。例如，城市6岁及以上人口对6岁及以上人口教育人力资本存量增长的贡献度就等于$\left(\frac{Edu_HC_1}{Edu_HC}\frac{\Delta Edu_HC_1}{Edu_HC_1}\right)/\frac{\Delta Edu_HC}{Edu_HC}$。镇、乡村6岁及以上人口对教育人力资本存量增长率的贡献，则以此类推。

根据测算发现，2001—2022年，城市、镇的6岁及以上人口是中国6岁及以上人口教育人力资本存量增长的主要推动力。其中，2001—2022年，城市6岁及以上人口对全国6岁及以上人口教育人力资本存量增长率的贡献度高达84.27%，是最主要的推动力；镇6岁及以上人口的贡献度为47.97%。但是，与此同时，由于乡村6岁及以上人口的教育人力资本存量持续减少，乡村6岁及以上人口对全国6岁及以上人口教育人力资本存量增长率的贡献度为负值。

四、小结

本节的分析说明，2001—2022年，在经济发展和产业升级的过程中，中国6岁及以上人口的教育人力资本水平在不断提高，教育人力资本结构得到了显著改善，教育人力资本存量不断增加。这与近年来我国教育事业不断发展、取得长足进步，如义务教育的大力普及、高等教育的大力发展是密不可分的。与此同时，中国6岁及以上人口的教育人力资本有几个较明显的变化特征需要引起重视。

第一，6岁及以上男性的平均受教育年限、接受过高等教育的人口比例和教育人力资本存量均高于女性，但是，6岁及以上男性和女性的教育人力资本水平均不断上升，教育人力资本结构均有所改善，教育人力资本存量均不断增加，6岁及以上男性和女性之间教育人力资本的差距呈现不断缩小的趋势。如果继续按照这种趋势发展，中国6岁及以上人口教育人力资本的性别差异会日益缩小，甚至消失。

第二，中国各区域之间6岁及以上人口的平均受教育年限、受教育结构、教育人力资本存量存在显著差异，教育人力资本在区域间分布不均衡。首先，各区域6岁及以上人口的教育人力资本呈现东部地区高于西部地区、发达地区高于不发达地区的趋势。从教育人力资本水平来看，东部地区6岁及以上人口的平均受教育年限最高，西部地区6岁及以上人口的平均受教育年限最低；从教育人力资本结构来看，东部地区6岁及以上人口中大专及以上文化程度的比例明显高于中部、西部地区；

从教育人力资本存量来看，东部地区6岁及以上人口的教育人力资本存量高于中部、西部和东北地区。其次，各区域间6岁及以上人口教育人力资本结构和教育人力资本存量的差距呈现扩大的趋势。2001—2022年，东部地区与中部、西部地区6岁及以上人口中大专及以上文化程度的人口比例之间的差距日益扩大；东北地区与东部、中部、西部地区6岁及以上人口的教育人力资本存量的差距会日益增加，这是由于东北地区6岁及以上人口的教育人力资本存量已出现逐年减少的变化，而其他地区6岁及以上人口的教育人力资本存量均有所增加且呈现逐年上升的趋势。区域间教育人力资本的分布不均衡将会影响未来中国6岁及以上人口的整体教育人力资本，乃至中国整体人力资本的发展和持续增长，值得我们关注和重视。

第三，城市和乡村6岁及以上人口教育人力资本的水平和结构分布严重不均衡，且城乡之间的差距很大、呈现不断增加的趋势。乡村6岁及以上人口的平均受教育年限、大专及以上文化程度的人口比例均远低于城市。城乡发展不平衡，特别是城乡教育资源分布不均衡在一定程度上造成了乡村6岁及以上人口的教育人力资本水平较低、结构分布不合理。而且，在城市和镇的6岁及以上人口教育人力资本存量不断增加的同时，乡村6岁及以上人口教育人力资本存量不断减少，其对教育人力资本存量增长的贡献度一直为负。如果继续按照这种趋势发展，不仅会影响乡村人口教育人力资本的可持续增长，使得城乡人口教育人力资本的差距更加加剧，也会影响中国整体人力资本的积累和提升。

第二节　中国劳动年龄人口的教育人力资本

本节运用2000年第五次、2010年第六次和2020年第七次中国人口普查以及2005年和2015年全国1%抽样调查数据，分析2000—2020年中国16～59岁劳动年龄人口的教育人力资本的状况及变化情况，讨论劳动年龄人口教育人力资本的水平、结构和存量，并从性别、年龄段、城镇乡等多角度分析劳动年龄人口教育人力资本的发展变化。

一、劳动年龄人口教育人力资本的水平及变化

本书采用16～59岁劳动年龄人口的平均受教育年限[①]这个

① 在本书中，除2000年、2020年外，16～59岁劳动年龄人口的平均受教育年限的计算公式为：平均受教育年限=（未上过学的16～59岁劳动年龄人口×0+小学文化程度的16～59岁劳动年龄人口×6+初中文化程度的16～59岁劳动年龄人口×9+高中文化程度的16～59岁劳动年龄人口×12+大专及以上文化程度的16～59岁劳动年龄人口×16）/16～59岁总劳动年龄人口。2000年中国第五次人口普查，可获得参加过扫盲班的人口信息，而扫盲班的受教育年限一般认为是2年（夏忠、黄钟仪，2009）；2020年中国第七次人口普查，可获得参加过学前教育的人口信息，学前教育的受教育年限处理与扫盲班相同，可认为是2年。因此，2000年、2020年的16～59岁劳动年龄人口平均受教育年限的计算公式为：平均受教育年限=（未上过学的16～59岁劳动年龄人口×0+扫盲班或学前教育的16～59岁劳动年龄人口×2+小学文化程度的16～59岁劳动年龄人口×6+初中文化程度的16～59岁劳动年龄人口×9+高中文化程度的16～59岁劳动年龄人口×12+大专及以上文化程度的16～59岁劳动年龄人口×16）/16～59岁总劳动年龄人口。

指标来度量中国劳动年龄人口教育人力资本的水平。

（一）16～59 岁劳动年龄人口的平均受教育年限

2000—2020 年，中国 16～59 岁劳动年龄人口的平均受教育年限不断提高（见图 4-3）。2000 年，我国 16～59 岁劳动年龄人口的平均受教育年限为 8.50 年，2005 年为 8.71 年，2010 年增加到了 9.66 年，2015 年达到了 10.23 年，2020 年提高到了 10.75 年。这意味着中国劳动年龄人口的教育人力资本水平在不断提高。

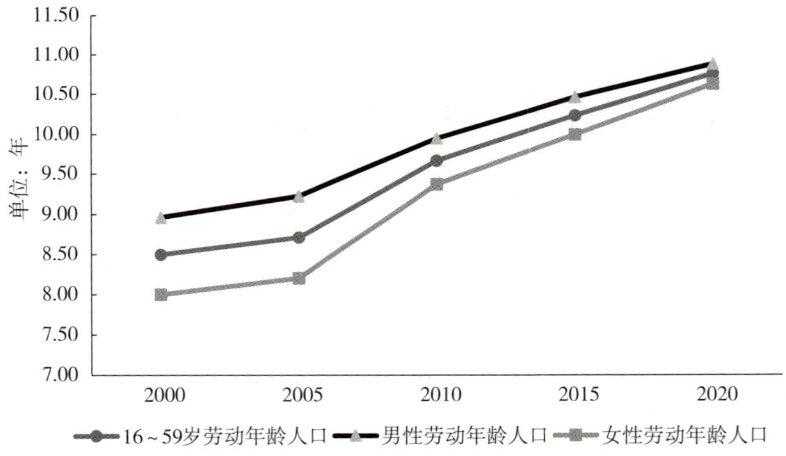

图 4-3　中国 16～59 岁劳动年龄人口的平均受教育年限变化（2000—2020 年）

数据来源：2000 年、2010 年和 2020 年分别根据中国第五次、第六次和第七次人口普查数据计算；2005 年和 2015 年根据全国 1% 人口抽样调查数据计算。

分性别来看，男性和女性 16～59 岁劳动年龄人口的平均受教育年限呈现快速上升的趋势，而且男性的平均受教育年限高于女性，不过，二者之间的差距不断缩小。

（二）16～59岁劳动年龄人口分年龄段的平均受教育年限

为了进一步考察不同年龄段的劳动年龄人口的教育人力资本情况，本部分将16～59岁劳动年龄人口分为16～24岁、25～44岁、45～59岁三个年龄段分别测算其平均受教育年限。如图4–4所示，从2000年到2020年，中国各年龄段16～59岁劳动年龄人口的平均受教育年限均呈现上升趋势，但随着年龄的增长，劳动年龄人口的平均受教育年限逐渐减少。2000年，我国16～24岁人口的平均受教育年限为9.59年，25～44岁人口的平均受教育年限为8.76年，而45～59岁人口的平均受教育年限仅为6.91年；2010年，16～24岁人口的平均受教育年限已经上升到10.98年，25～44岁人口的平均受教育年限增加到9.77年，但45～59岁人口的平均受教育年限仍较低，仅为8.42年，还未达到2000年时16～24岁人口的平均受教育年限；2020年，16～24岁人口的平均受教育年限达到了12.79年，25～44岁人口的平均受教育年限也已经增加到了11.42年，而45～59岁人口的平均受教育年限仍未达到10年，为9.13年。这表明较年长的劳动年龄人口，即45～59岁的中年及年长的劳动年龄人口的教育人力资本水平与青壮年劳动者之间还有着较大差距。

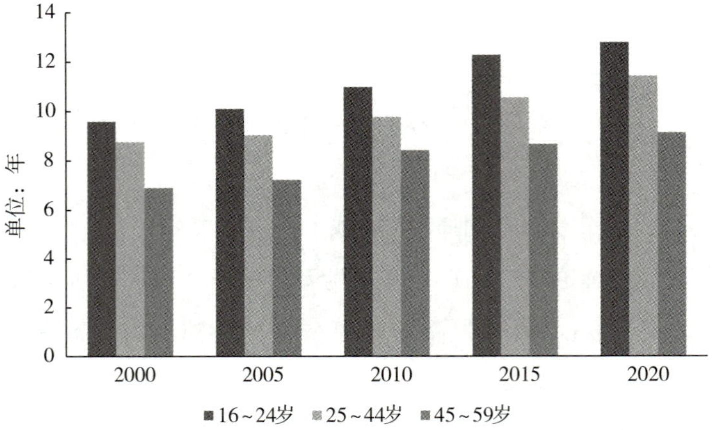

图 4–4　中国 16～59 岁劳动年龄人口平均受教育年限的分年龄段变化（2000—2020 年）

数据来源：2000 年、2010 年和 2020 年分别根据中国第五次、第六次和第七次人口普查数据计算；2005 年和 2015 年根据全国 1% 人口抽样调查数据计算。

（三）16～59 岁劳动年龄人口分城镇乡的平均受教育年限

图 4–5 展示了中国 16～59 岁劳动年龄人口分城镇乡的平均受教育年限及其变化情况。2000—2020 年，城市、镇、乡村 16～59 岁劳动年龄人口的平均受教育年限均有所增加。2000 年，城市 16～59 岁劳动年龄人口的平均受教育年限为 10.34 年，镇为 9.29 年，乡村为 7.51 年；2010 年，城市、镇、乡村 16～59 岁劳动年龄人口的平均受教育年限分别上升至 11.33 年、9.91 年、8.36 年；2020 年，城市、镇、乡村 16～59 岁劳动年龄人口的平均受教育年限均继续增加，分别上升至 12.04 年、10.61 年、9.08 年。虽然城市、镇、乡村 16～59 岁劳动年龄人口的平均受教育年限均有所上升，但增加幅度不同。2000—2020 年，城市劳动年龄人口的平均受教育年限的增加值为 1.70 年；镇劳

动年龄人口的平均受教育年限的增加值为 1.32 年；乡村劳动年龄人口的平均受教育年限的增加值为 1.57 年。

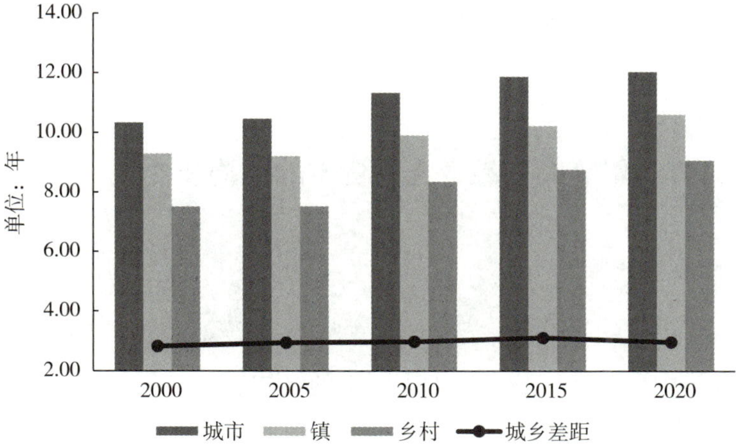

图 4–5 中国 16 ~ 59 岁劳动年龄人口平均受教育年限的分城镇乡变化（2000—2020 年）

数据来源：2000 年、2010 年和 2020 年分别根据中国第五次、第六次和第七次人口普查数据计算；2005 年和 2015 年根据全国 1% 人口抽样调查数据计算。

与此同时，城市和乡村的劳动年龄人口的平均受教育年限存在较大差距，不过，二者之间的差距呈现先增加后减少的趋势。城市和乡村 16 ~ 59 岁劳动年龄人口的平均受教育年限之间的差距由 2000 年的 2.83 年扩大到 2015 年的 3.11 年，再缩小到 2020 年的 2.97 年。另外，2020 年乡村劳动年龄人口的平均受教育年限（9.08 年）还没有达到 2000 年城市的平均受教育年限（10.34 年）。这说明我国劳动年龄人口城乡之间的平均受教育年限差距相当大，不过城市高于农村的变化趋势开始出现变化，城乡之间的差距有缩小的趋势。

由此可见，中国16～59岁劳动年龄人口的教育人力资本水平在城乡间存在明显差距，不过，随着城市、镇、乡村劳动年龄人口平均受教育年限不断增加，且乡村增加速度相对较快，城乡劳动年龄人口教育人力资本水平之间的差距逐渐缩小。

二、劳动年龄人口教育人力资本的结构及变化

本书采用16～59岁劳动年龄人口的受教育结构[①]这个指标来度量中国劳动年龄人口人力资本的结构。

（一）16～59岁劳动年龄人口的受教育结构

2000—2020年，中国16～59岁劳动年龄人口的受教育结构得到了显著改善，表现为未上过学的16～59岁人口比例不断下降，高中以上文化程度的16～59岁人口比例不断增加，特别是接受过高等教育的16～59岁人口比例持续上升（见图4-6）。具体而言，2000—2020年，未上过学的16～59岁劳动年龄人口比例由2000年的3.97%在波动中下降到2010年的2.12%，再下降到2020年的1.12%，共下降了2.85个百分点；小学文化程度的16～59岁人口比例持续减少，由2000年的29.69%减

① 16～59岁劳动年龄人口的受教育结构指未上过学、小学文化程度、初中文化程度、高中文化程度（含中职教育）、大专及以上文化程度的16～59岁人口分别在16～59岁总人口中所占的比例。

少到 2010 年的 18.97%，再减少到 2020 年的 13.35%，共下降了 16.34 个百分点。而初中文化程度的 16～59 岁人口比例先上升再下降，先由 2000 年的 43.83% 一直上升至最高值 2010 年的 48.05%，再开始逐年下降到 2020 年的 41.80%，共下降了 2.03 个百分点。与此同时，高中文化程度的 16～59 岁劳动年龄人口比例不断增加，由 2000 年的 16.03% 增加到 2010 年的 18.58%，再增加到 2020 年的 20.13%，共上升了 4.10 个百分点；接受过高等教育，即大专及以上文化程度的 16～59 岁劳动年龄人口比例显著增加，由 2000 年的 5.12% 上升至 2010 年的 12.28%，再上升到了 2020 年的 23.54%，共增加了 18.42 个百分点。

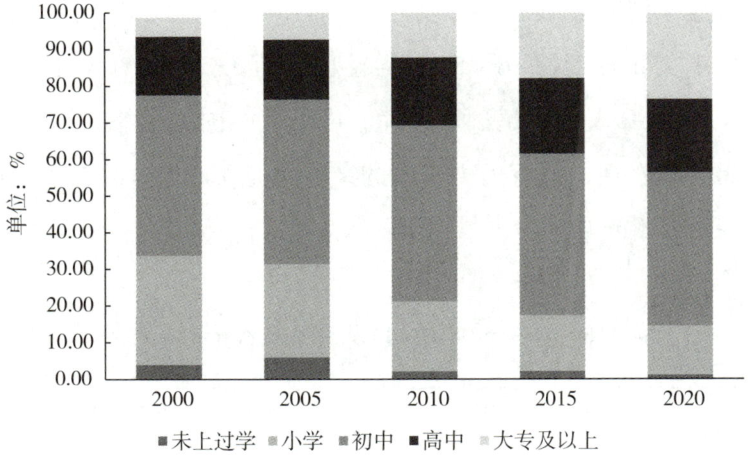

图 4-6　中国 16～59 岁劳动年龄人口受教育结构及变化（2000—2020 年）

数据来源：2000 年、2010 年和 2020 年分别根据中国第五次、第六次和第七次人口普查数据计算；2005 年和 2015 年根据全国 1% 人口抽样调查数据计算。

由此可见，中国 16～59 岁劳动年龄人口教育人力资本的结构持续优化，受教育程度明显提高。

分性别来看，如表4-11所示，16~59岁劳动年龄的男性和女性的受教育结构均有所改善，未上过学、小学文化程度的16~59岁男性和女性比例不断下降，初中文化程度的16~59岁男性和女性比例在波动中也呈现下降趋势，而高中及以上文化程度的16~59岁男性和女性比例不断上升。同时，16~59岁劳动年龄的男性和女性的受教育结构存在较明显差异，表现为未上过学的16~59岁男性比例一直低于女性，而小学至高中文化程度的16~59岁男性比例一直高于女性，但是大专及以上文化程度的16~59岁男性比例由高于女性变化为低于女性。2000年，大专及以上文化程度的16~59岁男性比例为6.03%，女性比例为4.14%；2010年，大专及以上文化程度的16~59岁男性比例增至12.93%，女性增至11.60%；而2020年，大专及以上文化程度的16~59岁男性比例为23.23%，女性比例达到了23.86%，已经超过了男性。可见，中国16~59岁劳动年龄男性和女性的教育人力资本的结构均有所改善，且二者之间的差距在不断减小。

表4-11 中国16~59岁劳动年龄人口分性别的受教育结构（2000—2020年）

单位：%

年份	16~59岁男性					16~59岁女性				
	未上过学	小学	初中	高中	大专及以上	未上过学	小学	初中	高中	大专及以上
2000	1.98	25.56	47.96	17.80	6.03	6.06	34.06	39.47	14.16	4.14
2005	2.88	21.72	48.70	18.42	8.29	8.89	29.15	41.34	14.16	6.46
2010	1.20	15.56	50.10	20.21	12.93	3.06	22.51	45.92	16.90	11.60
2015	1.23	12.61	45.57	22.34	18.25	3.06	17.81	42.68	18.90	17.55

续表

年份	16~59岁男性					16~59岁女性				
	未上过学	小学	初中	高中	大专及以上	未上过学	小学	初中	高中	大专及以上
2020	0.67	11.32	43.30	21.43	23.23	1.58	15.50	40.21	18.77	23.86

数据来源：2000年、2010年和2020年分别根据中国第五次、第六次和第七次人口普查数据计算；2005年和2015年根据全国1%人口抽样调查数据计算。

注：2000年数据含“扫盲班”的人口，其比例未在表中列出。

（二）16~59岁劳动年龄人口分年龄段的受教育结构

本部分通过测算16~24岁、25~44岁、45~59岁三个不同年龄段人口的受教育结构，进一步考察16~59岁劳动年龄人口教育人力资本分年龄段的结构状况及其变化。如图4-7所示，2000—2020年，16~24岁、25~44岁、45~59岁人口中未上过学的人口比例均明显下降，在2020年时分别降低到0.26%、0.59%、2.09%；16~24岁、25~44岁、45~59岁人口中小学文化程度的人口比例也不断下降，分别从2000年的15.24%、27.40%、47.93%下降到2020年的2.52%、7.21%、25.04%。而各年龄段初中文化程度的人口比例呈现不同的变化趋势，2000—2020年，16~24岁人口中初中文化程度的人口比例一直减少，由2000年的53.06%减少到2020年的22.09%；25~44岁人口中该比例先增加再减少，由2000年的47.52%增加到2010年的53.68%，再减少到2020年的42.23%；45~59岁人口中该比例则一直增加，由2000年的27.23%增加到2020年的49.01%。从接受过高中教育的人口比例来看，2000—2020年，

16 ~ 24 岁、25 ~ 44 岁人口中该比例呈现上升的趋势，分别从 2000 年的 23.78%、16.18% 上升到 2020 年的 33.95%、20.13%；而 45 ~ 59 岁人口中该比例先上升后下降，由 2000 年的 8.66% 上升到 2010 年的 15.21%，再下降到 2020 年的 14.71%。从接受过高等教育的人口比例来看，各年龄段人口该比例均不断上升，16 ~ 24 岁人口中大专及以上文化人口的比例从 2000 年的 6.51% 上升到 2020 年的 41.06%；25 ~ 44 岁人口中该比例从 2000 年的 5.50% 上升到 2020 年的 29.80%；而 45 ~ 59 岁人口中该比例从 2000 年的仅 2.99% 增加到 2020 年的 9.07%。可见，16 ~ 59 岁劳动年龄人口各年龄段的受教育结构均有所改善，初中及以下文化人口的比例不断减少，而高中及以上，特别是大专及以上文化程度人口的比例不断增加。

另外，16 ~ 59 岁劳动年龄人口各年龄段的受教育结构之间存在较明显差异。一方面，随着年龄的增长，各年龄段初中及以下文化人口的比例下降的程度越来越小。45 ~ 59 岁人口中接受初中教育的人口比例高于 16 ~ 24 岁、25 ~ 44 岁人口，但其下降的速度慢于 16 ~ 24 岁、25 ~ 44 岁人口。另一方面，随着年龄的增长，各年龄段接受过高等教育的人口比例提高的程度越来越小。45 ~ 59 岁人口中大专及以上文化程度人口的比例远低于 16 ~ 24 岁、25 ~ 44 岁人口，而且其上升的速度也慢于 16 ~ 24 岁、25 ~ 44 岁人口。这说明 45 ~ 59 岁人口教育人力资本的结构与青壮年（16 ~ 24 岁、25 ~ 44 岁）劳动年龄人口之间存在差距。

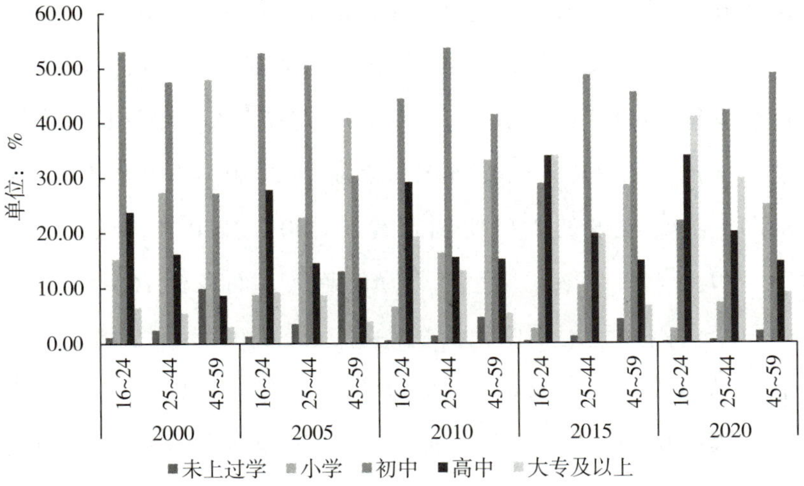

图 4-7　中国 16~59 岁劳动年龄人口受教育结构的分年龄段变化（2000—2020 年）

数据来源：2000 年、2010 年和 2020 年分别根据中国第五次、第六次和第七次人口普查数据计算；2005 年和 2015 年根据全国 1% 人口抽样调查数据计算。

（三）16 ~ 59 岁劳动年龄人口分城镇乡的受教育结构

本部分进一步考察 16 ~ 59 岁劳动年龄人口分城市、镇、乡村的受教育结构及其变化情况。如表 4-12 所示，2000—2020 年，城市、镇和乡村 16 ~ 59 岁劳动年龄人口的受教育结构均有所改善。2000—2020 年，城市、镇、乡村 16 ~ 59 岁人口中未上过学的人口比例均明显下降，分别从 2000 年的 1.51%、2.53%、5.37% 降低到 2020 年的 0.43%、0.91%、2.19%；城市、镇、乡村 16 ~ 59 岁劳动年龄人口中小学文化程度的人口比例不断下降，分别从 2000 年的 13.45%、20.76%、38.83% 下降到 2020 年的 6.97%、12.59%、22.61%；从初中文化程度的人口比例来看，城市 16 ~ 59 岁劳动年龄人口中该比例持续减少，由 2000 年的 40.50% 减少到 2020 年的 31.62%，镇 16 ~ 59 岁人口中该比例先由 2000 年的 44.99% 增加到 2010 年的 48.21%，再减少到 2020 年的 44.12%，乡村 16 ~ 59 岁人口中该比例在波动中增加，由 2000 年的 45.01% 增加到 2020 年的 54.06%。而从高中文化程度的人口比例来看，2000—2020 年，城市、镇 16 ~ 59 岁人口中该比例呈现下降的趋势，而乡村 16 ~ 59 岁人口中该比例则呈现不断上升的趋势，从 2000 年的 8.10% 一直上升到 2020 年的 13.00%。从接受过高等教育的人口比例来看，从 2000 年到 2020 年，城市 16 ~ 59 岁劳动年龄人口中大专及以上文化的人口比例从 2000 年的 14.36% 提高到 2020 年的 36.69%；镇劳动年龄人口中该比例从 6.60% 提高到 20.05%；乡村劳动年龄人口中该比例从 2000 年的仅 0.75% 上升到 2020 年的 8.04%。可见，城市、镇、乡村 16 ~ 59 岁劳动年龄人口的教育人力资本结构均有所改善，初中及以下文化人口的比例不断减少，同时，大专及以上文化程度人口的比例不断增加。

表 4-12 展示的数据还可以说明城市和乡村的劳动年龄人口的受教育结构存在较大差距。2000—2020 年，乡村 16 ~ 59 岁人口中初中及以下文化程度人口的比例高于城市，而高中及以上，特别是大专及以上文化程度人口的比例低于城市；同时，受过大专及以上高等教育的 16 ~ 59 岁劳动年龄人口比例在城乡之间的差距从 2000 年的 13.61 个百分点，扩大到 2010 年的 22.79 个百分点，再扩大到 2020 年的 28.65 个百分点。由此可见，中国 16 ~ 59 岁劳动年龄人口的教育人力资本结构在城镇乡之间分布仍旧不均衡，城乡间差距依然很大。

表 4-12 中国 16～59 岁劳动年龄人口受教育结构的分城镇乡变化（2000—2020 年）

单位：%

	未上过学	小学	初中	高中	大专及以上
2000 年					
城市	1.51	13.45	40.50	29.82	14.36
镇	2.53	20.76	44.99	24.34	6.60
乡村	5.37	38.83	45.01	8.10	0.75
2005 年					
城市	2.13	12.87	40.30	27.14	17.56
镇	4.21	20.43	46.67	20.12	8.57
乡村	8.65	34.41	47.16	8.71	1.07
2010 年					
城市	0.69	7.93	37.83	27.90	25.65
镇	1.58	15.58	48.21	22.55	12.07
乡村	3.37	28.30	55.25	10.23	2.86
2015 年					
城市	0.71	6.86	32.04	27.01	33.38
镇	1.72	13.81	46.15	22.11	16.20
乡村	3.62	23.29	53.70	14.18	5.21
2020 年					
城市	0.43	6.97	31.62	24.25	36.69
镇	0.91	12.59	44.12	22.27	20.05
乡村	2.19	22.61	54.06	13.00	8.04

数据来源：2000 年、2010 年和 2020 年分别根据中国第五次、第六次和第七次人口普查数据计算；2005 年和 2015 年根据全国 1% 人口抽样调查数据计算。

注：2000 年数据含“扫盲班”的人口，其比例未在表中列出。

三、劳动年龄人口的教育人力资本存量及变化

（一）16～59 岁劳动年龄人口的教育人力资本存量

本书用 16～59 岁劳动年龄人口的教育人力资本存量来全面反映中国劳动年龄人口教育人力资本的整体情况，16～59 岁劳动年龄人口的教育人力资本存量表示为劳动年龄人口数量与劳动年龄人口平均受教育年限之积。2000—2020 年，中国 16～59 岁劳动年龄人口的教育人力资本存量快速增加，从 2000 年的 686165.21 年·万人，增加到 2010 年的 884492.84 年·万人，再增加到 2020 年的 941870.29 年·万人（见图 4-8）。这说明中国劳动年龄人口教育人力资本存量不断提升，且呈现继续上升的趋势。

分性别来看，2000—2020 年，16～59 岁男性劳动年龄人口的教育人力资本存量一直高于女性，不过，二者之间的差距呈现缩小的趋势。2000 年时，16～59 岁男性教育人力资本存量为 372012.13 年·万人，16～59 岁女性教育人力资本存量为 314153.08 年·万人，二者之间的差距为 57859.05 年·万人；2020年时，16～59岁男性教育人力资本存量为489987.82年·万人，16～59 岁女性教育人力资本存量为 451883.87 年·万人，男女之间的差距为 38103.95 年·万人，与 2000 年相比有明显减少。

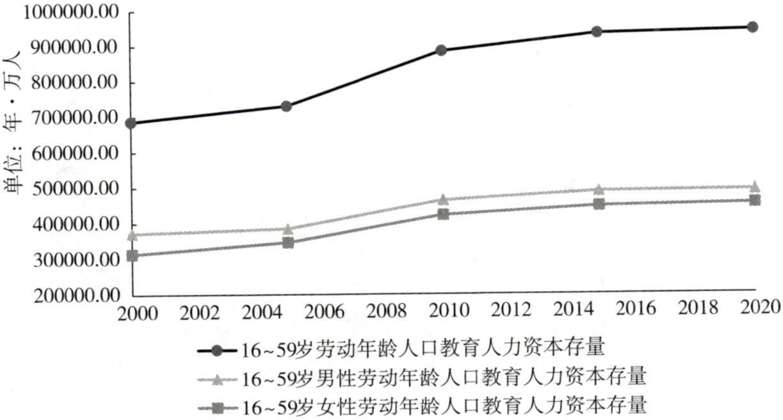

图 4–8　中国 16 ~ 59 岁劳动年龄人口及分性别的教育人力资本存量（2000—2020 年）

数据来源：2000 年、2010 年和 2020 年分别根据中国第五次、第六次和第七次人口普查数据计算；2005 年和 2015 年根据全国 1% 人口抽样调查数据计算。

（二）16 ~ 59 岁劳动年龄人口分年龄段的教育人力资本存量

图 4–9 展示了分年龄段考察 16 ~ 59 岁劳动年龄人口的教育人力资本存量的情况。2000—2020 年，16 ~ 24 岁人口的教育人力资本存量先增加再减少，从 2000 年的 169910.84 年 · 万人增加到 2010 年的 229786.31 年 · 万人，再减少到 2020 年的 168963.71 年 · 万人。与此同时，除 16 ~ 24 岁人口外，其他年龄段人口的教育人力资本存量均有所增加：25 ~ 44 岁人口的教育人力资本存量从 2000 年的 381328.76 年 · 万人增加到 2020 年的 465642.62 年 · 万人，45 ~ 59 岁人口的教育人力资本存量从 2000 年的 134880.17 年 · 万人增加到 2020 年的 307270.92 年 · 万人。

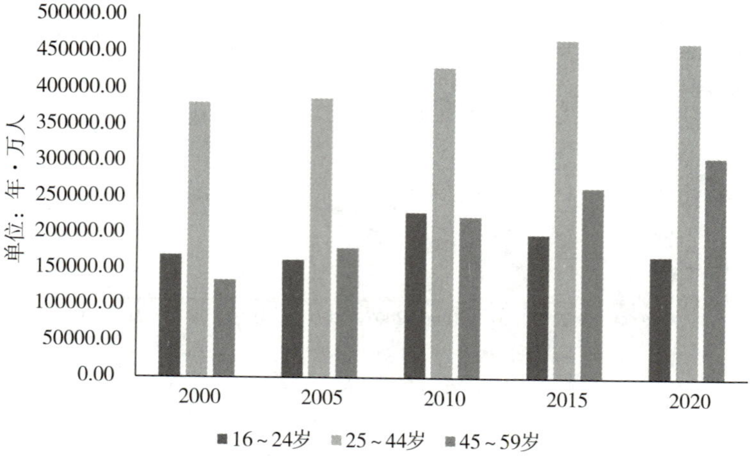

图 4-9 中国 16～59 岁劳动年龄人口分年龄段的教育人力资本存量（2000—2020 年）

数据来源：2000 年、2010 年和 2020 年分别根据中国第五次、第六次和第七次人口普查数据计算；2005 年和 2015 年根据全国 1% 人口抽样调查数据计算。

为了进一步分析各年龄段人口对 16～59 岁劳动年龄人口教育人力资本存量增长的贡献，本书用 Edu_HC 表示 16～59 岁劳动年龄人口教育人力资本存量，Edu_HC_1、Edu_HC_2、Edu_HC_3 分别表示 16～24 岁、25～44 岁、45～59 岁人口教育人力资本存量，ΔEdu_HC 表示 16～59 岁劳动年龄人口教育人力资本存量的增加值，ΔEdu_HC_1、ΔEdu_HC_2、ΔEdu_HC_3 分别表示 16～24 岁、25～44 岁、45～59 岁人口教育人力资本存量的增加值。因为 $Edu\_HC=Edu\_HC_1+Edu\_HC_2+Edu\_HC_3$，所以 $\Delta Edu\_HC=\Delta Edu\_HC_1+\Delta Edu\_HC_2+\Delta Edu\_HC_3$，从而有 $\frac{\Delta Edu\_HC}{Edu\_HC}=\frac{Edu\_HC_1}{Edu\_HC}\frac{\Delta Edu\_HC_1}{Edu\_HC_1}+\frac{Edu\_HC_2}{Edu\_HC}\frac{\Delta Edu\_HC_2}{Edu\_HC_2}+\frac{Edu\_HC_3}{Edu\_HC}\frac{\Delta Edu\_HC_3}{Edu\_HC_3}$。这表明，劳动年龄人口的教育人力资本存量增长率等于 16～24 岁

人口占劳动年龄人口的比重与其增长率之积，加上 25～44 岁人口比重与其增长率之积，再加上 45～59 岁人口比重与其增长率之积。据此，便可以计算出各年龄段对 16～59 岁劳动年龄人口的教育人力资本存量增长的贡献。例如，16～24 岁人口对 16～59 岁劳动年龄人口教育人力资本存量增长的贡献度就等于 $(\frac{Edu\_HC_1}{Edu\_HC}\frac{\Delta Edu\_HC_1}{Edu\_HC_1})/\frac{\Delta Edu\_HC}{Edu\_HC}$。25～44 岁、45～59 岁人口对教育人力资本存量增长率的贡献，则以此类推。

计算表明，2000—2020 年，各年龄段人口对 16～59 岁劳动年龄人口教育人力资本存量增长的贡献度发生了较明显的变化。具体而言，2000—2010 年，45～59 岁、16～24 岁人口是劳动年龄人口教育人力资本存量增长的主要推动力，其贡献度分别为 44.78%、30.20%；但 2010—2020 年，由于 16～24 岁人口的教育人力资本存量减少，其贡献度变为负值，45～59 岁和 25～44 岁人口成为拉动中国劳动年龄人口教育人力资本存量增长的主要动力，其贡献值分别为 145.68% 和 60.74%。以上数据表明，2000—2020 年，45～59 岁人口一直是中国 16～59 岁劳动年龄人口教育人力资本存量增长的主要推动力，25～44 岁人口对劳动年龄人口教育人力资本存量的增长一直有着正的贡献度，而 16～24 岁人口的贡献度则由正值变化为负值。

（三）16～59 岁劳动年龄人口分城镇乡的教育人力资本存量

表 4-13 展示了中国 16～59 岁劳动年龄人口的教育人力资本存量在城乡间的分布情况。分城镇乡来看，2000—2020 年，

城市、镇和乡村16～59岁劳动年龄人口的教育人力资本存量呈现不同的变化趋势。2000—2020年，城市和镇的16～59岁劳动年龄人口的教育人力资本存量均有增加，分别从2000年的217887.81年·万人、104444.41年·万人增加到2020年的469307.45年·万人、214277.05年·万人。但是，与此同时，乡村劳动年龄人口的教育人力资本存量则持续减少，从2000年的363832.98年·万人减少到2020年的258616.44年·万人。

表4–13 中国16～59岁劳动年龄人口分城镇乡的教育人力资本存量（2000—2020年）

单位：年·万人

	2000年	2005年	2010年	2015年	2020年
城市	217887.81	265350.42	344130.66	387372.60	469307.45
镇	104444.41	135039.57	183578.87	222265.08	214277.05
乡村	363832.98	329828.05	356783.31	323197.39	258616.44

数据来源：2000年、2010年和2020年分别根据中国第五次、第六次和第七次人口普查数据计算；2005年和2015年根据全国1%人口抽样调查数据计算。

根据测算发现，城市劳动年龄人口是中国16～59岁劳动年龄人口教育人力资本存量增长的最主要推动力。2000—2020年，城市16～59岁劳动年龄人口对中国16～59岁劳动年龄人口教育人力资本存量增长率的贡献度高达98.32%；镇的贡献度为42.95%；但是，与此同时，由于乡村16～59岁劳动年龄人口的教育人力资本存量持续减少，乡村劳动年龄人口的贡献度一直为负。

四、小结

本节的分析说明，中国16～59岁劳动年龄人口的教育人力资本水平在不断提高，教育人力资本结构得到了显著改善，教育人力资本存量不断增加。同时，男性和女性劳动年龄人口的教育人力资本均显著提升，且二者之间的差异逐渐缩小。劳动年龄人口教育人力资本的不断提升，是中国经济持续增长的有效保障和关键支撑。但是，中国16～59岁劳动年龄人口的教育人力资本有几个变化特征可能会影响未来劳动年龄人口整体人力资本的积累和提升，需要引起重视。

第一，虽然16～59岁劳动年龄人口各年龄段的教育人力资本水平均有所增加、教育人力资本结构均有所改善，但是，各年龄段教育人力资本之间还存在着明显差异。特别是45～59岁的中年和年长劳动年龄人口的平均受教育年限和接受过高等教育的人口比重均明显低于青壮年（16～24岁）劳动年龄人口，而初中及以下文化人口的比例则高于青壮年（16～24岁）劳动年龄人口。这说明中年和年长（45～59岁）劳动年龄人口的教育人力资本的水平和结构均有提升空间。这可能是因为45～59岁这个年龄段的很多劳动力没有享受到近年来我国中高等教育发展带来的福利，加上进入劳动力市场的时间相对较早，可能没有继续接受教育，于是，45～59岁人口的平均受教育年限较低，且增长较慢，初中及以下文化人口的比例较高，且下降速度较慢。而16～24岁的青壮年劳动年龄人口的教育人力资本水平较高且增长迅速，这可能是因为16～24岁人口连续受教育年限较长，加上中国中高等教育的逐步普及，特别是1999年高等学校招生规模扩大后，大专及以上文化人口的比例显著提高，且增长速度较快。于是造成了中年及年长劳动年龄人口和青壮年劳动年龄人口之间教育人力资本水平和结构的双重差距。

第二，45~59岁人口是中国16~59岁劳动年龄人口教育人力资本存量增长的主要推动力，而16~24岁人口对劳动年龄人口教育人力资本存量增长率的贡献度已经由2000—2010年的正值变化为2010年后的负值。这与我国人口结构变化，特别是劳动年龄人口结构日趋老化是密切相关的。2010—2020年，中国16~24岁人口的数量和比重持续减少且下降速度较快，虽然其平均受教育年限不断增加，但仍然使得16~24岁人口的教育人力资本存量出现了不断减少的变化趋势。而45~59岁的劳动年龄人口数量和占比不断加大，加上其平均受教育年限慢速增加，于是45~59岁人口的教育人力资本存量仍在增加中。基于此，45~59岁人口对中国16~59岁劳动年龄人口教育人力资本存量增长一直有着正向且占比较大的贡献度，而16~24岁人口的贡献度已成为负值。但是，随着我国劳动年龄人口结构老化现象的不断加深，中老年劳动者占比将不断加大，而45~59岁人口较低且增速缓慢的平均受教育年限将会影响其教育人力资本存量，以及16~59岁劳动年龄人口教育人力资本存量的持续增长。

第三，城市和乡村劳动年龄人口教育人力资本存在明显差异，城乡劳动年龄人口教育人力资本的水平和结构以及教育人力资本存量均分布严重不均衡。乡村16~59岁劳动年龄人口的平均受教育年限、大专及以上文化程度的人口比例均远低于城市，而且城乡间差距呈逐年扩大的趋势。造成这种情况的一个主要原因是城乡发展不平衡，特别是城乡教育资源分布不均衡。这使得乡村劳动年龄人口的教育人力资本水平起点较低、结构不合理，大多数乡村劳动力仅接受初中及以下程度的教育。而且，乡村劳动年龄人口教育人力资本存量不断减少，其对中国16～59岁劳动年龄人口教育人力资本存量增长率的贡献度一直为负。如果继续按照这种趋势发展，不仅会影响乡村劳动年龄人口教育人力资本的可持续增长，也会影响劳动年龄人口整体人力资本的积累和提升。

第三节　中国老年人口的教育人力资本

本节运用2000年第五次、2010年第六次和2020年第七次中国人口普查，以及2005年和2015年全国1%抽样调查数据，对中国60岁及以上老年人口的教育人力资本进行测量。通过对中国60岁及以上老年人口教育人力资本的水平、结构及存量分别进行测量，从年龄段、城镇乡、城镇乡及年龄段等多角度分析和讨论老年人口中的教育人力资本及其变化情况。

一、老年人口教育人力资本的水平及变化

本书采用60岁及以上老年人口的平均受教育年限[①]这个指标来度量中国老年人口教育人力资本的水平。

（一）60岁及以上老年人口的平均受教育年限

2000—2020年，中国60岁及以上老年人口的平均受教育年限不断提高，但绝对水平依然较低（见图4-10）。2000年，我国60岁及以上人口的平均受教育年限为4.03年，2005年为4.40年，2010年增加到了5.89年，2015年为6.04年，达到了小学文化程度，2020年提高到了7.10年。由此可见，2000—2020年，中国老年人口的教育人力资本水平不断上升，但其绝对水平仍然不高，60岁及以上老年人口的平均受教育水平仅刚刚超过小学文化程度。

分性别来看，60岁及以上男性老年人口的平均受教育年限

① 在本书中，除2000年、2020年外，60岁及以上老年人口的平均受教育年限的计算公式为：平均受教育年限 =（未上过学的60岁及以上老年人口 ×0 + 小学文化程度的60岁及以上老年人口 ×6 + 初中文化程度的60岁及以上老年人口 ×9 + 高中文化程度的60岁及以上老年人口 ×12 + 大专及以上文化程度的60岁及以上老年人口 ×16）/ 60岁及以上总老年人口。2000年中国第五次人口普查，可获得参加过扫盲班的人口信息，而扫盲班的受教育年限一般认为是2年（夏忠、黄钟仪，2009）；2020年中国第七次人口普查，可获得参加过学前教育的人口信息，学前教育的受教育年限处理与扫盲班相同，可认为是2年。因此，2000年、2020年的60岁及以上老年人口平均受教育年限的计算公式为：平均受教育年限 =（未上过学的60岁及以上老年人口 ×0 + 扫盲班或学前教育的60岁及以上老年人口 ×2 + 小学文化程度的60岁及以上老年人口 ×6 + 初中文化程度的60岁及以上老年人口 ×9 + 高中文化程度的60岁及以上老年人口 ×12 + 大专及以上文化程度的60岁及以上老年人口 ×16）/ 60岁及以上总老年人口。

高于女性。2000 年，60 岁及以上男性的平均受教育年限为 5.55 年，而 60 岁及以上女性的平均受教育年限仅为 2.59 年；2020 年，60 岁及以上男性的平均受教育年限为 7.91 年，60 岁及以上女性的平均受教育年限提高至 6.34 年。这说明由于 60 岁及以上男性和女性老年人口的平均受教育年限均不断上升，特别是女性呈现出比男性更快速上升的趋势，于是，60 岁及以上男性和女性老年人口平均受教育年限之间的差距不断缩小。

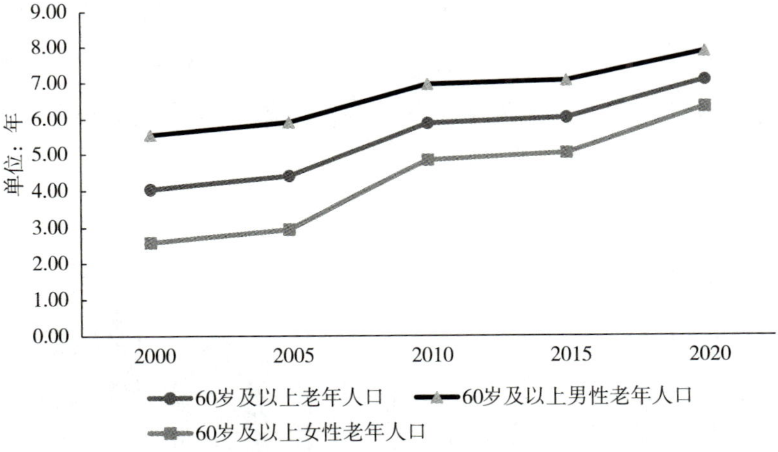

图 4-10 中国 60 岁及以上老年人口的平均受教育年限及其变化（2000—2020 年）

数据来源：2000 年、2010 年和 2020 年分别根据中国第五次、第六次和第七次人口普查数据计算；2005 年和 2015 年根据全国 1% 人口抽样调查数据计算。

（二）60 岁及以上老年人口分年龄段的平均受教育年限

本部分分别测算 60 ~ 64 岁、65 岁及以上两个不同年龄段的老年人口的平均受教育年限，以考察低龄老年人与中高龄老年人的教育人力资本状况及变化情况，并比较二者之间的差异。

如图 4-11 所示，2000—2020 年，低龄（60 ~ 64 岁）老年人口的平均受教育年限明显高于中高龄（65 岁及以上）老年人口；同时，60 ~ 64 岁、65 岁及以上老年人口的平均受教育年限均不断增加。2000—2020 年，低龄（60 ~ 64 岁）老年人口的平均受教育年限从 2000 年的 5.33 年增加到 2010 年的 6.86 年，再增加到 2020 年的 8.24 年，共增加 2.91 年，平均每年增加 0.15 年；中高龄（65 岁及以上）老年人口的平均受教育年限从 2000 年的 3.42 年增加到 2010 年的 5.41 年，再增加到 2020 年的 6.65 年，共增加 3.23 年，平均每年增加 0.16 年。可见，虽然 60 ~ 64 岁老年人口的平均受教育年限相对较高，不过，65 岁及以上老年人口的平均受教育年限相对增加较快。这表明，中高龄老年人

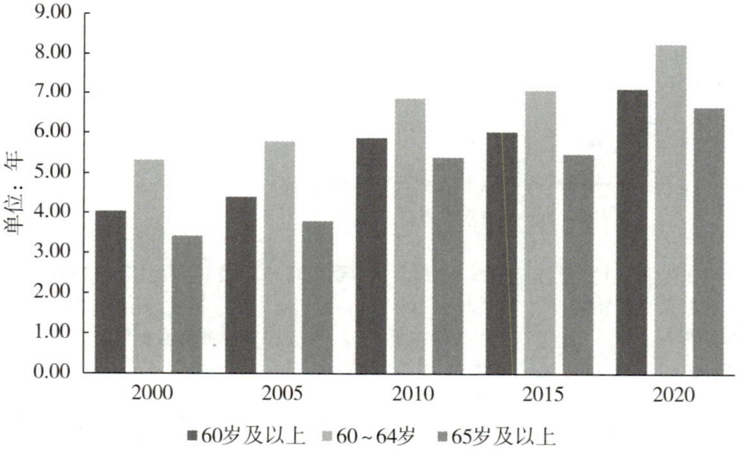

图 4-11 中国 60 岁及以上老年人口平均受教育年限的分年龄段变化（2000—2020 年）

数据来源：2000 年、2010 年和 2020 年分别根据中国第五次、第六次和第七次人口普查数据计算；2005 年和 2015 年根据全国 1% 人口抽样调查数据计算。

口教育人力资本的水平与低龄老年人口之间还存在明显差距，但是，随着中高龄老年人口的平均受教育年限相对快速增长，中高龄老年人口与低龄老年人口的教育人力资本水平之间的差距将逐渐缩小。

（三）60 岁及以上老年人口分城镇乡的平均受教育年限

2000—2020 年，城市、镇、乡村 60 岁及以上老年人口的平均受教育年限均呈现不断增加的趋势（见图 4-12）。2000 年，城市 60 岁及以上老年人口的平均受教育年限为 6.11 年，镇 60 岁及以上老年人口的平均受教育年限为 4.64 年，乡村 60 岁及以上老年人口的平均受教育年限仅为 3.21 年；2010 年，城市、镇、乡村 60 岁及以上老年人口的平均受教育年限分别上升至 7.98 年、6.07 年、4.85 年；2020 年，城市、镇、乡村 60 岁及以上老年人口的平均受教育年限继续增加，分别上升至 8.73 年、7.00 年、5.93 年。不过，城市、镇、乡村 60 岁及以上老年人口的平均受教育年限增加幅度和速度均不相同。2000—2020 年，城市 60 岁及以上老年人口平均受教育年限的增加值为 2.62 年，平均每年增加 0.13 年；镇老年人口的平均受教育年限的增加值为 2.36 年，平均每年增加 0.12 年；乡村老年人口的平均受教育年限的增加值为 2.72 年，平均每年增加 0.14 年。

图 4-12 还展示出城市、镇、乡村 60 岁及以上老年人口的平均受教育年限存在差异，城市老年人口的平均受教育年限明显高于农村老年人口，不过，城乡 60 岁及以上老年人口平均受教育年限之间的差距先扩大后缩小。城市和乡村 60 岁及以上老

年人口的平均受教育年限之间的差距由 2000 年的 2.90 年先扩大到 2005 年的 3.31 年，再略微减小到 2010 年的 3.13 年，又扩大到 2015 年的 3.38 年，然后再减小到了 2020 年的 2.80 年。另外，2020 年乡村 60 岁及以上老年人口的平均受教育年限（5.93 年）还没有达到 2000 年城市老年人口的平均受教育年限（6.11 年）。这表明我国老年人口城乡之间的平均受教育年限仍存在明显差距，而该差距在波动中仅有较少程度的缩小。

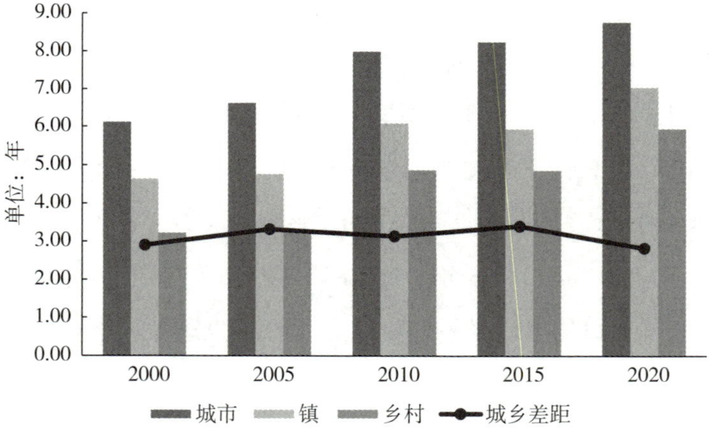

图 4-12 中国 60 岁及以上老年人口平均受教育年限的分城镇乡变化（2000—2020 年）

数据来源：2000 年、2010 年和 2020 年分别根据中国第五次、第六次和第七次人口普查数据计算；2005 年和 2015 年根据全国 1% 人口抽样调查数据计算。

以上分析说明，我国 60 岁及以上老年人口城乡之间的教育人力资本水平差距依然较大，且由于城乡老年人口平均受教育年限增加的速度相差不大，老年人口的教育人力资本水平仍然呈现城市高于农村的变化趋势，城乡之间的差距还未有明显缩小的趋势。

（四）60 岁及以上老年人口分城镇乡及年龄段的平均受教育年限

在分城镇乡考察全体 60 岁及以上老年人口的平均受教育年限的基础上，本书进一步分城镇乡考察不同年龄段的老年人口的平均受教育年限及其变化情况。如表 4–14 所示，2000—2020 年，城乡 60 ~ 64 岁、65 岁及以上老年人口的平均受教育年限存在差异，虽然均有所增加，但是增加幅度并不相同。城市 60 ~ 64 岁人口的平均受教育年限从 2000 年的 7.70 年上升到 2020 年的 9.68 年，共增加 1.98 年，平均每年增加 0.10 年；镇 60 ~ 64 岁人口的平均受教育年限从 2000 年的 6.04 年上升到 2020 年的 8.11 年，共增加 2.07 年，平均每年增加 0.10 年；乡村 60 ~ 64 岁人口的平均受教育年限从 2000 年的 4.32 年上升到 2020 年的 7.03 年，共增加 2.71 年，平均每年增加 0.14 年。与此同时，城市 65 岁及以上人口的平均受教育年限从 2000 年的 5.31 年上升到 2020 年的 8.31 年，共增加 3.00 年，平均每年增加 0.15 年；镇 65 岁及以上人口的平均受教育年限由 2000 年的 3.93 年上升到 2020 年的 6.57 年，共增加 2.64 年，平均每年增加 0.13 年；乡村 65 岁及以上人口的平均受教育年限则由 2000 年的 2.71 年增加到 2020 年的 5.56 年，共增加 2.85 年，平均每年增加 0.14 年。可见，城市低龄、中高龄老年人口的平均受教育年限均明显高于乡村；不过，乡村 60 ~ 64 岁人口的平均受教育年限增加幅度高于城市，而乡村 65 岁及以上人口的平均受教育年限增加幅度低于城市。

表 4-14　中国 60 岁及以上老年人口分城镇乡、分年龄段的平均受教育年限（2000—2020 年）

单位：年

年份	年龄	城市	镇	乡村	城乡差距
2000	60~64 岁	7.70	6.04	4.32	3.38
	65 岁及以上	5.31	3.93	2.71	2.60
2005	60~64 岁	8.13	6.25	4.65	3.48
	65 岁及以上	5.97	4.09	2.71	3.26
2010	60~64 岁	8.79	7.05	5.88	2.91
	65 岁及以上	7.57	5.58	4.35	3.22
2015	60~64 岁	8.99	6.97	5.96	3.03
	65 岁及以上	7.79	5.36	4.23	3.56
2020	60~64 岁	9.68	8.11	7.03	2.65
	65 岁及以上	8.31	6.57	5.56	2.75

数据来源：2000 年、2010 年和 2020 年分别根据中国第五次、第六次和第七次人口普查数据计算；2005 年和 2015 年根据全国 1% 人口抽样调查数据计算。

与此同时，城乡 60~64 岁、65 岁及以上人口的平均受教育年限之间的差距呈现不同的变化趋势。城乡 60~64 岁老年人口平均受教育年限的差距呈现缩小的趋势，由 2000 年的 3.38 年先减少为 2010 年的 2.91 年，再增加到 2015 年的 3.03 年，又减少到 2020 年的 2.65 年。而城乡 65 岁及以上人口平均受教育年限的差距在波动中有所扩大，从 2000 年的 2.60 年增加到 2015 年的 3.56 年，又减少为 2020 年的 2.75 年，但仍高于 2000 年时的差距水平。

以上分析表明，中国老年人口城乡之间分年龄段的教育人力资本水平差距仍然较大，且城乡不同年龄段的老年人口的教育人力资本变化趋势存在差异性。

二、老年人口教育人力资本的结构及变化

本书用老年人口的受教育结构，即各受教育程度占60岁及以上老年人口的百分比来衡量其教育人力资本的结构。

（一）60岁及以上老年人口的受教育结构

如图4-13所示，2000—2020年，中国60岁及以上老年人口的受教育结构得到了显著改善，主要表现为未上过学的60岁及以上人口比例持续不断下降，初中及以上文化程度的60岁及以上人口比例不断增加。具体而言，2000—2020年，未上过学的60岁及以上人口比例持续减少，由2000年的40.07%减少到2010年的22.50%，再减少到2020年的11.74%，共下降了28.33个百分点。小学文化程度的60岁及以上人口比例先上升再下降，由2000年的36.82%先一直上升至2010年的最高值49.72%，再下降到2020年的46.48%。与此同时，初中、高中、大专及以上文化程度的60岁及以上人口比例均持续不断增加，特别是初中文化程度的老年人口占比明显上升。初中、高中、大专及以上文化程度的60岁及以上人口比例，分别由2000年的9.46%、4.12%、2.05%增加到2010年的18.70%、5.83%、3.26%，再增加至2020年的27.46%、9.92%、3.98%，分别共增加了18.00、5.80、1.93个百分点。

由此可见，中国60岁及以上老年人口教育人力资本的结构持续优化，受教育程度明显提高。

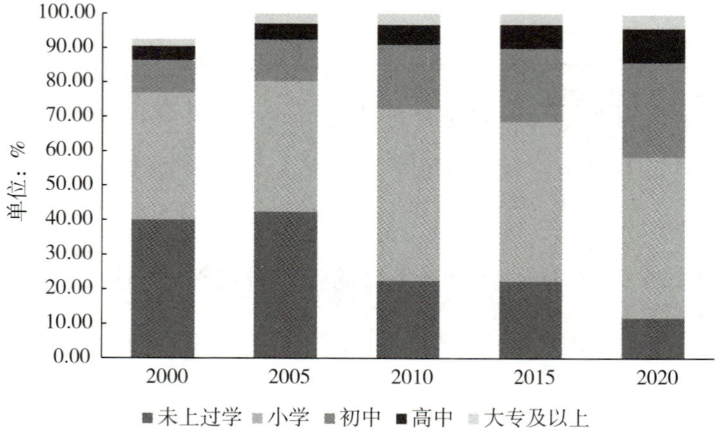

图 4-13 中国 60 岁及以上老年人口受教育结构及变化（2000—2020 年）

数据来源：2000 年、2010 年和 2020 年分别根据中国第五次、第六次和第七次人口普查数据计算；2005 年和 2015 年根据全国 1% 人口抽样调查数据计算。

注：2000 年数据含“扫盲班”的人口，2020 年数据含“学前教育”的人口，其比例未在图中列出。

分性别来看，60 岁及以上男性和女性老年人口的受教育结构均有所改善，但是，60 岁及以上男性和女性的受教育结构及其变化趋势存在明显差异（见表 4-15）。2000—2020 年，未上过学的 60 岁及以上男性和女性比例均有所下降，但 2020 年时未上过学的 60 岁及以上女性比例仍明显高于 60 岁及以上男性；小学文化程度的 60 岁及以上男性比例先上升再下降并呈现下降趋势，而小学文化程度的 60 岁及以上女性比例先上升再下降又上升，且高于 60 岁及以上男性；初中、高中、大专及以上文化程度的 60 岁及以上男性和女性老年人口比例均有所增加，且初中、高中、大专及以上文化程度的 60 岁及以上男性比例均一直高于女性。2000 年，初中、高中、大专及以上文化程度的 60

岁及以上男性比例分别为 14.79%、6.22%、3.31%，女性比例分别为 4.39%、2.13%、0.86%；2010 年，初中、高中、大专及以上文化程度的60岁及以上男性比例分别增加至24.77%、7.79%、4.74%，女性比例分别增加至 12.86%、3.94%、1.83%；2020 年，初中、高中、大专及以上文化程度的 60 岁及以上男性比例分别为 33.16%、12.14%、5.40%，女性比例分别为 22.16%、7.84%、2.65%。由此可见，中国 60 岁及以上男性和女性的教育人力资本的结构均有所改善，但二者之间存在明显差距。

表 4-15　中国 60 岁及以上老年人口分性别的受教育结构（2000—2020 年）

单位：%

年份	60 岁及以上男性					60 岁及以上女性				
	未上过学	小学	初中	高中	大专及以上	未上过学	小学	初中	高中	大专及以上
2000	22.84	47.26	14.79	6.22	3.31	56.46	26.89	4.39	2.13	0.86
2005	24.31	46.84	17.73	6.71	4.40	59.62	29.25	6.83	2.86	1.44
2010	11.96	50.74	24.77	7.79	4.74	32.62	48.75	12.86	3.94	1.83
2015	12.26	46.99	27.20	9.05	4.51	31.90	45.31	15.76	5.08	1.96
2020	5.71	43.31	33.16	12.14	5.40	17.36	49.45	22.16	7.84	2.65

数据来源：2000 年、2010 年和 2020 年分别根据中国第五次、第六次和第七次人口普查数据计算；2005 年和 2015 年根据全国 1% 人口抽样调查数据计算。

注：2000 年数据含“扫盲班”的人口，2020 年数据含“学前教育”的人口，其比例未在表中列出。

（二）60 岁及以上老年人口分年龄段的受教育结构

表 4-16 展示了 60 岁及以上人口分年龄段，即低龄（60～64 岁）和中高龄（65 岁及以上）老年人口教育人力资本的结构及其变化情况。2000—2020 年，60～64 岁、65 岁及以上人口中

未上过学的人口比例均明显下降，分别从 2000 年的 25.75%、46.83% 下降到 2020 年的 5.34%、14.20%。而各年龄段小学文化程度的人口比例呈现不同的变化趋势，2000—2020 年，60 ~ 64 岁人口中小学文化程度的人口比例先增加后减少，而 65 岁及以上人口中小学文化程度的人口比例则有较大幅度增加。从接受过初中及以上教育的人口比例来看，低龄和中高龄老年人口的比例均不断上升，60 ~ 64 岁人口中初中、高中、大专及以上文化程度的人口比例分别从 2000 年的 13.61%、6.39%、3.24% 上升到 2020 年的 36.03%、16.75%、4.85%，65 岁及以上人口中初中、高中、大专及以上文化程度的人口比例则分别从 2000 年的 7.50%、3.05%、1.50% 上升到 2020 年的 24.17%、7.28%、3.65%。可见，60 岁及以上人口各年龄段的受教育结构均有所改善，未上过学的比例减少，而初中及以上文化程度人口的比例不断增加。

同时，低龄老年人口和中高龄老年人口的受教育结构之间存在较明显差异，60 ~ 64 岁老年人口的受教育结构相对优于 65 岁及以上老年人口，这从 60 ~ 64 岁老年人口相对很低的未上过学的人口比例和相对较高的初中及以上受教育程度的人口比例可以看出。另外，低龄老年人口受教育结构的改善主要集中在初中及以上文化程度的人口比例不断提高，特别是初中文化程度的 60 ~ 64 岁人口比例在 2000—2020 年增长幅度较大；而中高龄老年人口受教育结构的改善主要集中在小学文化程度人口比例的增长上，初中及以上文化程度的增长幅度和速度均低于 60 ~ 64 岁人口。这说明低龄（60 ~ 64 岁）老年人口教育人力资本的结构与中高龄（65 岁及以上）老年人口之间存在显著差距。

表 4-16 中国 60 岁及以上老年人口分年龄段的受教育结构(2000—2020 年)

单位:%

年份	年龄段	未上过学	小学	初中	高中	大专及以上
2000	60～64 岁	25.75	44.99	13.61	6.39	3.24
	65 岁及以上	46.83	32.96	7.50	3.05	1.50
2005	60～64 岁	25.64	44.70	19.52	6.72	3.42
	65 岁及以上	49.60	34.88	8.97	3.89	2.66
2010	60～64 岁	11.21	52.54	26.00	6.91	3.33
	65 岁及以上	28.06	48.33	15.09	5.29	3.22
2015	60～64 岁	11.79	46.06	29.99	8.80	3.36
	65 岁及以上	28.10	46.16	16.60	6.03	3.11
2020	60～64 岁	5.34	36.82	36.03	16.75	4.85
	65 岁及以上	14.20	50.20	24.17	7.28	3.65

数据来源：2000 年、2010 年和 2020 年分别根据中国第五次、第六次和第七次人口普查数据计算；2005 年和 2015 年根据全国 1% 人口抽样调查数据计算。

注：2000 年数据含“扫盲班”的人口，2020 年数据含“学前教育”的人口，其比例未在表中列出。

（三）60 岁及以上老年人口分城镇乡的受教育结构

本部分进一步考察 60 岁及以上老年人口分城市、镇和乡村的受教育结构及其变化情况。如图 4-14 所示，2000—2020 年，城市、镇和乡村 60 岁及以上人口的受教育结构均有所改善。2000—2020 年，城市、镇、乡村未上过学的 60 岁及以上人口比例均明显下降，分别从 2000 年的 25.97%、35.29%、45.75% 降低到 2020 年的 5.85%、11.29%、16.27%。从小学文化程度的人口比例来看，城市 60 岁及以上人口中该比例先增加后减少，由 2000 年的 34.12% 一直增加到 2010 年的 36.44% 再减少到2020年的31.46%，镇和乡村60岁及以上人口中该比例则先增加后减少再增加，分别由2000年的36.44%、37.82%增加到2010年的49.06%、56.13%，再减少到2015年的47.54%、53.06%，然后又增加到2020年的47.73%、57.01%。而城市、镇、乡村60岁及以上人口中初中、高中、大专及以上文化程度的人口比例均在波动中呈现上升的趋势：城市、镇、乡村60岁及以上人口中初中文化程度的人口比例分别由2000年的16.97%、13.12%、6.24%增加到2020年的34.50%、28.52%、21.81%；从高中文化程度的人口比例来看，城市、镇、乡村60岁及以上人口中该比例分别由2000年的10.41%、6.67%、1.51%增加到2020年的18.55%、9.17%、3.89%；从接受过高等教育的人口比例来看，城市、镇、乡村60岁及以上人口中大专及以上文化程度人口的比例分别由2000年的7.42%、2.14%、0.19%增加到2020年的9.43%、2.89%、0.45%。可见，城市、镇、乡村60岁及以上老年人口的教育人力资本结构均有所改善，初中及以上文化人口的比例不断增加。

另外，城市和乡村的老年人口的受教育结构存在较大差距。2000—2020年，乡村60岁及以上人口中未上过学的比例明显高于城市，但该比例在城乡之间的差距从2000年的19.78个百分点，缩小到2020年的10.42个百分点。而乡村60岁及以上人口中初中、高中、大专及以上受教育程度人口的比例明显低于城市，且这三类比例在城乡之间的差距分别从2000年的10.73个百分点、8.90个百分点、7.23个百分点，扩大到2020年的12.69个百分点、14.66个百分点、8.98个百分点。以上数据说明，虽然未上过学的60岁及以上老年人口比例在城乡之间的差距有明显下降，但是初中及以上，特别是高中、大专及以上文化程度的老年人口比例在城乡之间的差距呈现扩大的趋势。

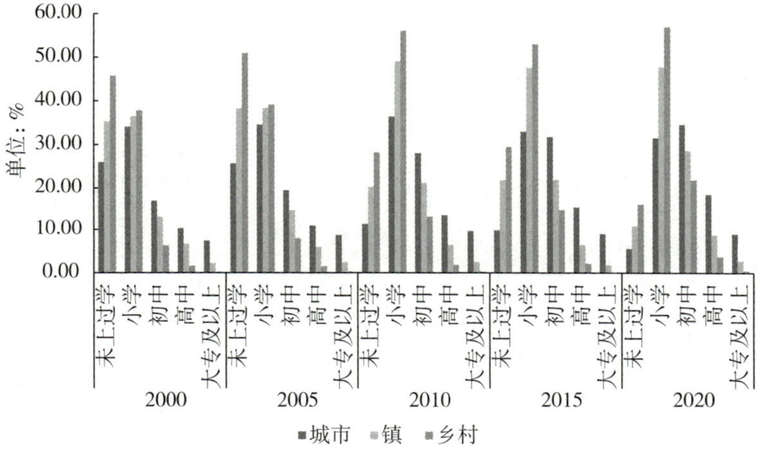

图 4-14 中国 60 岁及以上老年人口分城镇乡的受教育结构（2000—2020 年）

数据来源：2000 年、2010 年和 2020 年分别根据中国第五次、第六次和第七次人口普查数据计算；2005 年和 2015 年根据全国 1% 人口抽样调查数据计算。

由此可见，中国 60 岁及以上人口的教育人力资本的结构在城乡之间分布不均衡的趋势将继续存在，城乡间差距较大，这将会影响到老年人口人力资本的整体积累和提升。

（四）60 岁及以上老年人口分城镇乡及年龄段的受教育结构

在分城镇乡考察全体 60 岁及以上老年人口的受教育结构的基础上，进一步分城镇乡及分年龄段考察城乡低龄、中高龄老年人口的受教育结构及其变化情况。如表 4-17 所示，2000—2020 年，城市、镇、乡村 60～64 岁、65 岁及以上老年人口的

表 4-17　中国 60 岁及以上老年人口分城镇乡、分年龄段的受教育结构（2000—2020 年）

单位：%

年份	年龄	城市					镇					乡村				
		未上过学	小学	初中	高中及中专	大专及以上	未上过学	小学	初中	高中及中专	大专及以上	未上过学	小学	初中	高中及中专	大专及以上
2000	60 ~ 64 岁	13.35	36.36	21.21	14.92	10.96	21.17	42.26	17.96	10.20	3.54	31.20	48.70	9.97	2.51	0.32
	65 岁及以上	32.38	32.98	14.81	8.12	5.62	42.43	33.50	10.67	4.89	1.42	52.37	32.87	4.54	1.06	0.14
2005	60 ~ 64 岁	11.81	34.01	27.95	15.52	10.70	21.21	43.71	23.42	8.60	3.06	32.85	49.62	14.80	2.38	0.35
	65 岁及以上	31.52	34.82	16.09	9.36	8.21	45.93	35.91	11.10	4.92	2.15	58.86	34.64	5.14	1.11	0.24
2010	60 ~ 64 岁	4.34	32.96	36.87	15.87	9.96	9.64	50.87	28.77	7.80	2.92	14.95	62.27	19.99	2.43	0.36
	65 岁及以上	15.23	38.16	23.77	12.77	10.06	25.83	48.15	17.58	6.04	2.40	34.75	53.12	10.26	1.57	0.30
2015	60 ~ 64 岁	4.60	26.80	40.92	18.16	9.52	11.46	47.24	30.38	8.72	2.20	16.12	56.80	23.44	3.38	0.25
	65 岁及以上	13.34	36.38	26.65	14.26	9.37	27.72	47.71	17.33	5.60	1.64	36.61	51.05	10.61	1.55	0.18
2020	60 ~ 64 岁	2.54	21.15	37.99	28.05	10.16	5.20	37.91	37.51	15.26	3.92	7.88	50.17	33.59	7.47	0.59
	65 岁及以上	7.32	36.02	32.96	14.34	9.10	13.67	51.55	25.02	6.79	2.49	19.15	59.35	17.77	2.66	0.40

数据来源：2000 年、2010 年和 2020 年分别根据中国第五次、第六次和第七次人口普查数据计算；2005 年和 2015 年根据全国 1% 人口抽样调查数据计算。

受教育程度均有所改善，但是不同年龄段的受教育程度变化程度不相同。2000—2020 年，城市、镇、乡村未上过学的 60 ~ 64 岁人口比例均明显下降，分别从 2000 年的 13.35%、21.17%、31.20% 降低到 2020 年的 2.54%、5.20%、7.88%；城市、镇、乡村未上过学的 65 岁及以上人口比例则分别从 2000 年的 32.38%、42.43%、52.37% 降低到 2020 年的 7.32%、13.67%、19.15%。从小学文化程度的人口比例来看，城市 60 ~ 64 岁人口中该比例由 2000 年的 36.36% 减少到 2020 年的 21.15%，镇、乡村 60 ~ 64 岁人口中该比例分别由 2000 年的 42.26%、48.70% 先增加后减少到 2020 年的 37.91%、50.17%；城市 65 岁及以上人口中该比例由 2000 年的 32.98% 先增加后减少到 2020 年的 36.02%，镇、乡村 65 岁及以上人口该比例分别由 2000 年的 33.50%、32.87% 增加到 2020 年的 51.55%、59.35%。从初中文化程度的人口比例来看，城市 60 ~ 64 岁人口中该比例由 2000 年的 21.21% 先增加后减少到 2020 年的 37.99%，镇、乡村 60 ~ 64 岁人口中该比例分别由 2000 年的 17.96%、9.97% 增加到 2020 年的 37.51%、33.59%；城市、镇、乡村 65 岁及以上人口中该比例分别由 2000 年的 14.81%、10.67%、4.54% 增加到 2020 年的 32.96%、25.02%、17.77%。从高中文化程度的人口比例来看，城市、镇、乡村 60 ~ 64 岁人口中该比例分别由 2000 年的 14.92%、10.20%、2.51% 在波动中增加到 2020 年的 28.05%、15.26%、7.47%；城市、镇、乡村 65 岁及以上人口中该比例则分别由 2000 年的 8.12%、4.89%、1.06% 增加到 2020 年的 14.34%、6.79%、2.66%。从接受过高等教育的人口比例来看，城市 60 ~ 64 岁人口中大专及以上文化程度的人口比例由2000年的10.96%在波动中减少到2020年的10.16%，镇60~64岁人口中该比例由2000年的3.54%先减少后增加到2020年的3.92%，乡村60~64岁人口中该比例由2000年的0.32%在波动中增加到2020年的0.59%；城市65岁及以上人口中大专及以上文化程度的人口比例由2000年的5.62%先增加后减少到2020年的9.10%，镇65岁及以上人口中该比例由2000年的1.42%在波动中增加到2020年的2.49%，乡村65岁及以上人口中该比例由2000年的0.14%增加到2020年的0.40%。可见，城市低龄（60~64岁）、中高龄（65岁及以上）老年人口的受教育程度均优于乡村，且其发展变化趋势也不完全相同。

与此同时，城乡60~64岁、65岁及以上人口的受教育程度之间仍存在差异性，且城乡之间的差距呈现不同的变化趋势。2000—2020年，乡村60~64岁人口中未上过学的比例从2000年的乡村比城市高17.85个百分点，缩小到2020年的乡村比城市仅高5.34个百分点；受过小学教育的60~64岁人口比例从2000年的乡村比城市高12.34个百分点，扩大到2020年的乡村比城市高29.02个百分点。而乡村60~64岁人口中初中文化程度人口的比例在城乡之间的差距从2000年的差11.24个百分点，缩小到2020年的差4.40个百分点；高中文化程度人口的比例在城乡之间的差距则从2000年的差12.41个百分点扩大到2020年的差20.58个百分点；大专及以上受教育程度人口的比例在城乡之间的差距从2000年的差10.64个百分点缩小到2020年的差9.57个百分点。同时，城乡65岁及以上人口的受教育程度呈现出不同的变化趋势。未上过学的65岁及以上人口比例从

2000年的乡村比城市高19.99个百分点，缩小到2020年的乡村比城市高11.83个百分点；受过小学教育的65岁及以上人口比例从2000年的乡村比城市低0.11个百分点，扩大到2020年的乡村比城市高23.33个百分点。而初中、高中、大专及以上文化程度的65岁及以上人口比例在城乡之间的差距分别从2000年的差10.27个百分点、7.06个百分点、5.48个百分点，扩大到2020年的差15.19个百分点、11.68个百分点、8.70个百分点。

以上分析表明，中国老年人口城乡之间分年龄段的教育人力资本的结构存在差异，城乡低龄、中高龄老年人口之间的差距仍然较大，且城乡不同年龄段的老年人口教育人力资本结构的变化趋势也存在差异性。

三、老年人口的教育人力资本存量及变化

（一）60岁及以上老年人口的教育人力资本存量

本书用60岁及以上老年人口的数量与老年人口平均受教育年限之积来表示老年人口的教育人力资本存量，以反映中国老年人口教育人力资本的整体情况及其变化。如图4-15所示，2000—2020年，中国60岁及以上老年人口的教育人力资本存量不断提升，从2000年的52429.17年・万人，增加到2010年的104537.80年・万人，再增加到2020年的187343.39年・万人。可见中国老年人口的教育人力资本存量快速增加，且呈现

持续上升的趋势。

分性别来看，2000—2020年，60岁及以上男性老年人口的教育人力资本存量一直高于女性，不过，二者之间的差距在波动中呈现缩小的趋势。2000年时，60岁及以上男性教育人力资本存量为35198.44年·万人，女性为17230.73年·万人，二者之间的差距为17967.71年·万人；2020年时，60岁及以上男性教育人力资本存量为100755.95年·万人，女性为86587.44年·万人，男女之间的差距为14168.51年·万人，与2000年相比有所减少。

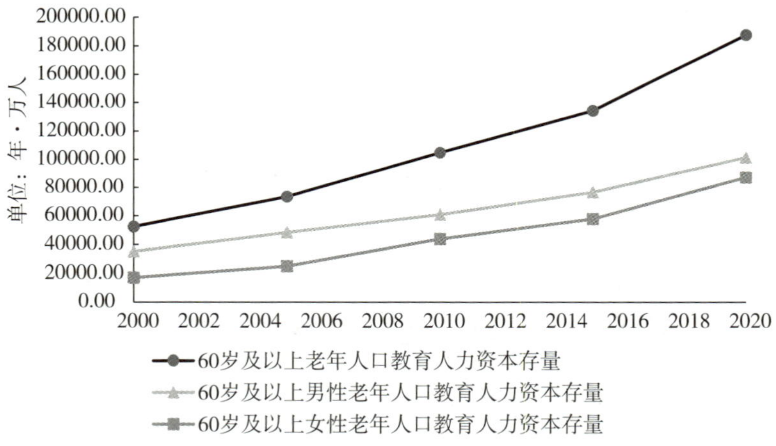

图4-15 中国60岁及以上老年人口及分性别的教育人力资本存量（2000—2020年）

数据来源：2000年、2010年和2020年分别根据中国第五次、第六次和第七次人口普查数据计算；2005年和2015年根据全国1%人口抽样调查数据计算。

（二）60岁及以上老年人口分年龄段的教育人力资本存量

表4-18展示了分年龄段考察60岁及以上老年人口的教育

人力资本存量的情况。2000—2020年，60～64岁、65岁及以上人口的教育人力资本存量均不断增加，不过，65岁及以上老年人口增长的幅度高于60～64岁老年人口。60～64岁人口的教育人力资本存量从2000年的22224.16年·万人增加到2010年的40219.17年·万人，再增加到2020年的60485.31年·万人，共增加38261.15年·万人。与此同时，65岁及以上老年人口的人力资本存量从2000年的30205.02年·万人增加到2010年的64318.62年·万人，再增加到2020年的126858.08年·万人，共增加96653.06年·万人。可见，中高龄（65岁及以上）老年人口的教育人力资本存量已经并将继续高于低龄（60～64岁）老年人口，这主要是因为中高龄老年人口的数量不断快速增加，以及中高龄老年人的平均受教育年限也在增加。

表4–18　中国60岁及以上老年人口分年龄段的教育人力资本存量（2000—2020年）

单位：年·万人

	2000年	2005年	2010年	2015年	2020年
60～64岁	22224.16	29217.90	40219.17	55146.95	60485.31
65岁及以上	30205.02	44105.38	64318.62	78933.87	126858.08

数据来源：2000年、2010年和2020年分别根据中国第五次、第六次和第七次人口普查数据计算；2005年和2015年根据全国1%人口抽样调查数据计算。

为了进一步分析各年龄段人口对60岁及以上老年人口教育人力资本存量增长的贡献，本书用Edu_HC表示60岁及以上老年人口教育人力资本存量，Edu_HC_1、Edu_HC_2分别表示60～64岁、65岁及以上人口教育人力资本存量，ΔEdu_HC表示60岁及以上老年人口教育人力资本存量的增加值，ΔEdu_HC_1、ΔEdu_HC_2分别表示60～64岁、65岁及以上人口教育人力资本存量的增加值。因为$Edu_HC=Edu_HC_1+Edu_HC_2$，所以$\Delta Edu_HC=\Delta Edu_HC_1+\Delta Edu_HC_2$，从而有$\frac{\Delta Edu_HC}{Edu_HC}=\frac{Edu_HC_1}{Edu_HC}\frac{\Delta Edu_HC_1}{Edu_HC_1}+\frac{Edu_HC_2}{Edu_HC}\frac{\Delta Edu_HC_2}{Edu_HC_2}$。这表明，老年人口的教育人力资本存量增长率等于60~64岁人口占劳动年龄人口的比重与其增长率之积，加上65岁及以上人口占劳动年龄人口的比重与其增长率之积。据此，便可以计算出各年龄段对60岁及以上老年人口的教育人力资本存量增长的贡献。例如，60~64岁人口对60岁及以上老年人口教育人力资本存量增长的贡献度就等于$(\frac{Edu_HC_1}{Edu_HC}\frac{\Delta Edu_HC_1}{Edu_HC_1})/\frac{\Delta Edu_HC}{Edu_HC}$。65岁及以上人口对教育人力资本存量增长的贡献度，则以此类推。计算表明，2000—2020年，60~64岁人口、65岁及以上人口对60岁及以上老年人口教育人力资本存量增长的贡献度分别为28.36%、71.64%。这说明65岁及以上人口是中国60岁及以上老年人口教育人力资本存量增长的主要推动力。

（三）60岁及以上老年人口分城镇乡的教育人力资本存量

分城镇乡来看，2000—2020年，城市、镇、乡村60岁及以上老年人口的教育人力资本存量均有增加，但变化趋势不完全相同，且乡村60岁及以上老年人口的教育人力资本存量高于城市（见表4–19）。城市、乡村60岁及以上老年人口的教育人力资本存量分别从2000年的17986.11年·万人、27493.33年·万人增加到2020年的78037.94年·万人、71999.06年·万人；而镇60岁及以上老年人口的教育人力资本存量则先从2000年的6949.73年·万人增加到2015年的27748.88年·万人，再减少到2020年的17951.22年·万人。其中，城市老年人口教育人力资本存量的增长主要是因为城市老年人口平均受教育年限的增加，而乡村老年人口教育人力资本存量的增长更多是因为乡村老年人口数量的增加。

表4-19　中国60岁及以上老年人口分城镇乡的教育人力资本存量（2000—2020年）

单位：年·万人

	2000年	2005年	2010年	2015年	2020年
城市	17986.11	28989.37	36935.80	52433.41	78037.94
镇	6949.73	12258.20	19417.33	27748.88	17951.22
乡村	27493.33	32075.73	48184.66	53898.25	71999.06

数据来源：2000年、2010年和2020年分别根据中国第五次、第六次和第七次人口普查数据计算；2005年和2015年根据全国1%人口抽样调查数据计算。

根据测算发现，城市、镇、乡村60岁及以上人口对中国60岁及以上老年人口教育人力资本存量增长的贡献度发生了较明显的变化。具体而言，2000—2010年，乡村60岁及以上人口是老年人口教育人力资本存量增长的最主要推动力，其贡献度为39.71%，城市、镇60岁及以上人口的贡献度分别为36.37%、23.93%；但是，2010—2020年，城市60岁及以上人口成为老年人口教育人力资本存量增长的最主要推动力，其贡献度为64.78%，乡村60岁及以上人口的贡献度为37.53%，而由于镇60岁及以上人口的教育人力资本存量经历了由增加到减少的过程，其贡献度变为负值。整体来看，城市60岁及以上人口是拉动中国老年人口教育人力资本存量增长的主要动力，其次是乡村60岁及以上人口。

（四）60岁及以上老年人口分城镇乡及年龄段的教育人力资本存量

在分城镇乡考察全体60岁及以上老年人口的教育人力资本存量的基础上，本书进一步分城镇乡及年龄段考察城乡不同年龄段的老年人口的教育人力资本存量。如表4-20所示，2000—2020年，城乡60~64岁、65岁及以上老年人口的教育人力资本存量存在差异，不过整体上都在增加。城市、镇、乡村60~64岁人口的教育人力资本存量分别从2000年的7630.28年·万人、3040.20年·万人、11553.67年·万人增加到2020年的26569.33年·万人、12120.38年·万人、21795.60年·万人；城市、镇、乡村65岁及以上人口的教育人力资本存量分别从2000年的10355.83年·万人、3909.53年·万人、15939.66年·万人增加到2020年的51468.61年·万人、25186.00年·万人、50203.46年·万人。以上数据表明，城市低龄（60~64岁）、中高龄（65岁及以上）老年人口的教育人力资本存量均从低于乡村，上升到2020年的明显高于乡村；同时，城市60~64岁、65岁及以上人口的教育人力资本存量增加幅度均高于乡村。

另外，城乡60~64岁、65岁及以上人口的教育人力资本存量之间的差距均在波动中呈现不断扩大的变化趋势。城乡60~64岁老年人口教育人力资本存量的差距由2000年的-3923.39年·万人（即乡村60~64岁人口的教育人力资本存量高于城市）增加到2020年的4773.73年·万人（即乡村60～64岁人口的教育人力资本存量低于城市）；城乡65岁及以上老年人口教育人力资本存量的差距则由2000年的–5583.83年·万人增加到2020年的1265.15年·万人。

可见，中国老年人口城乡之间分年龄段的教育人力资本存量差距较大，且城乡不同年龄段的老年人口的教育人力资本存量变化趋势存在差异性。

表4–20　中国60岁及以上老年人口分城镇乡、分年龄段的教育人力资本存量（2000—2020年）

单位：年·万人

年份	年龄	城市	镇	乡村	城乡差距
2000	60～64岁	7630.28	3040.20	11553.67	–3923.39
	65岁及以上	10355.83	3909.53	15939.66	–5583.83
2005	60～64岁	10486.02	4971.50	13760.35	–3274.33
	65岁及以上	18503.35	7286.70	18315.37	187.98
2010	60～64岁	13451.98	7565.50	19201.69	–5749.71
	65岁及以上	23483.82	11851.83	28982.97	–5499.15
2015	60～64岁	20376.20	11610.14	23160.20	–2784.00
	65岁及以上	32057.21	16138.74	30738.05	1319.16
2020	60～64岁	26569.33	12120.38	21795.60	4773.73
	65岁及以上	51468.61	25186.00	50203.46	1265.15

数据来源：2000年、2010年和2020年分别根据中国第五次、第六次和第七次人口普查数据计算；2005年和2015年根据全国1%人口抽样调查数据计算。

四、小结

本节的分析说明，中国60岁及以上老年人口的教育人力资本水平不断提高并呈现继续提高的趋势，教育人力资本结构持续优化，教育人力资本存量不断提升。60岁及以上男性和女性老年人口的教育人力资本均显著提升，二者之间的差距有所减小。同时，城乡60岁及以上老年人口的教育人力资本也显著提升。这为中国老年人力资源的开发提供了坚实的基础。不过，中国60岁及以上老年人口的教育人力资本有几个值得关注的特征可能会影响未来老年人口整体人力资本的积累和提升，需要引起重视。

第一，虽然中国老年人口的教育人力资本不断提升，但是，老年人口的教育人力资本绝对水平仍然不高，教育人力资本结构中高中及以上文化程度的老年人口比例仍然较低，老年人口教育人力资本存量的增长很大程度是因为老年人口数量的快速增加，这一定程度上会影响未来老年人力资本的进一步提升。不过，随着教育高质量发展、整体受教育水平的提高，如果老年人口的平均受教育年限能够继续保持增长趋势，接受过高中及以上，特别是大专及以上教育的老年人口比例继续增加，老年人口的教育人力资本水平将会继续提升，教育人力资本结构会持续改善，也能够推动老年人口教育人力资本存量的提升。

第二，低龄（60~64岁）老年人口的教育人力资本与中高龄（65岁及以上）老年人口的教育人力资本之间存在较明显差异。与中高龄老年人口相比，低龄老年人口的教育人力资本水平较高、平均受教育年限更长；低龄老年人口的教育人力资本结构更优，60～64岁老年人口中未上过学的人口比例相对更低，初中及以上文化程度的人口比例相对更高。这可能是低龄老年人比中高龄老年人更可能接受了连续教育，特别是初中及以上教育的原因。因而，随着时间的推移，老年人口年龄增长，中高龄老年人的平均受教育年限逐渐增加，未来与低龄老年人的差距会日趋缩小。另外，由于低龄老年人口受教育结构的改善主要集中在初中及以上文化程度的人口比例不断提高，而中高龄老年人口受教育结构的改善主要集中在小学文化程度人口比例的提高，未来低龄老年人与中高龄老年人的教育人力资本结构之间的差距还可能会继续扩大。不过，由于中高龄老年人口数量巨大且不断增加，中高龄老年人口的教育人力资本存量已经并将继续高于低龄老年人口。而且中高龄老年人口的教育人力资本存量是推动全体老年人口教育人力资本存量增长的主要推动力。因此，中高龄老年人口相对较低的平均受教育年限和受教育结构需要继续提升，否则可能会影响中高龄老年人，甚至60岁及以上老年人口的教育人力资本存量的持续提升和高质量发展。

第三，城市和乡村老年人口教育人力资本存在明显差异，且老年人口教育人力资本在城乡间差距较大。一方面，乡村老年人口的教育人力资本的水平和结构明显低于城市老年人口，乡村老年人口的平均受教育年限和接受过初中及以上教育的人口占比均低于城市老年人口。造成这种情况的一个主要原因是城乡教育资源和城乡发展的不平衡，使得乡村老年人口的教育人力资本水平起点很低、结构极不合理。另一方面，由于乡村老年人口数量庞大且不断增加，使得乡村老年教育人力资本存量极大，高于城市老年人口的教育人力资本存量。但是，从对全体60岁及以上老年人口教育人力资本存量增长的贡献度来看，城市60岁及以上人口是拉动中国老年人口教育人力资本存量增长的主要动力。因此，老年人口的教育人力资本在城乡之间分布严重不均衡，城市和乡村老年人力资源存在显著差异性。另外，中国老年人口城乡之间分年龄段的教育人力资本也存在差异性。无论是教育人力资本的水平、结构和存量，城乡低龄（60～64岁）、中高龄（65岁及以上）老年人口之间的差距仍然较大，且城乡不同年龄段的老年人口的教育人力资本存量变化趋势也存在差异性。

第四节　教育人力资本的国际比较

从本章前面三节的分析可以看出，近年来，中国教育人力资本得到了长足发展，教育人力资本总体发展水平明显提高、结构明显改善、存量不断增加，劳动年龄人口和老年人口的教育人力资本也显著提升。本节将中国教育人力资本的情况与国际发达水平进行比较，以基本判断未来中国教育人力资本的发展趋势。

一、教育人力资本水平的国际比较

（一）25 岁及以上人口的平均受教育年限的比较

本部分采用联合国开发计划署（United Nations Development Programme，UNDP）发布的世界和各国 25 岁及以上人口的平均受教育年限[①]来进行教育人力资本水平的国际比较。如图 4–16 所示，1990 年，美国、英国、德国、法国等代表性发达国家 25 岁及以上人口的平均受教育年限分别为 12.98 年、9.64 年、10.36 年、7.55 年，均远远高于中国 25 岁及以上人口的平均受教育年限 4.14 年；而同为亚洲地区的日本和韩国，1990 年时 25 岁及以上人口的平均受教育年限也分别达到了 11.64 年、9.27 年，也远高于中国当年的平均受教育年限。2000 年，美国、英国、德国、法国、日本、韩国等代表性发达国家 25 岁及以上人口的平均受教育年限分别达到 12.96 年、10.70 年、12.42 年、9.47 年、12.09 年、10.62 年，仍远高于中国 25 岁及以上人口的平均受教育年限 5.93 年。2020 年，中国 25 岁及以上人口的平均受教育年限增加为 7.60 年，仍低于世界各国的平均水平（8.64 年）；而美国、英国、德国和法国等发达国家 25 岁及以上人口的平均受教育年限分别为 13.68 年、13.41 年、14.09 年和 11.61 年，同为亚洲地区的日本和韩国也分别达到了 13.37 年和 12.51 年，这些国家的平均受教育年限依然高于中国。

---

① 根据联合国开发计划署的定义，平均受教育年限为 25 岁及以上的人接受教育的平均年数，使用每个级别的官方持续时间从受教育程度水平转换而来。

由此可见，虽然中国25岁及以上人口的平均受教育年限明显增加，缩小了与世界水平的差距，但是仍低于代表性发达国家。因此，与国际发达水平相比，中国的教育人力资本水平仍有较大提升空间。

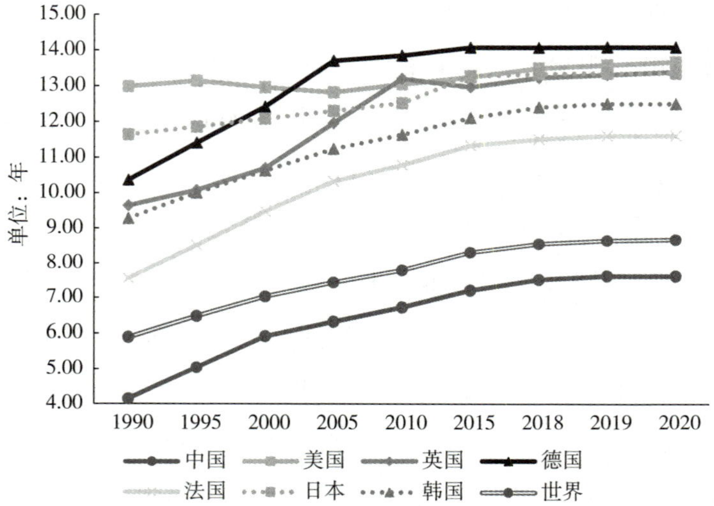

图4-16 代表性发达国家和中国25岁及以上人口的平均受教育年限（1990—2020年）

数据来源：UNDP (United Nations Development Programme). 2022. Human Development Report 2021/2022: Uncertain Times, Unsettled Lives: Shaping our Future in a Transforming World. New York.

（二）劳动年龄人口（即15岁及以上人口）的平均受教育年限的比较

从劳动年龄人口[①]的平均受教育年限来看，中国与发达国家

① 本部分在进行国际比较时，衡量代表性发达国家和中国的劳动年龄人口采取国际劳工组织（ILO）的定义，即15岁以上人口为劳动年龄人口。

之间还存在较大差距。如图 4–17 所示，1990—2010 年，代表性发达国家和中国 15 岁及以上人口的平均受教育年限均持续增长，但是，发达国家 15 岁及以上人口的平均受教育年限一直高于中国。1990 年时，美国、英国、德国、法国等代表性发达国家 15 岁及以上人口的平均受教育年限分别为 12.20 年、9.10 年、8.60 年、7.65 年，均远高于中国 15 岁及以上人口的平均受教育年限 6.04 年；而同为亚洲地区的日本和韩国，1990 时 15 岁及以上人口的平均受教育年限已经分别达到了 9.82 年和 9.85 年，也远高于中国当年的平均受教育年限。2000 年时，美国、英国、德国、法国、日本、韩国等代表性发达国家 15 岁及以上人口的平均受教育年限分别增长到 12.64 年、9.92 年、10.06 年、9.75 年、10.94 年、11.06 年，仍远高于中国当年的水平（7.38 年）。2010 年时，中国

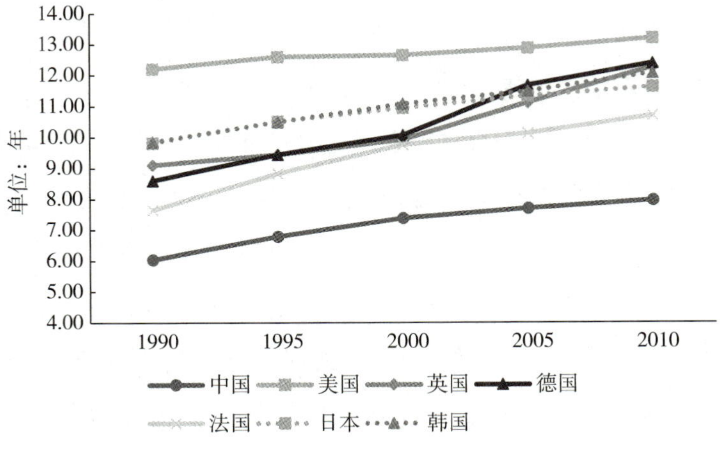

图 4–17　代表性发达国家和中国 15 岁及以上人口的平均受教育年限（1990—2000 年）

数据来源：Barro–Lee 数据。Barro, Robert and Jong–Wha Lee, 2013, “A New Data Set of Educational Attainment in the World, 1950—2010.” *Journal of Development Economics*, vol. 104, pp.184—198.

15岁及以上人口的平均受教育年限增长到7.95年，而美国、英国、德国和法国等发达国家15岁及以上人口的平均受教育年限分别为13.18年、12.24年、12.37年和10.68年，同为亚洲地区的日本和韩国也分别达到了11.60年和12.05年，依然高于中国。

因而，按照发达国家的发展趋势，我国15岁及以上人口的平均受教育年限仍需继续不断增长，15岁及以上人口的教育人力资本水平还有较大的提升空间。

二、教育人力资本结构的国际比较

本部分以大学生比例作为受教育结构的指标，来衡量教育人力资本的结构并进行国际比较。如表4-21所示，根据Barro-Lee统计数据，中国25岁及以上人口中大学生比例一直低于代表性发达国家。2000年时，美国、英国、德国、法国等代表性发达国家25岁及以上人口中大学生比例分别为52.01%、23.33%、19.74%、17.05%，远远高于中国25岁及以上人口中大学生比例（4.27%）；而同为亚洲地区的日本和韩国，2000年时25岁及以上人口的大学生比例也分别达到了26.36%和26.82%，也远高于中国。2010年时，中国25岁及以上人口中大学生比例为3.58%，不仅远低于当年的代表性发达国家，而且，从发展时期来看，与1965年韩国的大学生比例基本相同，低于1950年日本（4.53%）和美国（13.60%）的大学生比例。

表 4-21　代表性发达国家和中国 25 岁及以上人口中大学生比例（1950—2010）

单位：%

年份	中国	美国	英国	德国	法国	日本	韩国
1950	0.21	13.60	1.60	2.83	1.65	4.53	1.19
1955	0.40	14.89	1.62	3.22	1.80	5.48	1.50
1960	0.58	16.50	1.80	3.29	2.10	6.30	2.60
1965	0.81	18.72	4.28	3.43	3.01	5.71	3.60
1970	1.00	21.30	7.48	3.10	4.53	5.50	5.70
1975	1.01	27.10	9.66	5.50	6.68	10.81	6.90
1980	1.00	30.00	9.92	6.90	8.50	14.41	8.90
1985	1.38	38.84	11.27	7.70	9.37	17.93	11.71
1990	2.00	45.36	15.14	13.05	11.44	21.10	15.95
1995	2.89	46.54	18.32	16.55	13.79	23.35	21.10
2000	4.27	52.01	23.33	19.74	17.05	26.36	26.82
2005	3.92	53.05	23.91	20.49	19.81	29.15	31.81
2010	3.58	57.28	28.34	24.27	24.43	30.13	39.80

数据来源：Barro-Lee 数据。Barro, Robert and Jong-Wha Lee, 2013, "A New Data Set of Educational Attainment in the World, 1950—2010." *Journal of Development Economics*, vol. 104, pp.184—198.

可见，中国 25 岁及以上人口中大学生比例还远低于发达国家水平，教育人力资本结构仍需改善。

从 15 岁及以上劳动年龄人口的受教育结构来看，中国 15 岁及以上人口中的大学生比例还远低于发达国家水平。如表 4-22 所示，2000 年时，美国、英国、德国、法国等代表性发达国家 15 岁及以上人口中完成大学及以上教育人口的比例分别为 22.97%、12.83%、10.48%、8.44%，远远高于中国 15 岁及以上人口中完成大学及以上教育人口的比例（2.75%）；同为亚洲地区的日本和韩国，2000 年时 15 岁及以上人口的大学生比例已分别达到了 16.15% 和 19.08%，也远高于中国。2010 年时，中国 15 岁及以上人口中完成大学及以上教育人口的比例仅为 2.71%，仍远低于当年的代表性发达国家。而从发展时期来看，2010 年时中国 15 岁及以上人口中完成大学及以上教育人口的比例与 1960 年的日本（2.72%）基本相同，低于 1950 年的美国（6.31%）。

参照发达国家的发展情况，中国未来接受过高等教育的 15 岁及以上劳动年龄人口比例需要不断提高，才能适应未来经济转型、产业升级的需求。

表 4-22　代表性发达国家和中国 15 岁及以上人口中大学生比例（1950—2010）

单位：%

年份	中国	美国	英国	德国	法国	日本	韩国
1950	0.21	6.31	0.89	1.53	0.89	1.64	0.72
1955	0.29	7.12	0.92	1.63	1.07	2.07	0.80
1960	0.40	8.46	0.86	1.77	1.32	2.72	1.39
1965	0.48	8.98	2.61	1.89	2.06	2.34	2.16
1970	0.46	11.39	4.42	1.59	1.46	3.55	3.16
1975	0.47	13.30	5.53	2.74	3.89	5.66	3.47
1980	0.48	16.74	5.50	3.28	3.74	5.04	4.76
1985	0.76	18.51	6.22	3.67	4.86	10.76	7.18
1990	1.08	20.71	9.00	7.56	5.81	12.48	9.40
1995	1.92	20.40	11.10	9.32	7.20	14.28	12.90
2000	2.75	22.97	12.83	10.48	8.44	16.15	19.08
2005	2.84	22.39	13.77	10.89	8.71	17.88	22.09
2010	2.71	26.76	15.31	13.14	10.60	18.91	30.04

数据来源：Barro-Lee 数据。Barro, Robert and Jong-Wha Lee, 2013, “A New Data Set of Educational Attainment in the World, 1950—2010.” *Journal of Development Economics*, vol. 104, pp.184—198.

三、教育方面其他指标的国际比较

（一）高等教育毛入学率的比较

高等教育毛入学率，是指高等教育在学人数与适龄人口（即 18～22 岁这个年龄段的人口数）之比。国际上通常认为，高等教育毛入学率在 15% 以下时属于精英教育阶段，15%～50% 为高等教育大众化阶段，50% 以上为高等教育普及化阶段。高等教育毛入学率可以反映未来教育人力资本提升的可能性及其发展变化的趋势。

从高等教育毛入学率来看，中国教育人力资本的提升存在很大的空间。中国高等教育毛入学率在 1978—2022 年间增长很快，1978 年中国高等教育毛入学率仅为 2.7%[①]，远低于同期世界银行公布的 1980 年世界平均大学毛入学率 12.3%[②]；2000 年，中国高等教育毛入学率已提高为 12.5%[③]，不过仍低于 2000 年的世界平均大学毛入学率（19%[④]）；而 2022 年中国高等教育毛入学率提高到 59.6%[⑤]，高于世界平均大学毛入学率（42%[⑥]）。但是，我国与发达国家相比仍有一定的差距。2021 年，中国高等教育毛入学率为 57.8%[⑦]，美国、德国、法国和英国等发达国家

① 数据来源：《2018 年全国教育事业发展统计公报》。
② 数据来源：世界银行发布的历年“高等教育毛入学率”数据。
③ 数据来源：《2018 年全国教育事业发展统计公报》。
④ 数据来源：世界银行发布的历年“高等教育毛入学率”数据。
⑤ 数据来源：《2022 年全国教育事业发展统计公报》。
⑥ 数据来源：世界银行发布的历年“高等教育毛入学率”数据。
⑦ 数据来源：《2021 年全国教育事业发展统计公报》。

的高等教育毛入学率分别为85%、76%、69%和77%[①]，均远远高于中国。

（二）教育经费投入的比较

中国教育投入水平总体还不高，与发达国家差距较大。如表4-23所示，2000—2021年，我国的教育经费呈现不断上涨的趋势，教育经费占GDP的比例不断上升，人均教育经费也呈现快速上升的趋势。与2000年相比，2021年的教育经费增长了14.04倍，教育经费占GDP的比例上涨了1.18个百分点，人均教育经费投入增长了12.49倍。但是，我国教育经费投入与发达国家差距仍较大。根据世界银行公布的数据，2016年，德国、韩国、日本和美国人均政府教育经费支出分别为2037.68美元、1269.11美元、1101.28美元和492.12美元，均远高于我国人均教育经费支出。从教育经费占GDP的比例来看，2021年中国教育经费支出占GDP比重为5.07%，且自2005年以来一直维持在4%这一水平之上。不过，2012年，美国、德国、法国和英国等发达国家的政府教育支出占GDP的比重分别为5.2%、4.9%、5.5%和5.7%[②]，高于中国的这一比例。这说明我国在教育经费投入的绝对资源数量和相对规模上，都与发达国家还有较大差距，因而影响了教育人力资本的培育。

---

① 数据来源：世界银行发布的历年“高等教育毛入学率”数据。

② 数据来源：世界银行，世界发展指数。

表 4–23　中国教育经费投入(2000—2021 年)

年份	教育经费（万元）	国家财政性教育经费（万元）	教育经费占GDP 的比例（%）	国家财政性教育经费占GDP 的比例（%）	人均教育经费(元 / 人)
2000	38490806	25626056	3.89	2.59	303.69
2005	84188391	51610759	4.53	2.77	643.86
2006	98153087	63483648	4.48	2.90	746.71
2007	121480663	82802142	4.49	3.06	919.41
2008	145007374	104496296	4.51	3.25	1091.91
2009	165027065	122310935	4.74	3.52	1236.62
2010	195618471	146700670	4.77	3.57	1458.85
2011	238692936	185867009	4.94	3.85	1769.20
2012	286553052	231475698	5.33	4.31	2108.22
2013	303647182	244882177	5.16	4.16	2220.84
2014	328064609	264205821	5.09	4.10	2383.39
2015	361291927	292214511	5.27	4.26	2611.89
2016	388883850	313962519	5.24	4.23	2793.06
2017	425620069	342077546	5.12	4.12	3039.90
2018	461429980	369957704	5.04	4.04	3283.24
2019	501781166	400465452	5.10	4.07	3558.53
2020	530338681	429081543	5.27	4.27	3755.62
2021	578736693	458353089	5.07	4.02	4096.96

数据来源：根据《中国统计年鉴 2002—2023》历年数据整理计算。

第五章

中国技能人力资本

技能人力资本是人力资本的一种重要类型，从技能人力资本的特征可以看出，专门教育（如职业教育）和技能培训是人们获取生产生活所需知识技能、进行技能人力资本积累的重要途径。如前所述，不同社会经济条件对技能人力资本的要求是不一样的，随着以人工智能、清洁能源、无人控制、量子信息、虚拟现实和生物为重点的第四次产业革命的到来，新一轮科技革命会更加重视专业技能、高技术技能以及通用型技能和专用型技能组合在未来工作中的使用。按照测量技能人力资本的方法，本书将采取间接测量和直接测量的方法，从宏观层面和微观层面共同衡量中国技能人力资本。本章将分别考察中国就业人口、劳动年龄人口、老年人口的技能人力资本及其变动情况，以全面地反映中国技能人力资本。

第一节　中国就业人口的技能人力资本

本节针对中国就业人口，从宏观层面和微观层面分别衡量其技能人力资本，通过测算中国就业人口的技能人力资本及其变化，反映中国整体人口的技能人力资本情况。

一、从宏观层面衡量的就业人口的技能人力资本

本部分利用《中国劳动统计年鉴》和《中国人口和就业统计年鉴》历年数据，从宏观层面来衡量2001—2022年就业人口的技能人力资本。参照以往研究（胡永远、刘智勇，2004；胡茂波等，2018），可以将技能人力资本拥有者主要定义为中等教育（含中专、高中、职高）、高等教育的完成者（胡永远、刘智勇，2004）；其中，职业技能人力资本拥有者主要指高等职业教育、中等职业教育（含中专、职高）的年末就业人员（胡茂波等，2018）。因此，从宏观层面衡量就业人口的技能人力资本时，中国就业人口的技能人力资本是指年末就业人员中受教育程度为中等教育（含中专、高中、职高）、高等教育（含高职、大专及以上）的劳动者的人力资本存量。具体计算公式为：中等教育就业人口技能人力资本 = 年末就业人员中受教育程度为中等教育（包含中专、中等职业教育、普通高中）的就业人员数 × 中等教育受教育年限（一般认为是12年）；高等教育就业人口技能人力资本 = 年末就业人员中受教育程度为高等教育（包含高等职业教育、大专、本科、研究生）的就业人员数 × 高等教育受教育年限（一般认为是16年）。其中，就业人口的职业技能人力资本计算公式为：中等职业教育就业人口的技能人力资本 = 年末就业人员中受教育程度为中等职业教育的就业人员数 × 中等职业教育受教育年限（一般认为是12年）；高等职业教育就业人口的技能人力资本 = 年末就业人员中受教育程度为高等职业教育的就业人员数 × 高等职业教育受教育年限

（一般认为是16年）；大学专科（包含高等职业教育、大专）就业人口的技能人力资本 = 年末就业人员中受教育程度为大学专科的就业人员数 × 大学专科受教育年限（一般认为是16年）。需要说明的是，由于数据可获得性，根据历年不同的实际情况，2015—2018年可以测算中等职业教育就业人口的技能人力资本存量和高等职业教育就业人口的技能人力资本存量，而其他年份计算的则是中等教育就业人口的技能人力资本存量和大学专科就业人口的技能人力资本存量。

（一）全国就业人口的技能人力资本

表5-1报告了2001—2022年中国就业人口的技能人力资本存量及其变化情况。从整体上来看，中等教育（包含中专、中等职业教育、普通高中）就业人口的技能人力资本和高等教育（包含高等职业教育、大专、本科、研究生）就业人口的技能人力资本均有所增加。具体而言，2001—2022年，中等教育就业人口的技能人力资本在波动中先增加后减少，从2001年的117931.14年·万人先在波动中增加到2010年的126679.70年·万人，再一直增加到2019年的169303.07年·万人，然后减少到2021年的159456.67年·万人和2022年的139953.71年·万人。而高等教育就业人口的技能人力资本在波动中呈现增加的趋势，从2001年的65226.11年·万人先在波动中增加到2010年的122415.70年·万人，再逐年增加到2021年的275913.79年·万人和2022年的282841.46年·万人。

从职业技能人力资本来看，2015—2018年，中国就业人员的中等职业教育技能人力资本存量有所增加，但是，高等职业教育技能人力资本存量有所减少。中等职业教育就业人口的技能人力资本存量从 2015 年的 43935.12 年·万人增加到 2017 年的 47460.19 年·万人，再减少到 2018 年的 47287.97 年·万人。高等职业教育就业人口的技能人力资本存量则从 2015 年的 16644.69 年·万人持续减少到 2018 年的 13337.63 年·万人。同时，2001—2022 年，大学专科就业人口的技能人力资本存量在波动中先增加后减少再增加，从 2001 年的 47754.83 年·万人在波动中增加到 2019 年的 144858.24 年·万人，再减少到 2020 年的 135715.71 年·万人，再增加到 2021 年的 137359.68 年·万人和 2022 年的 137313.07 年·万人。

由此可见，从宏观层面来看，中国就业人口的技能人力资本存量呈现增长的发展趋势，为整体人力资本的提升做出了贡献，但是不同层次就业人口的技能人力资本的变化趋势不同。

表 5-1　中国就业人口的技能人力资本存量（2001—2022 年）

单位：年·万人

年份	中等职业教育就业人口	高等职业教育就业人口	中等教育就业人口	大学专科就业人口	高等教育就业人口
2001			117931.14	47754.83	65226.11
2002			115196.16	50416.64	70348.80
2003			120337.15	56629.25	80224.77
2004			119416.51	59411.20	85908.60
2005			108779.46	53223.80	80977.07
2006			107068.58	51584.86	79536.66
2007			110269.94	51820.85	79538.98
2008			115315.44	52902.29	82881.74

续表

年份	中等职业教育就业人口	高等职业教育就业人口	中等教育就业人口	大学专科就业人口	高等教育就业人口
2009			116471.81	57022.66	90144.33
2010			126679.70	72555.89	122415.70
2011			152696.78	92654.34	157756.20
2012			156473.21	97605.12	166904.76
2013			156569.65	103769.36	177140.40
2014			157584.34	113607.31	196064.23
2015	43935.12	16644.69	158509.34	128983.62	229934.87
2016	44452.82	16277.67	157170.02	133302.80	237078.82
2017	47460.19	14603.14	164285.28	128994.37	236084.03
2018	47287.97	13337.63	163689.12	130951.30	244927.42
2019			169303.07	144858.24	275230.66
2020			157634.40	135715.71	266627.33
2021			159456.67	137359.68	275913.79
2022			139953.71	137313.07	282841.46

数据来源:《中国劳动统计年鉴（2002—2022）》《中国人口和就业统计年鉴（2023）》。

注：2001—2021 年就业人口数来自《中国劳动统计年鉴（2022）》，其中，1990 年及以后劳动力、就业人员数根据劳动力调查、全国人口普查推算，2001—2010 年数据根据第六次全国人口普查数据重新修订，2011—2019 年数据根据第七次全国人口普查修订；2022 年就业人口数来自《中国人口和就业统计年鉴（2023）》。

2015—2018 年，中等职业教育、高等职业教育进行了单独分类统计；而其他年份中，为与教育部学历分类保持一致，受教育程度有分类合并调整，中等职业教育并入高中分类，高等职业教育并入大学专科分类。

（二）就业人口分地区的技能人力资本

本部分考察中国就业人口的技能人力资本在各地区间的分布情况。如表 5-2 所示，分地区来看，中国各省（自治区、直辖市）之间就业人口的技能人力资本分布不均衡。从中等教育就业人口的技能人力资本来看，2001—2022年，北京、吉林、黑龙江和上海就业人员中受教育程度为中等教育的技能人力资本存量有所减少，而其他省（自治区、直辖市）的受教育程度为中等教育的就业人口的技能人力资本存量均有所增加。2001年时，中等教育就业人口的技能人力资本排名前五位的省（自治区、直辖市）依次为：河南、山东、江苏、广东、湖南，排名后五位的省（自治区、直辖市）从最低开始依次为：西藏、青海、宁夏、海南、新疆，各省（自治区、直辖市）间最高与最低中等教育就业人口的技能人力资本存量的差距为8723.34年·万人；2022年时，中等教育就业人口的技能人力资本排名前五位的省（自治区、直辖市）依次为：广东、山东、江苏、河南、湖南，排名后五位的省（自治区、直辖市）从最低开始依次为：西藏、青海、宁夏、海南、天津，各省（自治区、直辖市）间最高与最低中等教育就业人口的技能人力资本存量的差距为17050.47年·万人，差距与2001年时相比有所扩大。

从高等教育就业人口的技能人力资本来看，2001—2022年，各省（自治区、直辖市）的受教育程度为高等教育，即大专及以上文化程度的就业人口的技能人力资本存量总体呈现增加的趋势。2001年时，高等教育就业人口的技能人力资本排名前五位的省（自治区、直辖市）依次为：河南、山东、四川、广东、江苏，排名后五位的省（自治区、直辖市）从最低开始依次为：西藏、青海、海南、宁夏、天津，各省（自治区、直辖市）间最高与最低高等教育就业人口的技能人力资本存量的差距为4674.09年·万人；2022年时，高等教育就业人口的技

表 5-2　中国分地区的就业人口技能人力资本存量（2001—2002，2020—2022 年）　　单位：年·万人

地区	中等教育就业人口					大学专科就业人口					高等教育就业人口				
	2001 年	2002 年	2020 年	2021 年	2022 年	2001 年	2002 年	2020 年	2021 年	2022 年	2001 年	2002 年	2020 年	2021 年	2022 年
北京	2387.06	2665.13	2346.62	2278.94	1956.10	1047.49	1495.54	3575.81	3520.32	3332.61	1873.39	2952.73	11733.12	11635.58	11827.14
天津	1197.02	1262.51	1622.68	1430.71	1222.13	472.90	535.32	1739.14	1805.06	1738.80	709.34	883.60	4347.84	4686.99	4789.15
河北	5069.40	5322.16	7444.79	7912.60	6615.84	1405.91	2437.63	6167.28	6353.39	6816.32	1838.50	3358.52	11394.78	11366.16	12257.92
山西	2407.58	2534.13	3962.64	4033.68	3671.71	1130.32	1156.52	3559.42	3622.08	3665.02	1514.63	1542.02	6757.34	6722.80	7035.78
内蒙古	1957.70	1951.51	2265.41	2323.94	1970.64	859.28	905.05	2702.59	2591.90	2684.64	1118.68	1195.96	5027.62	5242.27	5521.60
辽宁	3014.11	3028.25	3828.40	3731.76	3514.03	1437.39	1503.07	3819.47	4204.80	4142.14	1818.73	1945.15	8317.17	9215.52	9404.70
吉林	2270.87	2339.56	2315.20	2284.08	2005.02	795.01	963.86	1856.19	1945.15	2047.68	1167.15	1401.98	3994.85	4322.56	4702.08
黑龙江	3170.66	2986.25	2757.46	2760.48	2383.16	1200.42	1275.18	2309.66	2453.76	2442.61	1670.14	1665.54	4501.49	5089.28	5187.84
上海	2492.64	2611.68	2753.50	2850.12	2408.44	1085.68	1093.40	3891.17	4018.56	3793.15	1894.41	1925.34	10970.02	11487.84	11573.42
江苏	6717.21	6015.61	11038.61	11846.27	10321.14	2338.90	1907.05	10725.46	10970.93	10532.56	3194.60	2580.12	20981.18	21552.82	21757.04
浙江	3925.15	4660.25	8516.26	8323.99	7552.44	1241.86	2403.83	8577.97	8479.87	8329.44	1685.38	3583.06	17649.63	17022.10	16907.52
安徽	3742.23	2859.19	5253.66	5516.94	5030.78	1681.29	1143.68	5292.58	5298.32	5081.60	2386.35	1633.82	9599.28	10133.68	10010.75
福建	3221.38	2792.84	4632.60	4850.98	4200.17	1154.33	1067.85	3811.97	3901.87	3930.59	1718.07	1670.23	7871.01	8366.18	8487.30
江西	3108.42	2838.81	4374.05	4896.53	4421.09	1608.34	1001.01	3296.38	3443.71	3403.54	1917.64	1219.98	6013.18	6421.09	6491.28
山东	8352.82	8724.49	11637.12	12220.20	10697.35	3662.53	4333.73	8639.68	9110.40	9309.47	4634.23	5626.25	16485.92	17695.20	18960.58
河南	8738.29	8481.79	11780.21	10396.32	9124.06	3354.09	3534.08	7579.97	6969.60	7421.66	4678.08	4947.71	13284.48	12390.40	13007.04
湖北	5179.68	3523.59	7591.61	7807.54	6965.96	1726.56	1421.28	5321.95	5730.78	5811.46	2275.92	1934.52	10278.67	11198.69	11363.47

续表

地区	中等教育就业人口					大学专科就业人口					高等教育就业人口				
	2001 年	2002 年	2020 年	2021 年	2022 年	2001 年	2002 年	2020 年	2021 年	2022 年	2001 年	2002 年	2020 年	2021 年	2022 年
湖南	5653.39	5327.92	9052.80	9109.37	8266.39	2035.77	2219.97	6087.68	5890.46	5974.46	2696.02	2996.96	10968.32	10842.62	11382.38
广东	6515.01	8044.47	19765.51	20027.90	17149.54	2472.85	3046.43	15542.11	15501.82	15685.89	3423.95	4506.17	27705.50	28966.91	30377.60
广西	3815.10	3547.29	4665.79	4731.84	4093.06	1139.44	1192.71	3478.88	3663.36	3772.03	1465.00	1562.86	6221.06	6878.98	7303.30
海南	587.00	697.07	1285.42	1266.43	1134.22	222.84	229.62	926.19	992.26	951.55	293.50	284.29	1757.17	1958.40	1962.58
重庆	1831.87	1869.83	3841.39	3622.90	3314.30	701.57	734.81	3539.71	3282.62	3314.30	987.39	997.24	6489.47	6351.74	6497.09
四川	5350.50	5343.47	8427.12	8508.60	7680.19	2966.61	2398.39	7440.16	7563.20	7379.01	3884.85	3315.42	13589.68	13840.66	13703.87
贵州	1861.38	1823.31	2202.29	2376.36	2118.38	1092.01	1098.98	2058.50	2172.67	2223.55	1522.20	1498.61	4268.35	4466.05	4807.68
云南	1950.90	1741.70	3737.59	3961.27	3347.64	668.88	749.12	3232.51	3506.34	3413.28	929.00	1011.31	6375.23	7057.06	7001.60
西藏	14.95	26.28	101.90	125.71	99.07	1.99	8.24	154.40	229.70	224.26	3.99	8.24	382.91	555.62	531.46
陕西	3083.79	2989.47	4546.80	4416.19	3966.72	1313.47	1228.75	4311.04	3981.26	4098.94	1684.66	1528.45	7847.44	7694.88	8065.66
甘肃	1837.79	1837.17	2268.02	2105.12	1944.82	664.83	602.35	1852.75	2047.09	1944.82	873.78	762.98	3577.73	4157.49	4119.66
青海	268.17	261.15	448.63	422.15	340.99	99.96	110.79	535.68	514.11	471.04	142.26	166.19	1057.97	1068.11	1097.73
宁夏	430.34	439.14	656.35	621.00	540.29	235.74	288.26	765.06	734.16	698.88	320.26	351.31	1469.57	1446.24	1446.14
新疆	1093.90	1321.63	2684.88	2676.48	2153.92	965.04	1178.52	2950.66	2894.08	2505.26	1184.37	1571.36	5489.09	5091.84	4786.48

数据来源：2001、2002、2020、2021 年就业人口数来自《中国劳动统计年鉴（2002、2003、2021、2022）》，其中，1990 年及以后的劳动力、就业人员数根据劳动力调查、全国人口普查推算，2001—2010 年数据根据第六次全国人口普查数据重新修订，2011—2019 年数据根据第七次全国人口普查修订；2022 年就业人口数来自《中国人口和就业统计年鉴（2023）》。

能人力资本排名前五位的省（自治区、直辖市）依次为：广东、江苏、山东、浙江、四川，排名后五位的省（自治区、直辖市）从最低开始依次为：西藏、青海、宁夏、海南、甘肃，各省（自治区、直辖市）间最高与最低高等教育就业人口的技能人力资本存量的差距为 29846.14 年·万人，差距与 2001 年时相比有所扩大。

从职业技能人力资本来看，2001—2022 年，各省（自治区、直辖市）的受教育程度为大学专科的就业人口的技能人力资本存量均呈现总体增加的趋势。2001 年时，大学专科就业人口的技能人力资本排名前五位的省（自治区、直辖市）依次为：山东、河南、四川、广东、江苏，排名后五位的省（自治区、直辖市）从最低开始依次为：西藏、青海、海南、宁夏、天津，各省（自治区、直辖市）间最高与最低大学专科就业人口的技能人力资本存量的差距为 3660.54 年·万人；2022 年时，大学专科就业人口的技能人力资本排名前五位的省（自治区、直辖市）依次为：广东、江苏、山东、浙江、河南，排名后五位的省（自治区、直辖市）从最低开始依次为：西藏、青海、宁夏、海南、天津，各省（自治区、直辖市）间最高与最低大学专科就业人口的技能人力资本存量的差距为 15461.63 年·万人，差距与 2001 年时相比有所扩大。

由此可见，中国各地区就业人口的技能人力资本存量存在明显差距，而且，地区间技能人力资本的差距呈现扩大趋势。

二、从微观层面衡量的就业人口的技能人力资本

从微观层面进行衡量时，基于技能的人力资本研究一般对个体的认知技能、非认知技能和职业技能等不同技能分别进行测量（曹浩文、杜育红，2015）。不同社会经济条件对技能人力资本的要求是不一样的。在第四次工业革命的时代，互联网技术是机器人、新一代通信技术、人工智能等新型技术的基础，掌握互联网技能的水平直接影响着人群学习和工作的效果，因此，数字（互联网）技能是影响就业人口人力资本培育和提升的重要因素。工作专业技能是劳动者职业技能的核心组成部分，直接反映劳动者的素质，也体现了不同企业、工作和岗位对工作技能的需求。技能培训则是提高就业人口的技能人力资本的重要途径（周灵灵，2020）。

因此，基于人力资本的直接测量方法（参照谢倩芸，2021，2022），本部分重点考察就业人口的数字（互联网）技能和工作专业技能两类技能人力资本，从微观层面衡量就业人口的技能人力资本及其变化。

（一）数据来源

本部分对就业人口的技能人力资本进行分析所使用的数据来自中国社会状况综合调查。这是由中国社会科学院社会学研究所发起的一项全国范围的大型连续性抽样调查项目，主要对全国公众的劳动就业、家庭、社会生活等方面进行长期纵贯调

查。中国社会状况综合调查是双年度的纵贯调查，采用分层多阶段混合抽样的入户访问方式，其研究结果符合统计推论的科学要求。

本部分采用2013年和2019年的中国社会状况综合调查数据对就业人口的技能人力资本进行比较分析。在样本分析时仅保留就业状况为"有工作"的就业人口群体。

2013年中国社会状况综合调查数据（以下简称CSS2013）的样本中就业人口数为7381人，其中男性3702人，占比为50.16%，女性3679人，占比为49.84%，平均年龄为45.25岁，其中的58.57%从事非农工作。2019年中国社会状况综合调查数据（以下简称CSS2019）的样本中就业人口数为6647人，其中男性3276人，占比为49.29%，女性3371人，占比为50.71%，平均年龄为46.40岁，其中的63.62%从事非农工作。

（二）技能人力资本的变量说明

1. 数字（互联网）技能人力资本

就业人口的数字（互联网）技能人力资本通过是否掌握数字（互联网）技能、数字（互联网）技能人力资本水平、使用数字（互联网）技能提升人力资本的可能程度三个子变量来进行衡量。

第一个子变量"是否掌握数字（互联网）技能"主要考察就业人口掌握数字（互联网）技能的情况。这一指标用虚拟变量表示，被访者如果平时使用互联网，则认为掌握数字（互联网）技能，赋值为 1，否则赋值为 0。

第二个子变量“数字（互联网）技能人力资本水平”主要通过就业人口使用互联网进行各种活动的频率来衡量。本部分利用中国社会状况综合调查问卷中关于被访者使用互联网进行各种活动的频率的问题，构建了数字（互联网）使用频率指数（参照谢倩芸，2021）。构建数字（互联网）使用频率指数的具体步骤是先对被访者使用互联网进行每一种活动的频率按照高低程度赋值，频率最高赋值为 5，最低赋值为 0；然后将各个活动的频率得分进行加总，再除以活动的种类数，最后得到的平均分即为该就业人口的数字（互联网）使用频率指数。该指数分值越高，表示使用数字（互联网）技能进行各种活动的平均频率越高，也就是数字（互联网）技能人力资本水平越高。

第三个子变量“使用数字（互联网）技能提升人力资本的可能程度”主要通过就业人口使用数字（互联网）进行提升人力资本相关活动的频率以及加入网上与提升人力资本相关社交群的人均个数，共同衡量其使用数字（互联网）技能提升人力资本的可能程度。首先，与构建数字（互联网）使用频率指数相同，构建使用数字（互联网）技能进行提升人力资本相关活动，如浏览新闻、查找资料、学习教育等的频率指数。该指数分值越高，表示使用数字（互联网）技能提升人力资本的可能程度越高。其次，通过加入网上与提升人力资本相关社交群的人均个数来衡量使用数字（互联网）技能提升人力资本的可能程度。由于受到调查问卷内容的限制，该指标仅适用于 CSS2019 的样本。加入同事群、行业群、同行群、协会群（如商会、农村合作组织、专业学会、行业协会等）等网上社交群，可以认为是增加了与技能同质、人力资本相似的其他个体进行交流的机会，是提升人力资本的一个途径。因而，加入此类网上社交群的个数越多，越有利于技能人力资本提高。

2．工作专业技能人力资本

就业人口的工作专业技能人力资本通过工作专业技能人力资本水平、参加技能培训情况两个子变量来进行衡量。

第一个子变量“工作专业技能人力资本水平”主要通过就业人口的工作所需要的专业技能的高低程度来衡量。这一变量主要针对从事非农工作的就业人口。将从事非农工作就业人口的工作性质按照需要专业技能的高低程度分为三类：工作需要高专业技能、工作需要一些专业技能和工作不需要专业技能。若正在从事的工作需要的专业技能越高，就可以认为是工作专业技能人力资本水平越高。

第二个子变量“参加技能培训情况”主要通过从事非农工作的就业人口参加技能培训的情况来反映其提升工作专业技能的可能程度。这一指标用虚拟变量表示，被访者如果参加过单位提供的提高技能方面的培训，则认为提升工作专业技能的可能性较高，赋值为 1，否则赋值为 0。

（三）就业人口的数字（互联网）技能人力资本

1．掌握数字（互联网）技能的情况

根据 CSS2013 和 CSS2019 数据计算，整体来看，2013—

2019年，CSS样本中就业人口掌握数字（互联网）技能的比例有大幅度提升，使用互联网的就业人口比例显著增加，从2013年的30.30%增加到2019年的65.68%，提高了35.38个百分点。

另外，就业人口掌握数字（互联网）技能的情况有着较为明显的城乡差异。一方面，从户口性质来看，非农业户口的就业人口与农业户口的就业人口掌握数字（互联网）技能的比例存在差异。非农业户口的就业人口掌握数字（互联网）技能的比例要高于农业户口就业人口，非农业户口的就业人口使用互联网的比例从2013年的63.83%提高到2019年的87.66%，农业户口的就业人口该比例则从2013年的18.67%提高到2019年的57.89%。可见，农业户口就业人口使用互联网的比例快速提升，缩小了与非农业户口就业人口的差距。另一方面，从居住地来看，城镇就业人口掌握数字（互联网）技能的比例要高于乡村。城镇掌握数字（互联网）技能的就业人口的比例从2013年的51.13%提高到2019年的87.66%，而乡村掌握数字（互联网）技能的就业人口比例从2013年的10.70%大幅度提高到2019年的65.68%，明显缩小了与城镇居住人口的差距。以上两方面的数据表明，就业人口数字（互联网）技能的掌握有着较为明显的城乡差异，但是差距有缩小趋势。

2. 数字（互联网）技能人力资本水平情况

根据CSS2013和CSS2019数据计算，2013—2019年，就业人口的数字（互联网）技能人力资本水平有很大提高，表现为使用数字（互联网）技能进行各种活动的平均频率从2.07提高到2.55。

同时，就业人口的数字（互联网）技能人力资本水平在城乡间也有着明显差异，且差距逐渐增大。具体来看，非农业户口就业人口的数字（互联网）技能人力资本水平要高于农业户口就业人口，二者分别从 2013 年的 2.27、1.85 增加到 2019 年的 3.04、2.29；且二者之间的差距增大，从 2013 年的相差 0.42 扩大到 2019 年的相差 0.75。而从就业人口的居住地来看，城镇就业人口的数字（互联网）技能人力资本也高于乡村就业人口。城镇就业人口使用数字（互联网）技能进行各种活动的平均频率从 2013 年的 2.18 提高到 2019 年的 3.04，而乡村就业人口使用数字（互联网）技能进行各种活动的平均频率则从 2013 年的 1.60 提高到 2019 年的 2.29，二者之间的差距从 2013 年的相差 0.58 扩大到 2019 年的相差 0.75。

3. 使用数字（互联网）技能提升人力资本的可能程度

根据 CSS 数据计算，与 2013 年相比，2019 年就业人口使用互联网进行提升人力资本相关活动的频率有所下降，从 3.00 减少至 2.75。这说明就业人口使用数字（互联网）技能提升人力资本的可能程度较低，而且呈现下降趋势。

对于 CSS2019 中的就业人口，2019 年，其加入网上与提升人力资本相关社交群的个数人均为 0.90，而加入网上各种社交群的个数人均为 4.06，意味着就业人口更多地加入了其他网上社交群，如亲友群、同学群、同乡群。这也说明了就业人口使用数字（互联网）技能提升人力资本的可能程度较低。

（四）就业人口的工作专业技能人力资本

1．工作专业技能人力资本水平

（1）从事非农工作的就业人口的工作专业技能人力资本

根据 CSS2013 和 CSS2019 数据计算，与 2013 年相比，2019 年从事非农工作的就业人口的工作专业技能人力资本水平显著提高。具体而言，从事工作需要高专业技能的占比从 20.82% 上升到 25.34%，工作需要一些专业技能的占比从 25.80% 上升到 37.69%，成为占比最高的工作类型，而不需要专业技能的工作占比从最高的 53.38% 下降到 36.97%。

（2）从事非农工作的就业人口分行业的工作专业技能人力资本

分行业来看，2013—2019 年，各行业就业人口的工作专业技能人力资本整体有所提高，但各行业变化不一（见表 5-3）。具体来看，与 2013 年相比，2019 年除信息传输、软件和信息技术服务业，金融业，科学研究和技术服务业，水利、环境和公共设施管理业，教育，文化、体育和娱乐业，公共管理、社会保障和社会组织七个行业外，其他各行业的就业人口从事工作不需要专业技能的比例均有所下降；除金融业，科学研究和技术服务业，教育，卫生和社会工作外，其他各行业工作需要一些专业技能的比例均有较明显增加；但仅有十个行业工作需要高专业技能的比例增加，且增加幅度较小，其中居民服务、修理和其他服务业，采矿业的工作需要高专业技能的比例增加最多，分别从 2013 年的 4.76%、11.36% 提高到 2019 年的 26.16%、30.23%。

表 5-3　从事非农工作的就业人口分行业的工作专业技能人力资本（2013 年，2019 年）

单位：%

	工作不需要专业技能		工作需要一些专业技能		工作需要高专业技能	
	2013 年	2019 年	2013 年	2019 年	2013 年	2019 年
农、林、牧、渔业	65.38	61.76	21.79	29.41	12.82	8.82
采矿业	65.91	39.53	22.73	30.23	11.36	30.23
制造业	53.30	40.97	30.39	42.56	16.31	16.47
电力、热力、燃气及水生产和供应业	33.33	15.63	38.33	50.00	28.33	34.38
建筑业	74.53	37.89	16.98	41.85	8.49	20.26
批发和零售业	67.01	52.23	24.56	37.20	8.43	10.57
交通运输、仓储和邮政业	44.60	34.92	30.52	38.10	24.88	26.98
住宿和餐饮业	70.29	45.76	20.08	38.01	9.62	16.24
信息传输、软件和信息技术服务业	6.82	16.90	29.55	32.39	63.64	50.70
金融业	3.85	16.47	52.56	40.00	43.59	43.53
房地产业	52.73	46.79	27.27	32.11	20.00	21.10
租赁和商务服务业	–	33.73	–	39.76	–	26.51
科学研究和技术服务业	0.00	20.00	21.05	20.00	78.95	60.00
水利、环境和公共设施管理业	47.06	50.77	23.53	36.92	29.41	12.31
居民服务、修理和其他服务业	77.38	38.82	17.86	35.02	4.76	26.16
教育	9.49	11.94	28.46	27.32	62.06	60.74
卫生和社会工作	35.60	16.35	27.75	23.27	36.65	60.38
文化、体育和娱乐业	16.67	20.00	41.67	47.27	41.67	32.73
公共管理、社会保障和社会组织	27.16	29.18	32.51	44.76	40.33	26.06
其他行业	76.92	61.76	14.10	29.41	8.97	8.82

数据来源：根据 CSS2013 和 CSS2019 数据计算。2017 年国家发布了新版《国民经济行业分类》国家标准，为了保证数据的可比性，本书中 2013 年行业参照 2017 年《国民经济行业分类》进行相应调整。

（3）从事非农工作的就业人口分职业的工作专业技能人力资本

分职业来看，2013—2019 年，各职业就业人口的工作专业技能人力资本变化不一。如表 5-4 所示，与 2013 年相比，2019 年从事警察及军人，生产工人、运输工人和有关人员，服务性工作人员，农、林、牧、渔、水利业生产人员，商业工作人员，不便分类人员这六类职业的就业人口工作不需要专业技能的比例下降幅度最大；所有职业的工作需要一些专业技能的比例从 2013 年到 2019 年均有所增加；专业技术人员为就业人口工作专业技能人力资本水平最高的职业，其次是国家机关、党群组织、企业、事业单位负责人，2019 年这两类职业工作需要高专业技能的比例分别为 68.31% 和 47.35%。

表 5-4　从事非农工作的就业人口分职业的工作专业技能人力资本（2013 年，2019 年）

单位：%

	工作不需要专业技能		工作需要一些专业技能		工作需要高专业技能	
	2013	2019	2013	2019	2013	2019
国家机关、党群组织、企业、事业单位负责人	15.45	12.50	31.36	40.15	53.18	47.35
专业技术人员	4.53	2.71	28.23	28.98	67.24	68.31
办事人员和有关人员	27.41	26.65	45.17	50.30	27.41	23.05
商业工作人员	67.51	51.41	23.86	35.94	8.63	12.65
服务性工作人员	69.36	47.63	17.57	34.65	13.06	17.71
农、林、牧、渔、水利业生产人员	80.36	63.54	16.07	28.13	3.57	8.33
生产工人、运输工人和有关人员	66.82	43.53	23.06	41.73	10.12	14.74
警察及军人	47.06	15.38	11.76	38.46	41.18	46.15
不便分类人员	90.32	65.22	3.23	28.26	6.45	6.52

数据来源：根据 CSS2013 和 CSS2019 数据计算。

2. 从事非农工作的就业人口的技能培训情况

根据计算，2013—2019 年，从事非农工作的就业人口参加过单位提供的提高技能培训的比例从 37.27% 上升到 42.03%。这说明从事非农工作的就业人口提升工作专业技能人力资本的可能程度有所提高。

分行业来看，除农、林、牧、渔业，制造业，交通运输、仓储和邮政业，科学研究和技术服务业，水利、环境和公共设施管理业，居民服务、修理和其他服务业，卫生和社会工作，公共管理、社会保障和社会组织八个行业外，从 2013 年到 2019 年，在其他各行业工作的就业人口提升工作专业技能人力资本的可能程度均有所提高。其中，采矿业就业人口中参加过单位提供的提高技能方面培训的比例增加最多，从 2013 年到 2019 年增加了 17.59 个百分点。

三、小结

本节的分析说明，从宏观层面的衡量来看，中国就业人口的技能人力资本存量呈现增长的发展趋势，中等教育（包含中专、中等职业教育、普通高中）就业人口的技能人力资本和高等教育（包含高等职业教育、大专、本科、研究生）就业人口的技能人力资本均有所增加。不过，2015—2018 年，中国就业人口的中等职业教育技能人力资本存量有所增加，但高等职业教育技能人力资本存量有所减少。另外，各地区就业人口的技能人力资本存量存在明显差距，而且地区间技能人力资本差距呈现扩大趋势。

从微观层面的衡量来看，就业人口的数字（互联网）技能人力资本和工作专业技能人力资本都得到了显著提升。从2013年到2019年，就业人口掌握数字（互联网）技能的比例和数字（互联网）技能人力资本水平均有显著提升，就业人口使用互联网的比例和频率大幅度增加。不过，就业人口使用数字（互联网）技能提升人力资本的可能程度较低，而且呈现下降趋势。另外，就业人口的数字（互联网）人力资本依然存在着较大的城乡差异，且差距逐渐增大。与此同时，从事非农工作的就业人口的工作专业技能人力资本水平显著提高，各行业、各职业的工作专业技能人力资本水平均有提高，但各行业间、各职业间的工作专业技能人力资本存在差异性，且变化趋势不一致。

综上所述，就业人口的技能人力资本不断提高的这一变化趋势，正好符合了未来产业向技术密集型产业发展对人力资本升级的新要求。不过，中国就业人口的技能人力资本有几个值得关注的特征可能会影响未来整体技能人力资本的积累和提升，需要引起重视。

第一，2015—2018年，就业人口的高等职业教育技能人力资本存量有所减少，这可能是因为接受高等职业教育的人数有所下降。不过，高等职业技能人力资本是一些工作和岗位特别需要的。因此，随着职业教育，特别是高等职业教育的发展，未来高等职业教育技能人力资本将能够有所提升。

第二，就业人口掌握数字（互联网）技能的比例和使用互联网的频率在地区间、城乡间存在差异性，这与数字（互联网）资源在地区之间、城乡之间的发展不均衡是相关的。虽然乡村就业人口掌握数字（互联网）技能的比例和使用互联网的频率均低于城市，但是，随着互联网覆盖率的提高、城市公共服务的推进、数字技术的普及，乡村就业人口的数字（互联网）技能在不断提升，与城市就业人口之间的差距逐步缩小。

第三，不同行业的就业人口在工作专业技能人力资本水平及其提升可能程度上存在差异性，特别是各行业需要高专业技能的比例变化差异较大。例如，制造业的就业人口工作专业技能需要高专业技能的比例虽然有所增加，但是增加幅度很小，而科学研究和技术服务业需要高专业技能的比例反而有所下降。但是，制造业是未来人力资本需求的重点行业，科学研究和技术服务业是信息产业、数字经济等新技术的重要领域（谢倩芸、蔡翼飞，2020），这些行业的就业人口的技能人力资本若不能持续积累和进一步提升，可能会影响未来不同行业的劳动者人力资本的整体提升和均衡发展。

第二节　中国劳动年龄人口的技能人力资本

本节针对劳动年龄人口，从宏观层面和微观层面分别衡量其技能人力资本，以测算中国劳动年龄人口的技能人力资本及其变化。

一、从宏观层面衡量的劳动年龄人口的技能人力资本

本部分运用2000年第五次、2010年第六次和2020年第七次中国人口普查，以及2005年和2015年全国1%抽样调查数据，从宏观层面衡量并分析2000—2020年中国16~59岁劳动年龄人口的技能人力资本状况及变化情况。与上节测量就业人口的技能人力资本一样，从宏观层面衡量劳动年龄人口的技能人力资本时，中国16~59岁劳动年龄人口的技能人力资本是指当年劳动年龄人口中受教育程度为中等教育（含中专、高中、职高）、高等教育（含高职、大专及以上）的劳动者的人力资本存量，具体计算公式为：中等教育劳动年龄人口技能人力资本=劳动年龄人口中受教育程度为中等教育（包含中专、中等职业教育、普通高中）的人口数×中等教育受教育年限（一般认为是12年）；高等教育劳动年龄人口技能人力资本=劳动年龄人口中受教育程度为高等教育（包含高等职业教育、大专、本科、研究生）的人口数×高等教育受教育年限（一般认为是16年）。其中，劳动年龄人口的职业技能人力资本指劳动年龄人口中受教育程度为中等职业教育、高等职业教育的劳动者的人力资本存量。需要说明的是，由于数据的可获得性，仅2015年可以测算中等职业教育劳动年龄人口的技能人力资本存量，而其他年份计算的则是中等教育劳动年龄人口的技能人力资本存量和大学专科劳动年龄人口的技能人力资本存量。劳动年龄人口的职业技能人力资本具体的计算公式为：中等职业教育劳动年龄人口的技能人力资本=劳动年龄人口中受教育程度为中等职业教

育的人口数 × 中等职业教育受教育年限（一般认为是 12 年）；大学专科（包含高等职业教育、大专）劳动年龄人口的技能人力资本 = 劳动年龄人口中受教育程度为大学专科的人口数 × 大学专科受教育年限（一般认为是 16 年）。

（一）16 ~ 59 岁劳动年龄人口的技能人力资本

表 5-5 报告了 2000—2020 年中国 16 ~ 59 岁劳动年龄人口的技能人力资本存量及其变化情况。从整体上来看，中等教育（包含中专、中等职业教育、普通高中）劳动年龄人口的技能人力资本先增加后减少，而高等教育（包含高等职业教育、大专、本科、研究生）劳动年龄人口的技能人力资本则持续增加。具体而言，2000—2020 年，中等教育劳动年龄人口的技能人力资本先从 2000 年的 155353.96 年 · 万人一直增加到 2015 年

表 5-5　中国 16 ~ 59 岁劳动年龄人口的技能人力资本存量（2000—2020 年）

单位：年 · 万人

年份	中等职业教育劳动年龄人口	中等教育劳动年龄人口	大学专科劳动年龄人口	高等教育劳动年龄人口
2000		155353.96	44197.55	66106.30
2005		163767.49	64678.52	98832.91
2010		204225.55	103933.78	179945.58
2015	56785.01	226081.63	132363.77	261297.45
2020		211911.56	168271.97	330311.31

数据来源：2000 年、2010 年和 2020 年分别根据中国第五次、第六次和第七次人口普查数据计算；2005 年和 2015 年根据全国 1% 人口抽样调查数据计算。

的226081.63年·万人，再减少到2020年的211911.56年·万人。而高等教育劳动年龄人口的技能人力资本则呈现不断增加的趋势，从2000年的66106.30年·万人一直增加到2020年的330311.31年·万人。

从职业技能人力资本来看，2015年，中国16~59岁劳动年龄人口的中等职业教育技能人力资本存量为56785.01年·万人。从大学专科劳动年龄人口的技能人力资本存量来看，2000—2020年，大学专科劳动年龄人口的技能人力资本存量不断增加，从2000年的44197.55年·万人增加到2020年的168271.97年·万人。

由此可见，从宏观层面来看，中国劳动年龄人口的技能人力资本存量呈现增长的发展趋势，特别是高等教育技能人力资本存量不断增加，为整体人力资本的提升做出了贡献。

（二）16~59岁劳动年龄人口分年龄段的技能人力资本

本部分通过测算16~24岁、25~44岁、45~59岁三个不同年龄段人口的技能人力资本存量，进一步考察16~59岁劳动年龄人口技能人力资本分年龄段的状况及其变化。如表5-6所示，2000—2020年，16~24岁、25~44岁、45~59岁人口的技能人力资本存量均有所增加，但变化趋势并不一致。16~24岁人口的中等教育技能人力资本存量先增加后减少，从2000年的50567.31年·万人先增加到2010年的73361.02年·万人，再减少到2020年的53904.78年·万人；25~44岁人口的中等教育技能人力资本存量在波动中有增加，从2000年的84503.80年·万人变为2020年的98553.56年·万人；45~59岁人口的中等教育技能人力资本存量不断增加，从2000年的20282.85年·万人一直增加到2020年的59453.21年·万人。16~24岁人口的高等教育技能人力资本存量先增加后减少，从2000年的18446.88年·万人先增加到2015年的88183.02年·万人，再减少到2020年的86911.30年·万人；25~44岁人口、45~59岁人口的高等教育技能人力资本存量则一直增加，分别从2000年的38328.38年·万人、9331.04年·万人增加到2020年的194516.88年·万人、48883.13年·万人。

从职业技能人力资本来看，2015年，16~24岁人口、25~44岁人口、45~59岁人口的中等职业教育技能人力资本存量分别为16591.05年·万人、32064.54年·万人、8129.42年·万人。从大学专科劳动年龄人口的技能人力资本存量来看，2000—2020年，16~24岁人口、25~44岁人口、45~59岁人口的技能人力资本存量均不断增加，分别从2000年的10805.74年·万人、26878.11年·万人、6513.70年·万人增加到2020年的43003.52年·万人、97296.17年·万人、27972.28年·万人。

另外，从表5-6展示的数据还可以看出，25~44岁人口的技能人力资本相对最高，而45~59岁人口的技能人力资本最低，45~59岁人口与25~44岁人口之间的技能人力资本存在差距。2000—2020年，25~44岁人口的中等教育技能人力资本存量、高等教育技能人力资本存量均高于16~24岁人口和45~59岁人口。同时，45~59岁人口与25~44岁人口的中等教育技能人力资本存量之间的差距有所减少，从2000年的差64220.95年·万人缩小到2020年的差39100.35年·万人；而45~59岁人口与25~44岁人口的高等教育技能人力资本存量之间的差距不断扩大，从 2000 年的差 28997.34 年·万人扩大到 2020 年的差 145633.75 年·万人。

表 5-6 中国 16 ~ 59 岁劳动年龄人口分年龄段的技能人力资本存量（2000—2020 年）

单位：年·万人

	中等职业教育劳动年龄人口	中等教育劳动年龄人口	大学专科劳动年龄人口	高等教育劳动年龄人口
2000 年				
16 ~ 24 岁		50567.31	10805.74	18446.88
25 ~ 44 岁		84503.80	26878.11	38328.38
45 ~ 59 岁		20282.85	6513.70	9331.04
2005 年				
16 ~ 24 岁		53809.72	14955.11	23981.52
25 ~ 44 岁		74737.72	38320.78	59379.08
45 ~ 59 岁		35220.05	11402.63	15472.30
2010 年				
16 ~ 24 岁		73361.02	35547.69	64536.54
25 ~ 44 岁		82376.64	52945.20	92393.30
45 ~ 59 岁		48487.88	15440.89	23015.75
2015 年				
16 ~ 24 岁	16591.05	65986.68	40219.25	88183.02
25 ~ 44 岁	32064.54	105652.49	72746.53	140472.46
45 ~ 59 岁	8129.42	54442.45	19397.99	32641.96

续表

	2020年			
	中等职业教育劳动年龄人口	中等教育劳动年龄人口	大学专科劳动年龄人口	高等教育劳动年龄人口
16～24岁		53904.78	43003.52	86911.30
25～44岁		98553.56	97296.17	194516.88
45～59岁		59453.21	27972.28	48883.13

数据来源：2000年、2010年和2020年分别根据中国第五次、第六次和第七次人口普查数据计算；2005年和2015年根据全国1%人口抽样调查数据计算。

由此可见，中国16～59岁劳动年龄人口中各年龄段人口的技能人力资本均有所提高，但变化趋势有所不同。不过，16～59岁劳动年龄人口的技能人力资本存量在各年龄段之间分布不均衡。

（三）16～59岁劳动年龄人口分城镇乡的技能人力资本

本部分进一步考察16～59岁劳动年龄人口分城市、镇和乡村的技能人力资本及其变化情况。如表5-7所示，2000—2020年，城市、镇和乡村16～59岁劳动年龄人口的技能人力资本存量均有所增加，但变化趋势并不一致。2000—2020年，城市16～59岁人口的中等教育技能人力资本存量持续增加，从2000年的75450.50年·万人增加到2020年的113423.99年·万人，而镇、乡村16～59岁人口的中等教育技能人力资本存量先增加后减少，分别从2000年的32849.44年·万人、47054.02年·万人先增加到2015年的57666.04年·万人、62724.62年·万人，再减少到2020年的53984.21年·万人、44503.36年·万人。而城市、镇、乡村16～59岁人口的高等教育技能人力资本存量均持续增加，分别从2000年的48429.96年·万人、11879.01年·万人、5797.32年·万人增加到2020年的228835.80年·万人、64797.67年·万人、36677.84年·万人。

表5-7 中国16～59岁劳动年龄人口分城镇乡的技能人力资本存量（2000—2020年）

单位：年·万人

	2000年			
	中等职业教育劳动年龄人口	中等教育劳动年龄人口	大学专科劳动年龄人口	高等教育劳动年龄人口
城市		75450.50	29678.49	48429.96
镇		32849.44	9532.28	11879.01
乡村		47054.02	4986.78	5797.32
	2005年			
	中等职业教育劳动年龄人口	中等教育劳动年龄人口	大学专科劳动年龄人口	高等教育劳动年龄人口
城市		82572.05	43055.09	71225.96
镇		35388.05	15235.14	20104.82
乡村		45807.22	6388.17	7501.89
	2010年			
	中等职业教育劳动年龄人口	中等教育劳动年龄人口	大学专科劳动年龄人口	高等教育劳动年龄人口
城市		101680.10	65689.84	124624.90
镇		50119.34	23648.17	35779.66
乡村		52426.11	14595.77	19541.02

续表

	2015 年			
	中等职业教育劳动年龄人口	中等教育劳动年龄人口	大学专科劳动年龄人口	高等教育劳动年龄人口
城市	30548.44	105690.74	80853.06	174211.82
镇	13922.40	57666.04	31318.71	56334.97
乡村	12314.01	62724.62	20191.90	30750.86
	2020 年			
	中等职业教育劳动年龄人口	中等教育劳动年龄人口	大学专科劳动年龄人口	高等教育劳动年龄人口
城市		113423.99	107799.32	228835.80
镇		53984.21	36661.58	64797.67
乡村		44503.36	23811.07	36677.84

数据来源：2000 年、2010 年和 2020 年分别根据中国第五次、第六次和第七次人口普查数据计算；2005 年和 2015 年根据全国 1% 人口抽样调查数据计算。

从职业技能人力资本来看，2015 年，城市、镇、乡村 16 ~ 59 岁劳动年龄人口的中等职业教育技能人力资本存量分别为 30548.44 年 · 万人、13922.40 年 · 万人、12314.01 年 · 万人。从大学专科劳动年龄人口的技能人力资本存量来看，2000—2020 年，城市、镇、乡村大专劳动年龄人口的技能人力资本存量均不断增加，分别从 2000 年的 29678.49 年 · 万人、9532.28 年 · 万人、4986.78 年 · 万人增加到 2020 年的 107799.32 年 · 万人、36661.58 年 · 万人、23811.07 年 · 万人。

表 5-7 展示的数据还可以说明城市和乡村劳动年龄人口的技能人力资本存在较大差距。2000—2020 年，城市 16 ~ 59 岁人口的中等教育技能人力资本存量、高等教育技能人力资本存

量均高于乡村；同时，劳动年龄人口中等教育技能人力资本存量、高等教育技能人力资本存量在城乡之间的差距不断扩大，分别从2000年的乡村比城市差28396.48年·万人、42632.64年·万人扩大到2020年的差68920.63年·万人、192157.96年·万人。

以上分析说明，中国城市、镇、乡村16~59岁劳动年龄人口的技能人力资本均有所提高，特别是高等教育技能人力资本存量不断增加。但是，16~59岁劳动年龄人口的技能人力资本存量在城乡之间分布仍旧不均衡，城乡间差距依然很大。

二、从微观层面衡量的劳动年龄人口的技能人力资本

如前所述，新时代高质量发展阶段对劳动者的人力资本提出了新要求。为了更好地了解劳动年龄人口的技能人力资本情况，本部分利用中国社会状况综合调查数据，从微观层面对劳动年龄人口的数字（互联网）技能人力资本和工作专业技能人力资本进行直接测量，综合反映劳动年龄人口的技能人力资本及其变化（参照谢倩芸，2021，2022）。

与上一节中从微观层面衡量就业人口的技能人力资本一样，本部分仍然采用2013年和2019年的中国社会状况综合调查对劳动年龄人口的技能人力资本进行比较分析。在样本分析时仅保留年龄为18周岁到59周岁的劳动年龄人口群体。CSS2013中18~59岁劳动年龄人口共8161人，其中43.95%为男性，

56.05% 为女性，平均年龄为 41.14 岁，75.65% 有工作，有工作的劳动年龄人口中有 64.96% 从事非农工作。CSS2019 中 18 ~ 59 岁劳动年龄人口共 7992 人，其中 41.59% 为男性，58.41% 为女性，平均年龄为 41.46 岁，69.26% 有工作，有工作的劳动年龄人口中有 70.74% 从事非农工作。

同样，本部分仍然重点关注 18 ~ 59 岁劳动年龄人口的数字（互联网）技能人力资本和工作专业技能人力资本。数字（互联网）技能人力资本通过劳动年龄人口是否掌握数字（互联网）技能、数字（互联网）技能人力资本水平、使用数字（互联网）技能提升人力资本的可能程度三个子变量来进行衡量。针对从事非农工作的劳动年龄人口，其工作专业技能人力资本通过劳动年龄人口的工作专业技能人力资本水平、参加技能培训情况两个子变量来进行衡量。变量的具体测量方法同上节。

（一）劳动年龄人口的数字（互联网）技能人力资本

1. 掌握数字（互联网）技能的情况

根据 CSS2013 和 CSS2019 数据计算，整体来看，2013—2019 年，18 ~ 59 岁劳动年龄人口掌握数字（互联网）技能的比例有大幅度提升（见表 5-8），使用互联网的劳动年龄人口比例显著增加，从仅 37.33% 增加到 76.44%，提高了约 39 个百分点。

进一步，分年龄段来看，18 ~ 24 岁、25 ~ 44 岁、45 ~ 59 岁各年龄段人口掌握数字（互联网）技能的比例均有明显提高。其中，25 ~ 44 岁人口掌握数字（互联网）技能的比例从 2013

年的 47.02% 提高到 2019 年的 90.19%；18 ~ 24 岁人口使用互联网的比例高于 25 ~ 44 岁和 45 ~ 59 岁两个年龄段。在各年龄段使用互联网比例均明显增加的同时，2013—2019 年，各年龄段之间的差距快速缩小。

表 5-8　18 ~ 59 岁劳动年龄人口的数字（互联网）技能掌握情况（2013 年，2019 年）

单位：%

年龄	2013 年					2019 年				
	全体	按户口性质		按居住地		全体	按户口性质		按居住地	
		非农业	农业	城镇	乡村		非农业	农业	城镇	乡村
18 ~ 59 岁	37.33	60.32	26.38	51.85	17.48	76.44	88.68	70.86	84.79	64.66
18 ~ 24 岁	85.02	94.27	80.78	93.53	68.99	98.82	99.36	98.53	99.20	98.06
25 ~ 44 岁	47.02	73.00	33.90	60.77	23.20	90.19	95.94	87.52	93.47	84.09
45 ~ 59 岁	15.31	36.87	5.70	26.30	4.45	59.00	78.82	50.62	84.79	47.18

数据来源：根据 CSS2013 和 CSS2019 数据计算。

另外，18 ~ 59 岁劳动年龄人口掌握数字（互联网）技能存在城乡差异。从户口性质来看，非农业户口劳动年龄人口掌握数字（互联网）技能的比例要高于农业户口劳动年龄人口。不过，农业户口劳动年龄人口使用互联网的比例快速提升，从 2013 年的 26.38% 提高到 2019 年的 70.86%，缩小了与非农业户口劳动年龄人口的差距。从居住地来看，城镇劳动年龄人口掌握数字（互联网）技能的比例要高于乡村，不过，乡村使用互联网的劳动年龄人口比例从 2013 年的 17.48% 大幅度提高到 2019 年的 64.66%，明显缩小了与城镇居住人口的差距。这表明，虽然劳动年龄人口数字（互联网）技能的掌握有着较为明显的城乡差异，但是差距呈现缩小趋势。

2. 数字（互联网）技能人力资本水平情况

根据CSS2013和CSS2019数据计算，与2013年相比，2019年，18~59岁劳动年龄人口使用数字（互联网）技能进行各种活动的平均频率从2.09提高到2.54，这说明劳动年龄人口的数字（互联网）技能人力资本水平有明显提高（见表5-9）。

表5-9　18~59岁劳动年龄人口的数字（互联网）技能人力资本水平（2013年，2019年）

单位：%

年龄	2013年					2019年				
	全体	按户口性质		按居住地		全体	按户口性质		按居住地	
		非农业	农业	城镇	乡村		非农业	农业	城镇	乡村
18~59岁	2.09	2.26	1.90	2.18	1.74	2.54	2.90	2.34	2.74	2.17
18~24岁	2.53	2.95	2.31	2.69	2.14	3.10	3.31	2.99	3.25	2.79
25~44岁	2.09	2.34	1.82	2.18	1.65	2.77	3.20	2.54	2.96	2.39
45~59岁	1.51	1.66	1.07	1.59	1.07	2.01	2.41	1.75	2.20	1.71

数据来源：根据CSS2013和CSS2019数据计算。

分年龄段来看，劳动年龄人口的数字（互联网）技能人力资本水平随着年龄的增长呈现不断下降的趋势。18~24岁人口使用数字（互联网）技能进行各种活动的平均频率最高，而45~59岁人口最低。而且，从2013年到2019年，18~24岁人口与45~59岁人口的数字（互联网）技能人力资本水平差距增大，使用数字（互联网）技能进行各种活动的平均频率从2013年的相差1.02增加到2019年的相差1.09，说明18~24岁人口使用互联网进行各种活动的频率增加程度比45~59岁人口大。

同时，18~59岁劳动年龄人口的数字（互联网）技能人力资本水平在城乡间有着明显差异，且差距逐渐增大。一方面，从劳动年龄人口的户口类型来看，非农业户口劳动年龄人口的数字（互联网）技能人力资本要高于农业户口劳动年龄人口，且二者之间的差距增大，非农业户口与农业户口劳动年龄人口使用互联网进行各种活动的频率差异从2013年的相差0.36扩大到2019年的相差0.56。另一方面，从劳动年龄人口的居住地来看，居住地为城镇的劳动年龄人口的数字（互联网）技能人力资本也高于居住地为乡村的劳动年龄人口，二者之间的差距也从2013年的相差0.44扩大到2019年的相差0.57。

3．使用数字（互联网）技能提升人力资本的可能程度

根据CSS数据计算，2013—2019年，18～59岁劳动年龄人口使用数字（互联网）技能进行提升人力资本相关活动的频率有所下降，从2.93减少为2.61，主要是25～44岁和45～59岁这两个年龄段下降较多。这说明劳动年龄人口使用数字（互联网）技能提升人力资本的可能程度较低且呈现下降趋势。

对于CSS2019中的18～59岁劳动年龄人口，2019年，其加入网上与提升人力资本相关社交群的个数人均为0.76，而加入网上各种社交群的个数人均为4.02，意味着劳动年龄人口更多地加入了其他网上社交群，如亲友群、同学群、同乡群。这也说明了劳动年龄人口使用数字（互联网）技能提升人力资本的可能程度较低。

（二）劳动年龄人口的工作专业技能人力资本

1. 工作专业技能人力资本水平

（1）从事非农工作的劳动年龄人口的工作专业技能人力资本

根据 CSS2013 和 CSS2019 数据计算，与 2013 年相比，2019 年从事非农工作的劳动年龄人口的工作专业技能人力资本水平显著提高，呈正向发展趋势。具体而言，工作性质属于需要高专业技能的占比从 21.41% 上升到 26.55%，工作需要一些专业技能的占比从 26.64% 上升到 38.86%，成为占比最高的工作类型，而不需要专业技能的工作占比从最高的 51.95% 下降到 34.60%。

（2）从事非农工作的劳动年龄人口分行业的工作专业技能人力资本

分行业来看，各行业的 18 ~ 59 岁劳动年龄人口的工作专业技能人力资本整体有所提高，但各行业的变化不完全相同（见表 5-10）。2013—2019 年，除金融业，房地产业，水利、环境和公共设施管理业，卫生和社会工作，公共管理、社会保障和社会组织，其他行业这六个行业外，其他各行业的 18 ~ 59 岁劳动年龄人口的工作不需要专业技能的比例下降；除房地产业，水利、环境和公共设施管理业，卫生和社会工作，文化、体育和娱乐业外，其他各行业工作需要一些专业技能的比例均有较明显增加；但仅有十一个行业工作需要高专业技能的比例增加，且增加幅度较小，其中文化、体育和娱乐业，教育的工作需要

表 5-10　从事非农工作的劳动年龄人口分行业的工作专业技能人力资本（2013 年，2019 年）

单位：%

	工作不需要专业技能		工作需要一些专业技能		工作需要高专业技能	
	2013 年	2019 年	2013 年	2019 年	2013 年	2019 年
农、林、牧、渔业	51.95	34.60	26.64	38.86	21.41	26.55
采矿业	65.22	56.76	23.19	32.43	11.59	10.81
制造业	65.52	39.53	22.99	30.23	11.49	30.23
电力、热力、燃气及水生产和供应业	52.49	38.46	31.05	44.30	16.45	17.24
建筑业	32.20	16.39	38.98	49.18	28.81	34.43
批发和零售业	72.80	36.64	18.13	42.79	9.07	20.57
交通运输、仓储和邮政业	65.53	50.08	25.93	38.97	8.54	10.95
住宿和餐饮业	44.02	34.64	30.62	37.99	25.36	27.37
信息传输、软件和信息技术服务业	69.26	44.62	20.78	39.23	9.96	16.15
金融业	7.14	15.71	30.95	32.86	61.90	51.43
房地产业	3.85	16.47	52.56	40.00	43.59	43.53
租赁和商务服务业	52.08	39.78	25.00	35.48	22.92	24.73
科学研究和技术服务业	–	32.05	–	41.03	–	26.92
水利、环境和公共设施管理业	0.00	20.00	22.22	20.00	77.78	60.00
居民服务、修理和其他服务业	43.75	40.00	25.00	44.00	31.25	16.00
教育	76.03	34.31	18.49	37.75	5.48	27.94
卫生和社会工作	8.50	10.57	28.74	27.64	62.75	61.79
文化、体育和娱乐业	33.62	13.57	28.45	21.43	37.93	65.00
公共管理、社会保障和社会组织	17.14	20.75	40.00	45.28	42.86	33.96
其他行业	26.55	27.96	32.30	44.68	41.15	27.36

数据来源：根据 CSS2013 和 CSS2019 数据计算。2017 年国家发布了新版《国民经济行业分类》国家标准，为了保证数据的可比性，本书中 2013 年行业参照 2017 年《国民经济行业分类》进行了相应调整。

高专业技能的比例增加最多，分别从2013年的37.93%、5.48%提高到2019年的65.00%、27.94%。

（3）从事非农工作的劳动年龄人口分职业的工作专业技能人力资本

分职业来看，2013—2019年，各职业劳动年龄人口的工作专业技能人力资本水平和变化不一。如表5-11所示，专业技术人员为就业人口工作专业技能人力资本水平最高的职业，其次是国家机关、党群组织、企业、事业单位负责人，2019年，在从事非农工作的劳动年龄人口中，这两种职业工作需要高专业技能的比例分别为69.35%和48.44%。与2013年相比，2019年所有职业的劳动年龄人口中工作不需要专业技能的比例均有所下降，其中，从事警察及军人，农、林、牧、渔、水利业生产人员，生产工人、运输工人和有关人员，服务性工作人员这四类职业的下降幅度最大；所有职业的工作需要一些专业技能的比例从2013年到2019年均有所上升；从事国家机关、党群组织、企业、事业单位负责人，办事人员和有关人员，不便分类人员这几种职业的工作需要高专业技能的比例有所下降，而从事专业技术人员，商业工作人员，服务性工作人员等其他职业的工作需要高专业技能的比例均有所上升。

表 5-11 从事非农工作的劳动年龄人口分职业的工作专业技能人力资本（2013 年，2019 年）

单位：%

	工作不需要专业技能		工作需要一些专业技能		工作需要高专业技能	
	2013 年	2019 年	2013 年	2019 年	2013 年	2019 年
国家机关、党群组织、企业、事业单位负责人	15.08	12.89	31.16	38.67	53.77	48.44
专业技术人员	4.22	2.28	28.22	28.37	67.56	69.35
办事人员和有关人员	26.22	25.68	46.14	50.73	27.64	23.59
商业工作人员	65.63	49.28	25.17	37.72	9.20	13.01
服务性工作人员	68.07	44.36	18.32	36.93	13.61	18.71
农、林、牧、渔、水利业生产人员	81.63	57.53	16.33	31.51	2.04	10.96
生产工人、运输工人和有关人员	65.35	41.55	24.03	43.16	10.62	15.29
警察及军人	47.06	15.38	11.76	38.46	41.18	46.15
不便分类人员	93.10	65.38	0.00	29.49	6.90	5.13

数据来源：根据 CSS2013 和 CSS2019 数据计算。

2. 从事非农工作的劳动年龄人口的技能培训情况

根据计算，2013—2019 年，从事非农工作的 18～59 岁劳动年龄人口参加过单位提供的提高技能培训的比例从 38.69% 上升到 44.07%，增加 5 个百分点左右（见图 5-1）。

分行业来看，除农、林、牧、渔业，制造业，交通运输、仓储和邮政业，科学研究和技术服务业，水利、环境和公共设施管理业，公共管理、社会保障和社会组织六个行业外，从 2013 年到 2019 年，在其他各行业工作的劳动年龄人口提升工作专业技能人力资本的可能程度均有提高。其中，居民服务、修理和其他服务业的劳动者参加过单位提供的提高技能方面培训的比例增加最多，从 2013 年的 4.92% 到 2019 年的 32.71%，增加了 27.79 个百分点。

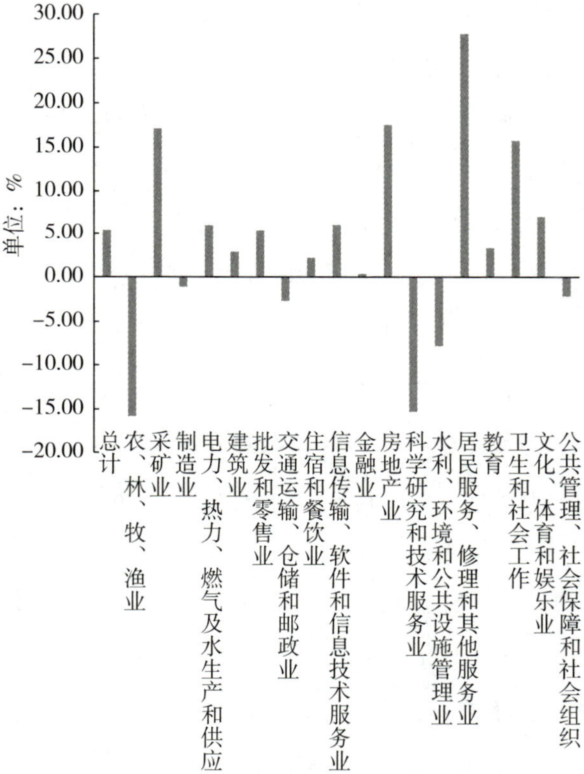

图 5-1　从事非农工作的 18～59 岁劳动年龄人口参加技能培训的比例变化（2013 年，2019 年）

数据来源：根据 CSS2013 和 CSS2019 数据计算。2017 年国家发布了新版《国民经济行业分类》国家标准，为了保证数据的可比性，本书中 2013 年行业参照 2017 年《国民经济行业分类》进行了相应调整。

三、小结

本节的分析说明，从宏观层面的衡量来看，中国16~59岁劳动年龄人口的技能人力资本存量呈现增长的发展趋势，特别是高等教育（包含高等职业教育、大专、本科、研究生）就业人口的技能人力资本不断增加。同时，16~24岁、25~44岁、45~59岁各年龄段人口的技能人力资本均有所提高，不过，劳动年龄人口的技能人力资本存量在各年龄段之间分布不均衡。另外，城市、镇、乡村16~59岁劳动年龄人口的技能人力资本均有所提高，但是，16~59岁劳动年龄人口的技能人力资本存量在城乡之间分布不均衡，城乡间差距依然很大。

从微观层面的衡量来看，18~59岁劳动年龄人口的数字（互联网）技能人力资本和工作专业技能人力资本都得到了显著提升。从2013年到2019年，18~59岁劳动年龄人口掌握数字（互联网）技能的比例和数字（互联网）技能人力资本水平均有显著提升，劳动年龄人口使用互联网的比例和频率大幅度增加。不过，劳动年龄人口使用数字（互联网）技能提升人力资本的可能程度较低且呈现下降趋势。18~24岁、25~44岁、45~59岁各年龄段人口的数字（互联网）技能人力资本均有提高。但是，18~59岁劳动年龄人口的数字（互联网）技能人力资本水平在城乡间仍有较明显差距。同时，从事非农工作的劳动年龄人口的工作专业技能人力资本水平显著提高，呈正向发展趋势，各行业的工作专业技能人力资本均有提高，但各职业的工作专业技能人力资本水平和变化不一。非农就业劳动年龄人口参加技能培训的比例也明显提高。

综上所述，劳动年龄人口的技能人力资本不断提高的发展趋势与未来经济发展对技能的更高需求是一致的。中国劳动年龄人口技能人力资本的变化发展会影响未来中国劳动力素质的水平和结构，其中几个有代表性的变化特征如下，值得引起关注。

第一，45～59岁劳动年龄人口的技能人力资本在劳动年龄各年龄段人口中处于最低水平。45～59岁人口与青壮年劳动年龄人口，特别是与25～44岁人口的中等教育技能人力资本存量、高等教育技能人力资本存量之间均存在明显差距。这可能是因为45～59岁的人口数量相对更低。而45～59岁人口的数字（互联网）技能人力资本在各年龄段人口中处于最低水平，虽然其使用互联网的比例和频率在不断提高，但与青壮年劳动年龄人口的数字（互联网）技能人力资本还存在差距。这可能是因为45～59岁这个年龄段的劳动者接触互联网的时间相对较晚，使用互联网的需求相对较少，再加上本身的教育人力资本水平相对较低，使得他们的数字（互联网）技能起点较低，同时，在继续提升数字（互联网）技能人力资本上也受到了限制。

第二，劳动年龄人口的技能人力资本在城乡之间分布不均衡，存在明显城乡差异。从技能人力资本存量来看，乡村劳动年龄人口的技能人力资本存量低于城市，且乡村劳动年龄人口中等教育技能人力资本存量、高等教育技能人力资本存量与城市劳动年龄人口的差距在不断扩大。从数字（互联网）技能人力资本来看，乡村劳动年龄人口掌握数字（互联网）技能的比例和使用互联网的频率均低于城市，特别是乡村的45～59岁人口使用数字（互联网）技能的比例和频率还需要提高。这与互联网资源在城乡之间的发展不均衡是相关的。但随着互联网覆盖率的提高、城市公共服务的推进，乡村劳动年龄人口的数字（互联网）技能在不断提升，逐步缩小与城市劳动年龄人口之间的差距。

第三，不同行业的非农就业的劳动年龄人口在工作专业技能人力资本的提升速度和提升可能程度上存在差异性。农、林、牧、渔业，制造业，交通运输、仓储和邮政业，科学研究和技术服务业，水利、环境和公共设施管理业等行业的劳动者的工作专业技能人力资本水平有下降趋势。其中，对于制造业，科学研究和技术服务业等未来技能人力资本重点需求的行业，如果劳动年龄人口的技能人力资本继续下降，可能会影响未来劳动者技能人力资本，乃至整体人力资本的积累和进一步提升，以及各行业的劳动年龄人口技能人力资本的均衡发展。与此同时，不同行业非农就业的劳动年龄人口参加技能培训的比例及其变化均有所不同。居民服务、修理和其他服务业，房地产业等行业的劳动者参加技能培训的比例增加相对较多，而农、林、牧、渔业，制造业，科学研究和技术服务业等行业该比例减少相对较多。这说明工作专业技能人力资本提升的可能程度存在行业差异性。

第四，不同职业非农就业的劳动年龄人口在工作专业技能人力资本水平上也存在差异性。专业技术人员，国家机关、党群组织、企业、事业单位负责人是就业人口工作专业技能人力资本水平相对最高的职业。

第三节　中国老年人口的技能人力资本

一、从宏观层面衡量的老年人口的技能人力资本

本部分运用2000年第五次、2010年第六次和2020年第七次中国人口普查，以及2005年和2015年全国1%抽样调查数据，从宏观层面衡量并分析2000—2020年中国60岁及以上人口的技能人力资本状况及变化情况。与前两节测量就业人口、劳动年龄人口的技能人力资本一样，从宏观层面衡量老年人口的技能人力资本时，中国60岁及以上老年人口的技能人力资本是指当年60岁及以上人口中受教育程度为中等教育（含中专、高中、职高）、高等教育（含高职、大专及以上）的老年人口的人力资本存量，具体计算公式为：中等教育老年人口技能人力资本=老年人口中受教育程度为中等教育（包含中专、中等职业教育、普通高中）的人口数×中等教育受教育年限（一般认为是12年）；高等教育老年人口技能人力资本=老年人口中受教育程度为高等教育（包含高等职业教育、大专、本科、研究生）的人口数×高等教育受教育年限（一般认为是16年）。其中，老年人口的职业技能人力资本指劳动年龄人口中受教育程度为中等职业教育、高等职业教育的劳动者的人力资本存量。需要说明的是，由于数据的可获得性，仅2015年可以测算中等职业

教育老年人口的技能人力资本存量，而其他年份计算的则是中等教育老年人口的技能人力资本存量和大学专科老年人口的技能人力资本存量。老年人口的职业技能人力资本具体的计算公式为：中等职业教育老年人口的技能人力资本 = 老年人口中受教育程度为中等职业教育的人口数 × 中等职业教育受教育年限（一般认为是 12 年）；大学专科（包含高等职业教育、大专）老年人口的技能人力资本 = 老年人口中受教育程度为大学专科的人口数 × 大学专科受教育年限（一般认为是 16 年）。

（一）60 岁及以上老年人口的技能人力资本

2000—2020 年，整体来看，中国 60 岁及以上老年人口的技能人力资本不断提升，中等教育（包含中专、中等职业教育、普通高中）老年人口的技能人力资本存量、高等教育（包含高等职业教育、大专、本科、研究生）老年人口的技能人力资本存量均不断增加（见表 5-12）。具体而言，中等教育老年人口的技能人力资本存量从 2000 年的 6429.31 年 · 万人一直增加到 2020 年的 31415.61 年 · 万人；高等教育老年人口的技能人力资本存量从 2000 年的 4272.52 年 · 万人一直增加到 2020 年的 16810.92 年 · 万人。

从职业技能人力资本来看，2015 年，中国 60 岁及以上老年人口的中等职业教育技能人力资本存量为 5557.39 年 · 万人。从大学专科老年人口的技能人力资本来看，2000—2020 年，大专老年人口的技能人力资本存量不断增加，从 2000 年的 2128.10 年 · 万人增加到 2020 年的 11025.09 年 · 万人。

由此可见，中国60岁及以上老年人口的技能人力资本存量呈现增长的发展趋势，同时，中等教育老年人口的技能人力资本存量高于高等教育老年人口的技能人力资本存量。

表5–12　中国60岁及以上老年人口的技能人力资本存量（2000—2020年）

单位：年・万人

年份	中等职业教育老年人口	中等教育老年人口	大学专科老年人口	高等教育老年人口
2000		6429.31	2128.10	4272.52
2005		9494.85	4374.34	7708.26
2010		12415.80	5664.67	9254.72
2015	5557.39	18671.15	6977.96	11358.45
2020		31415.61	11025.09	16810.92

数据来源：2000年、2010年和2020年分别根据中国第五次、第六次和第七次人口普查数据计算；2005年和2015年根据全国1%人口抽样调查数据计算。

（二）60岁及以上老年人口分年龄段的技能人力资本

本部分将60岁及以上老年人口分为60～64岁、65岁及以上两个不同年龄段，分别测算其技能人力资本存量，以进一步考察老年人口技能人力资本分年龄段的状况及其变化。如表5–13所示，2000—2020年，60～64岁、65岁及以上人口的技能人力资本均不断增加。60～64岁、65岁及以上人口的中等教育技能人力资本存量分别从2000年的3197.55年・万人、3231.76年・万人一直增加到2020年的14752.97年・万人、16662.64年・万人；60～64岁、65岁及以上人口的高等教育技能人力资本存量分别从2000年的2159.24年・万人、2113.28年・万人一直增加到2020年的5691.44年・万人、11119.48年・万人。

表 5-13　中国 60 岁及以上老年人口分年龄段的技能人力资本存量（2000—2020 年）

单位：年·万人

	中等职业教育老年人口	中等教育老年人口	大学专科老年人口	高等教育老年人口
2000 年				
60～64 岁		3197.55	1036.85	2159.24
65 岁及以上		3231.76	1091.25	2113.28
2005 年				
60～64 岁		4067.14	1659.29	2762.38
65 岁及以上		5427.71	2715.05	4945.87
2010 年				
60～64 岁		4867.88	2251.77	3128.72
65 岁及以上		7547.91	3412.89	6126.00
2015 年				
60～64 岁	1778.94	8257.39	2906.53	4195.61
65 岁及以上	3778.45	10413.75	4071.43	7162.84
2020 年				
60～64 岁		14752.97	3884.70	5691.44
65 岁及以上		16662.64	7140.39	11119.48

数据来源：2000 年、2010 年和 2020 年分别根据中国第五次、第六次和第七次人口普查数据计算；2005 年和 2015 年根据全国 1% 人口抽样调查数据计算。

从职业技能人力资本来看，2015 年，60～64 岁、65 岁及以上人口的中等职业教育技能人力资本存量分别为 1778.94

年·万人、3778.45年·万人。从大学专科劳动年龄人口的技能人力资本来看，2000—2020年，60~64岁、65岁及以上人口的技能人力资本存量均不断增加，分别从2000年的1036.85年·万人、1091.25年·万人增加到2020年的3884.70年·万人、7140.39年·万人。

另外，2000—2020年，65岁及以上人口的中等教育技能人力资本存量、大学专科技能人力资本存量均高于60~64岁人口，而65岁及以上人口的高等教育技能人力资本存量先低于（仅2000年）后一直高于60~64岁人口。从各年龄段之间的差距来看，65岁及以上人口与60~64岁人口的中等教育技能人力资本存量之间的差距先增加后减少，从2000年的多34.21年·万人，先扩大到2010年的多2680.03年·万人，再缩小到2020年的多1909.67年·万人；而65岁及以上人口与60~64岁人口的高等教育技能人力资本存量之间的差距则由负转为正然后一直增加，从2000年的差45.96年·万人转为2005年的多2183.49年·万人，再在波动中扩大到2020年的多5428.04年·万人。

由此可见，中国60岁及以上老年人口中各年龄段人口的技能人力资本均不断提高，不过，65岁及以上人口的技能人力资本存量高于60~64岁人口。

（三）60岁及以上老年人口分城镇乡的技能人力资本

本部分进一步考察60岁及以上老年人口分城市、镇、乡村的技能人力资本及其变化情况。如表5-14所示，2000—

2020年，城市、镇、乡村60岁及以上老年人口的技能人力资本存量均有所增加，但变化趋势并不一致。2000—2020年，城市、镇、乡村60岁及以上人口的中等教育技能人力资本存量均持续增加，分别从2000年的3676.09年·万人、1200.60年·万人、1552.62年·万人增加到2020年的19894.07年·万人、5861.12年·万人、5660.42年·万人。而城市、镇60岁及以上人口的高等教育技能人力资本存量持续增加，分别从2000年的3493.79年·万人、512.12年·万人增加到2020年的13481.54年·万人、2465.29年·万人，乡村60岁及以上人口的高等教育技能人力资本存量在波动中有所增加，从2000年的266.60年·万人先增加到2010年的507.88年·万人，再减少到2015年的361.29年·万人，又增加到2020年的864.08年·万人。

从职业技能人力资本来看，2015年，城市、镇、乡村60岁及以上老年人口的中等职业教育技能人力资本存量分别为30548.44年·万人、13922.40年·万人、12314.01年·万人。从大学专科老年人口的技能人力资本来看，2000—2020年，城市、镇大专老年人口的技能人力资本存量不断增加，分别从2000年的1577.65年·万人、343.71年·万人增加到2020年的8421.23年·万人、1898.60年·万人，而乡村大专老年人口的技能人力资本存量在波动中增加，从2000年的206.74年·万人先增加到2010年的436.06年·万人，再减少到2015年的309.99年·万人，又增加到2020年的705.26年·万人。

另外，城市和乡村的60岁及以上老年人口的技能人力资本存在较大差距。根据表5-14的数据进行测算，2000—2020年，城市60岁及以上老年人口的中等教育技能人力资本存量、高等教育技能人力资本存量均高于乡村；同时，老年人口中等教育技能人力资本存量、高等教育技能人力资本存量在城乡之间的差距不断扩大，分别从2000年的乡村比城市差2123.47年·万人、3227.19年·万人扩大到2020年的差14233.65年·万人、12617.46年·万人。

表5-14　中国60岁及以上老年人口分城镇乡的技能人力资本存量（2000—2020年）

单位：年·万人

	2000年			
	中等职业教育老年人口	中等教育老年人口	大学专科老年人口	高等教育老年人口
城市		3676.09	1577.65	3493.79
镇		1200.60	343.71	512.12
乡村		1552.62	206.74	266.60
	2005年			
	中等职业教育老年人口	中等教育老年人口	大学专科老年人口	高等教育老年人口
城市		5880.09	3236.47	6279.12
镇		1872.09	762.93	1002.38
乡村		1742.76	374.94	426.75
	2010年			
	中等职业教育老年人口	中等教育老年人口	大学专科老年人口	高等教育老年人口
城市		7666.74	4197.37	7430.14
镇		2545.16	1031.24	1316.71
乡村		2203.90	436.06	507.88

续表

	2015年			
	中等职业教育老年人口	中等教育老年人口	大学专科老年人口	高等教育老年人口
城市	30548.44	11976.93	5624.67	9618.06
镇	13922.40	3766.92	1043.51	1378.99
乡村	12314.01	2927.38	309.99	361.29
	2020年			
	中等职业教育老年人口	中等教育老年人口	大学专科老年人口	高等教育老年人口
城市		19894.07	8421.23	13481.54
镇		5861.12	1898.60	2465.29
乡村		5660.42	705.26	864.08

数据来源：2000年、2010年和2020年分别根据中国第五次、第六次和第七次人口普查数据计算；2005年和2015年根据全国1%人口抽样调查数据计算。

以上分析说明，中国城镇乡60岁及以上老年人口的技能人力资本均不断提高，但是，老年人口的技能人力资本存量在城乡之间分布不均衡，城乡间差距依然很大且呈现持续扩大的趋势。

二、从微观层面衡量的老年人口的技能人力资本

与前两节从微观层面对就业人口、劳动年龄人口的技能人力资本进行测量一样，本部分利用中国社会状况综合调查数据对60岁及以上老年人口的技能人力资本，主要是数字（互联网）技能人力资本和工作专业技能人力资本进行直接测量，以

综合反映老年人口的技能人力资本及其变化。

本部分仍然采用2013年和2019年的中国社会状况综合调查对老年人口的技能人力资本进行比较分析。在样本分析时仅保留年龄为60周岁及以上的老年人口群体。CSS2013中60岁及以上老年人口共2028人，其中47.73%为男性，52.27%为女性，平均年龄为64.11岁，55.52%有工作，有工作的老年人口中有23.09%从事非农工作。CSS2019中60岁及以上老年人口共2272人，其中47.54%为男性，52.46%为女性，平均年龄为64.59岁，48.94%有工作，有工作的老年人口中有28.15%从事非农工作。

与前文分析一样，60岁及以上老年人口的数字（互联网）技能人力资本通过老年人口是否掌握数字（互联网）技能、数字（互联网）技能人力资本水平、使用数字（互联网）技能提升人力资本的可能程度三个子变量来进行衡量。针对从事非农工作的60岁及以上老年人口，其工作专业技能人力资本通过老年人口的工作专业技能人力资本水平、参加技能培训情况两个子变量来进行衡量。变量的具体测量方法与前相同。

（一）老年人口的数字（互联网）技能人力资本

1．掌握数字（互联网）技能的情况

根据CSS2013和CSS2019数据计算，整体来看，2013—2019年，样本中60岁及以上老年人口掌握数字（互联网）技能的比例较低，但有明显的大幅度提升，使用互联网的老年人口

比例显著增加，从2013年的4.64%增加到2019年的27.51%，提高了22.87个百分点。

进一步，分城乡对60岁及以上老年人口掌握数字（互联网）技能的情况进行考察。一方面，从户口性质来看，非农业户口的老年人口与农业户口的老年人口掌握数字（互联网）技能的比例存在差异。非农业户口的老年人口掌握数字（互联网）技能的比例要高于农业户口就业人口，非农业户口的老年人口使用互联网的比例从2013年的12.14%提高到2019年的49.03%，农业户口的老年人口该比例则从2013年的仅1.60%提高到2019年的17.42%。可见，农业户口老年人口使用互联网的比例不仅水平低于非农业户口老年人口，而且从2013年到2019年差距有所扩大。另一方面，从居住地来看，城镇老年人口掌握数字（互联网）技能的比例要高于乡村。城镇掌握数字（互联网）技能的老年人口的比例从2013年的9.23%提高到2019年的38.84%，而乡村掌握数字（互联网）技能的就业人口比例从2013年的1.28%提高到2019年的16.49%，与城镇居住人口的差距仍较大且有所扩大。以上两方面的数据表明，老年人口数字（互联网）技能的掌握有着较为明显的城乡差异，城市老年人口数字（互联网）技能掌握比例高于乡村，城乡之间的差距较大并有扩大趋势。

2. 数字（互联网）技能人力资本水平情况

根据CSS2013和CSS2019数据计算，2013—2019年，60岁及以上老年人口的数字（互联网）技能人力资本水平较低，且增长幅度不大，使用数字（互联网）技能进行各种活动的平均频率从 2013 年的 1.35 提高到 2019 年的 1.76。

另外，老年人口的数字（互联网）技能人力资本水平在城乡间也有着明显差异，但差距逐渐缩小。具体来看，非农业户口老年人口的数字（互联网）技能人力资本水平要高于农业户口就业人口。非农业户口老年人口、农业户口老年人口使用数字（互联网）技能进行各种活动的平均频率分别从 2013 年的 1.43、1.05 增加到 2019 年的 1.88、1.61；并且二者之间的差距缩小，从 2013 年的相差 0.38 缩小到 2019 年的相差 0.27。而从老年人口的居住地来看，城镇老年人口的数字（互联网）技能人力资本也高于乡村的老年人口。城镇老年人口、乡村老年人口使用数字（互联网）技能进行各种活动的平均频率分别从 2013 年的 1.39、1.05 增加到 2019 年的 1.82、1.63；并且二者之间的差距缩小，从 2013 年的相差 0.34 缩小到 2019 年的相差 0.19。

3. 使用数字（互联网）技能提升人力资本的可能程度

根据 CSS 数据计算，2013—2019 年，60 岁及以上人口使用互联网进行提升人力资本相关活动的频率有所下降，从 2013 年的 2.27 减少至 2019 年的 1.68。这说明老年人口使用数字（互联网）技能提升人力资本的可能程度极低，而且呈现下降趋势。

对于 CSS2019 中的 60 岁及以上人口，2019 年，其加入网上与提升人力资本相关社交群的个数人均为 0.47，而加入网上各种社交群的个数人均为 2.95，意味着老年人口更多地加入了其他网上社交群，如亲友群、同学群、同乡群。这也说明了老年人口使用数字（互联网）技能提升人力资本的可能程度很低。

（二）老年人口的工作专业技能人力资本

1. 工作专业技能人力资本水平

（1）从事非农工作的老年人口的工作专业技能人力资本

根据CSS2013和CSS2019数据计算，2013—2019年，从事非农工作的60岁及以上老年人口的工作专业技能人力资本水平有所提高。具体而言，老年人口从事不需要专业技能的工作占比从2013年的75.77%下降到2019年的66.67%，而老年人口从事工作需要一些专业技能的占比从2013年的12.69%上升到2019年的23.08%，成为占比最高的工作类型，老年人口从事需要高专业技能的工作占比从2013年的11.54%小幅下降到2019年的10.26%。

（2）从事非农工作的老年人口分行业的工作专业技能人力资本

分行业来看，2013—2019年，各行业就业人口的工作专业技能人力资本变化不一致（见表5-15）。具体来看，与2013年相比，2019年除农、林、牧、渔业，信息传输、软件和信息技术服务业，房地产业，教育，卫生和社会工作，公共管理、社会保障和社会组织外，其他各行业的老年人口从事工作不需要专业技能的比例均有所下降；仅房地产业，居民服务、修理和其他服务业，教育这三个行业工作需要一些专业技能的比例有减少，其他各行业工作需要一些专业技能的比例均有所上升；仅电力、热力、燃气及水生产和供应业，建筑业，交通运输、仓储和邮政业，住宿和餐饮业，居民服务、修理和其他服务业五个行业工作需要高专业技能的比例增加，其他各行业工作需要高专业技能的比例均有所下降。

表 5-15　从事非农工作的 60 岁及以上老年人口分行业的工作专业技能人力资本（2013 年，2019 年）

单位：%

	工作不需要专业技能		工作需要一些专业技能		工作需要高专业技能	
	2013 年	2019 年	2013 年	2019 年	2013 年	2019 年
农、林、牧、渔业	66.67	84.00	11.11	16.00	22.22	0.00
采矿业	100.00	0.00	0.00	0.00	0.00	0.00
制造业	79.63	71.93	12.96	21.05	7.41	7.02
电力、热力、燃气及水生产和供应业	100.00	0.00	0.00	66.67	0.00	33.33
建筑业	92.11	54.84	5.26	29.03	2.63	16.13
批发和零售业	88.64	78.43	4.55	15.69	6.82	5.88
交通运输、仓储和邮政业	75.00	40.00	25.00	40.00	0.00	20.00
住宿和餐饮业	100.00	72.73	0.00	9.09	0.00	18.18
信息传输、软件和信息技术服务业	0.00	100.00	0.00	0.00	100.00	0.00
金融业	–	0.00	–	0.00	–	0.00
房地产业	57.14	87.50	42.86	12.50	0.00	0.00
租赁和商务服务业	–	60.00	–	20.00	–	20.00
科学研究和技术服务业	0.00	0.00	0.00	0.00	100.00	0.00
水利、环境和公共设施管理业	100.00	80.00	0.00	13.33	0.00	0.00
居民服务、修理和其他服务业	71.43	66.67	19.05	18.18	9.52	15.15
教育	50.00	75.00	16.67	12.50	33.33	12.50
卫生和社会工作	30.77	36.84	23.08	36.84	46.15	26.32
文化、体育和娱乐业	0.00	0.00	100.00	100.00	0.00	0.00
公共管理、社会保障和社会组织	35.29	45.83	35.29	45.83	29.41	8.33
其他行业	86.96	84.00	4.35	16.00	8.70	0.00

数据来源：根据 CSS2013 和 CSS2019 数据计算。2017 年国家发布了新版《国民经济行业分类》国家标准，为了保证数据的可比性，本书中 2013 年行业参照 2017 年《国民经济行业分类》进行相应调整。

（3）从事非农工作的老年人口分职业的工作专业技能人力资本

分职业来看，2013—2019年，各职业60岁及以上老年人口的工作专业技能人力资本变化不一。如表5-16所示，与2013年相比，2019年除专业技术人员，农、林、牧、渔、水利业生产人员，不便分类人员三类职业以外，老年人口从事其他职业的工作不需要专业技能的比例均有所下降，其中，从事生产工人、运输工人和有关人员，国家机关、党群组织、企业、事业单位负责人，商业工作人员等职业的工作不需要专业技能的比例下降幅度相对最大；除不便分类人员外，其他所有职业的工作需要一些专业技能的比例从2013年到2019年均有增加；老年人口从事商业工作人员，服务性工作人员，生产工人、运输工人和有关人员，不便分类人员这几类职业的工作需要高专业技能的比例从2013年到2019年有所增加，其他职业均有所下降。

表5-16　从事非农工作的60岁及以上老年人口分职业的工作专业技能人力资本（2013年，2019年）

单位：%

	工作不需要专业技能		工作需要一些专业技能		工作需要高专业技能	
	2013年	2019年	2013年	2019年	2013年	2019年
国家机关、党群组织、企业、事业单位负责人	19.05	0.00	33.33	87.50	47.62	12.50
专业技术人员	14.29	15.79	28.57	47.37	57.14	36.84
办事人员和有关人员	50.00	50.00	26.92	40.00	23.08	10.00
商业工作人员	95.92	80.39	4.08	11.76	0.00	7.84
服务性工作人员	85.42	73.53	8.33	16.67	6.25	9.80
农、林、牧、渔、水利业生产人员	71.43	82.61	14.29	17.39	14.29	0.00
生产工人、运输工人和有关人员	90.22	68.00	7.61	24.00	2.17	8.00
警察及军人	–	–	–	–	–	–
不便分类人员	50.00	64.29	50.00	21.43	0.00	14.29

数据来源：根据CSS2013和CSS2019数据计算。

2. 从事非农工作的老年人口的技能培训情况

根据计算，2013—2019 年，从事非农工作的 60 岁及以上老年人口参加过单位提供的提高技能培训的比例从 10.83% 上升到 12.75%。这说明从事非农工作的老年人口提升工作专业技能人力资本的可能程度极低，虽然有所提高，但提高幅度不大。

三、小结

本节的分析说明，从宏观层面的衡量来看，中国 60 岁及以上老年人口的技能人力资本不断提高，表现为老年人口的技能人力资本存量不断增长，其中，中等教育老年人口的技能人力资本存量高于高等教育老年人口的技能人力资本存量。同时，60 岁及以上各年龄段人口的技能人力资本均不断提高，不过，65 岁及以上老年人口的技能人力资本存量高于 60 ~ 64 岁老年人口。另外，虽然城市、镇、乡村 60 岁及以上老年人口的技能人力资本不断提高，但是，老年人口的技能人力资本存量在城乡间差距较大且呈现扩大趋势。

从微观层面的衡量来看，60 岁及以上老年人口的数字（互联网）技能人力资本和工作专业技能人力资本均有所提升。从 2013 年到 2019 年，60 岁及以上人口掌握数字（互联网）技能的比例和频率均有所提升，但是其绝对比例仍较低。同时，老年人口使用数字（互联网）技能提升人力资本的可能程度较低且呈现下降趋势。另外，60 岁及以上人口的数字（互联网）技能人力资本的掌握比例和水平在城乡间存在差距。同时，从事非农工作的老年人口的工作专业技能人力资本水平有所提高，不过，各行业、各职业的工作专业技能人力资本水平及其变化不一致。非农就业老年人口参加技能培训的比例极低，不过也有小幅提高。

综上所述，中国老年人口的技能人力资本有所提高，但是有几个有代表性的变化特征需要引起重视。

第一，中高龄（65 岁及以上）老年人口的技能人力资本存量高于低龄（60 ~ 64 岁）老年人口。65 岁及以上人口的中等教育技能人力资本、高等教育人力资本均高于 60 ~ 64 岁人口，且二者之间的差距逐渐扩大。一个主要原因是 65 岁及以上人口的数量高于 60 ~ 64 岁及以上人口，且 65 岁及以上人口的数量在不断快速增加。这将会使得中高龄老年人口的技能人力资本继续快速增加，并高于低龄老年人口。但是，与低龄老年人口是老年人就业或者进行社会活动的主体相比，中高龄老年人口进入劳动力市场、参与社会活动的比例和概率相对较低，一定程度上造成了中高龄老年人技能人力资本的浪费。

第二，老年人口的数字（互联网）技能人力资本和工作专业技能人力资本均极低。老年人口使用数字（互联网）技能的比例和频率较低的一个主要原因是老年人接触互联网较少，具有较大的数字鸿沟，影响了老年人掌握数字（互联网）技能，造成了其数字（互联网）技能人力资本水平低的情况。从事非农工作的老年人口的工作专业技能人力资本极低，可能与（再）就业老年人的教育人力资本、技能相对较低，以及选择的行业和职业需要的工作专业技能低是有关的。

第三，老年人口的技能人力资本在城乡之间分布不均衡，城乡差距日趋扩大。城市老年人口的中等教育技能人力资本存量、高等教育技能人力资本存量均高于乡村，且二者之间的差距不断增加。城市老年人口掌握数字（互联网）技能的比例和使用互联网的频率也均高于乡村。这与互联网资源在城乡之间的发展不均衡是相关的。

第六章

中国健康人力资本

健康人力资本一直是人力资本的重要组成部分。健康人力资本不仅影响经济的增长，而且也对人类社会其他维度的发展具有重要作用。本章分别考察中国整体人口、劳动年龄人口、老年人口的健康人力资本及其变动情况，以综合反映中国健康人力资本的状况。按照测量健康人力资本的方法，本章首先利用宏观类健康人力资本指标从宏观层面来测量中国整体人口的健康人力资本，并进行国际比较，然后利用微观类健康人力资本指标从微观层面来测量劳动年龄人口的健康人力资本，最后从宏观层面和微观层面共同衡量中国老年人口的健康人力资本。

第一节　中国健康人力资本

按照从宏观层面测量健康人力资本的方法，本节采用宏观统计数据，利用预期寿命、死亡率、卫生健康支出和健康总人力资本四个宏观类健康人力资本指标来测量中国健康人力资本。通过这些宏观类指标衡量健康人力资本，从国家宏观层面出发，测量中国的总人口健康状况，以此展现中国健康人力资本的状况及其变化情况。在此基础上，本节通过国际比较进一步分析了中国健康人力资本的发展变化情况。

一、以预期寿命为衡量指标的中国健康人力资本及变化

如前所述，预期寿命是反映个体身体健康程度的重要指标，也能够体现一个国家和地区的健康水平和社会发展状况，是衡量健康人力资本的重要指标之一。

如表 6-1 所示，中国居民的平均预期寿命不断提高，从 1981 年的 67.77 岁增加到 2000 年的 71.40 岁，再增加到 2010 年的 74.83 岁，到 2020 年时达到 77.93 岁，2021 年时已增加到 78.2 岁。其中，中国男性预期寿命从 1981 年的 66.28 岁提高至 2020 年的 75.37 岁；中国女性预期寿命从 1981 年的 69.27 岁提高到 2020 年的 80.88 岁。

表 6-1　中国平均预期寿命（1981—2021 年）　单位：岁

年份	合计	男	女
1981	67.77	66.28	69.27
1990	68.55	66.84	70.47
2000	71.40	69.63	73.33
2005	72.95	70.83	75.25
2010	74.83	72.38	77.37
2015	76.34	73.64	79.43
2020	77.93	75.37	80.88
2021	78.2		

数据来源：1981—2020 年数据来源于《中国统计年鉴 2023》，2021 年数据来源于《2021 年我国卫生健康事业发展统计公报》，小数点位数以原始数据为准。

由此可见，中国居民平均预期寿命不断增加且呈现持续增

加的趋势，可以说明中国居民健康质量显著提升，中国健康人力资本不断增加。

二、以死亡率为衡量指标的中国健康人力资本及变化

死亡率是衡量健康人力资本的另外一个重要指标。本书用新生儿死亡率、5岁以下儿童死亡率、孕产妇死亡率三个死亡率的子指标来衡量中国健康人力资本。

（一）新生儿死亡率

中国的新生儿死亡率不断下降，且呈现持续下降的趋势。资料显示，1949年之前，中国的新生儿死亡率高达200‰（张辉，2018）。从20世纪60年代以后，新生儿死亡率大幅度下降（向晶，2020），到20世纪90年代，监测地区的新生儿死亡率下降至33.1‰（1991年）。如图6-1所示，1991—2022年，新生儿死亡率持续下降，进入21世纪，2000年时，新生儿死亡率降至22.8‰；2010年时，新生儿死亡率降到8.3‰；2020年时，中国监测地区的新生儿死亡率已经下降至3.4‰，2022年时进一步下降至3.1‰。可见，中国新生儿死亡率大幅度下降，目前已降至极低水平，这可以反映中国健康人力资本水平的提高。

另外，城市的新生儿死亡率一直低于农村，不过农村的新生儿死亡率大幅度下降，新生儿死亡率在城乡之间的差距也日趋缩小。1991 年，城市、农村的新生儿死亡率分别为 12.5‰、37.9‰，城乡间差距为 25.4‰；2000 年，城市、农村的新生儿死亡率分别为 9.5‰、25.8‰，城乡间差距为 16.3‰；2020 年，城市、农村的新生儿死亡率分别下降至 2.1‰、3.9‰，城乡间差距已缩小至 1.8‰；2022 年，城市、农村的新生儿死亡率进一步下降，分别降至 1.8‰、3.6‰，城乡间差距为 1.8‰。

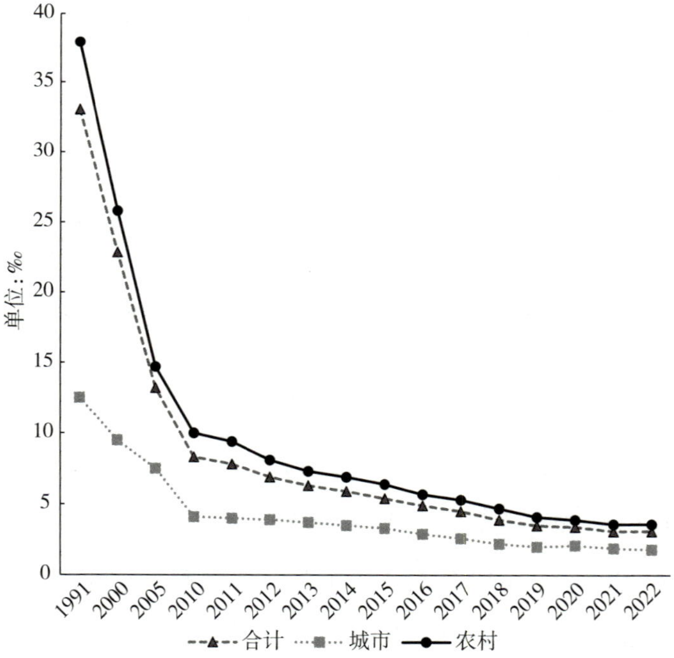

图 6-1　中国监测地区新生儿死亡率（1991—2022 年）

数据来源：《中国统计年鉴 2023》。

（二）5 岁以下儿童死亡率

中国 5 岁以下儿童死亡率也大幅度下降，且呈现不断下降的趋势。20 世纪 70 年代，中国 5 岁以下儿童死亡率为 120‰（向晶，2020）。1991—2022 年，中国监测地区的 5 岁以下儿童死亡率不断下降，从 1991 年的 61‰，下降到 2000 年的 39.7‰，再下降到 2010 年的 16.4‰，2020 年时，已下降到 7.5‰，2022 年，进一步下降到 6.8‰（见图 6-2）。这也可以说明中国健康人力资本得到了改善。

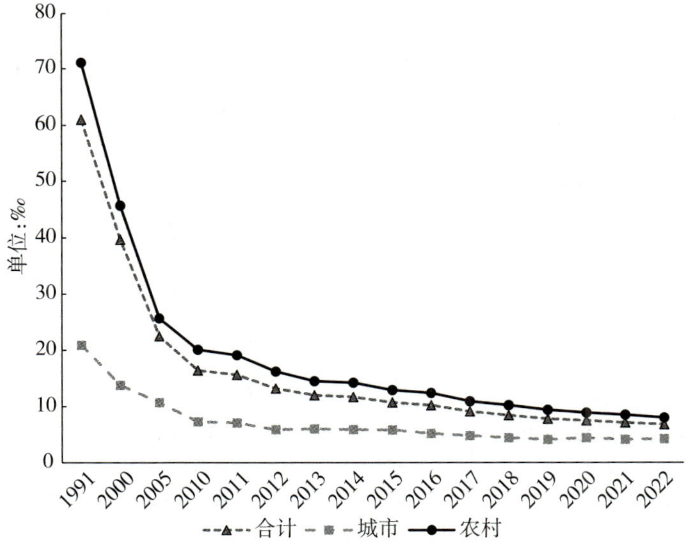

图 6-2　中国监测地区 5 岁以下儿童死亡率（1991—2022 年）

数据来源：《中国统计年鉴 2023》。

另外，虽然城市 5 岁以下儿童死亡率一直低于农村，但是，城市和农村的 5 岁以下儿童死亡率均呈现不断下降的趋势，特别是农村的5岁以下儿童死亡率明显大幅度下降。如图6-2所示，城市、农村5岁以下儿童死亡率分别从1991年的20.9‰、71.1‰下降至2022年的4.2‰、8‰，城乡之间的差距从1991年的50.2‰缩小到2022年的3.8‰，农村5岁以下儿童死亡率出现了明显下降。

（三）孕产妇死亡率

孕产妇死亡率是另外一个衡量健康人力资本的子死亡率指标。1991—2022年，中国的孕产妇死亡率明显下降，从1991年的每10万人80人死亡下降到2000年的每10万人53人死亡，再下降到2020年的每10万人16.9人死亡，2022年已下降至每10万人15.7人死亡（见图6-3）。这是中国健康人力资本不断提升的一个指标体现。

另外，城市、农村孕产妇死亡率均不断下降，特别是农村地区下降幅度非常明显。城市、农村的孕产妇死亡率分别从1991年的每10万人46.3人死亡、每10万人100人死亡下降到了2022年的每10万人14.3人死亡、每10万人16.6人死亡，这也使得孕产妇死亡率在城乡之间的差距大幅度缩小。

综上所述，通过新生儿死亡率、5岁以下儿童死亡率、孕产妇死亡率这三个指标及其变化可以看出，从死亡率这个度量指标来看，中国健康人力资本显著提升，且呈现不断提高的趋势。

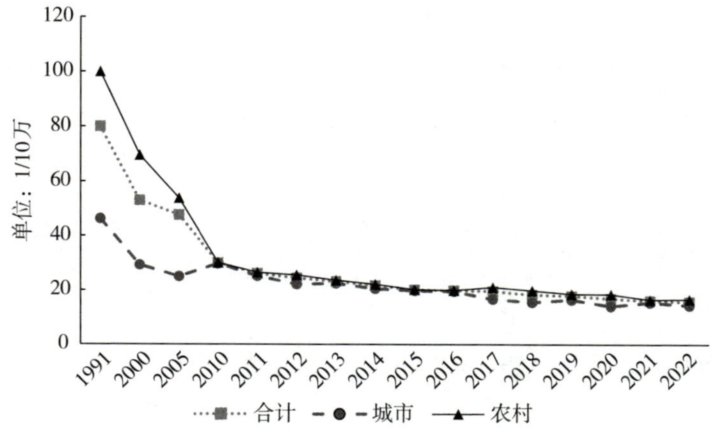

图 6-3　中国监测地区孕产妇死亡率（1991—2022 年）

数据来源：《中国统计年鉴 2023》，小数点位数以原始数据为准。

三、以卫生健康支出为衡量指标的中国健康人力资本及变化

本书用中央和地方一般公共预算主要支出项目中的卫生健康支出[①]作为健康人力资本投入性指标，来衡量中国健康人力资本及其变化情况。

如表 6-2 所示，从卫生健康支出的绝对数值来看，2005—2022 年，中国的卫生健康支出水平逐年增加，呈现上升趋势，说明中国的健康人力资本投入在不断增加。不过，中国卫生健

① 2005 年为“卫生事业费”，2010—2012 年为“医疗卫生支出”，2013—2018 年为“医疗卫生与计划生育支出”，2019—2022 年为“卫生健康支出”。

康支出占 GDP 的比重一直极低，2005—2022 年，虽然卫生健康支出占 GDP 的比重在波动中有所增加，但一直远未达到 5%；2022 年，卫生健康支出占 GDP 的比重仅为 1.86%。

表 6-2 中国中央和地方一般公共预算中的卫生健康支出(2005—2022 年)

年份	卫生健康支出(亿元)	卫生健康支出占 GDP 比重(%)
2005	1036.81	0.57
2010	4804.18	1.20
2011	6429.51	1.36
2012	7245.11	1.40
2013	8279.90	1.46
2014	10176.81	1.60
2015	11953.18	1.74
2016	13158.77	1.77
2017	14450.63	1.75
2018	15623.55	1.74
2019	16665.34	1.68
2020	19216.19	1.89
2021	19142.68	1.67
2022	22536.72	1.86

数据来源:《中国统计年鉴 2006—2023》。

由此可见，虽然中国健康人力资本的投入水平有明显提升，但是健康人力资本投入占 GDP 的比重仍然很低，有很大的提升空间。

四、以健康总人力资本为衡量指标的中国健康人力资本及变化

参照以往研究（胡鞍钢，2023），健康总人力资本是指人均预期寿命与总人口数之积。1981—2021年，中国健康总人力资本持续提高，这是由于人均预期寿命的不断增长以及总人口数的不断增加。具体而言，我国健康总人力资本从1981年的6781879.44万人·岁提高到1990年的7837527.15万人·岁，再提高到2000年的9049450.20万人·岁，然后一直增加到2020年的11004651.16万人·岁、2021年的11046532.00万人·岁（见表6–3）。

表6–3　中国健康总人力资本（1981—2021年）

年份	人均预期寿命（岁）	总人口数（万人）	健康总人力资本（万人·岁）
1981	67.77	100072	6781879.44
1990	68.55	114333	7837527.15
2000	71.40	126743	9049450.20
2005	72.95	130756	9538650.20
2010	74.83	134091	10034029.53
2015	76.34	138326	10559806.84
2020	77.93	141212	11004651.16
2021	78.2	141260	11046532.00

数据来源：人均预期寿命：1981—2020年数据来源于《中国统计年鉴2023》，2021年数据来源于《2021年我国卫生健康事业发展统计公报》，小数点位数以原始数据为准；总人口数：数据来源于《中国统计年鉴2023》。

五、健康人力资本的国际比较

从前述分析可以看出，中国健康人力资本得到大幅度提升。本部分通过与世界代表性发达国家的健康人力资本的相关指标进行国际比较，对中国健康人力资本未来的发展趋势做出基本的参考。

（一）预期寿命的国际比较

预期寿命是体现一个国家和地区健康水平和社会发展状况的重要指标。出生时的预期寿命是指假定出生时的死亡率模式在一生中保持不变，一名新生儿可能生存的年数。根据世界银行发布的出生时的预期寿命，中国人均预期寿命不断增加，日益接近发达国家的水平（见图 6–4）。1990 年，中国预期寿命为 68.01 岁，超过当时的世界平均水平（65.19 岁），但低于美国（75.21 岁）、英国（75.88 岁）、德国（75.09 岁）、法国（76.60 岁）等代表性发达国家以及同处亚洲的日本（78.84 岁）、韩国（71.60 岁）；2021 年，中国预期寿命增加至 78.21 岁，而美国、英国、德国、法国、日本、韩国的预期寿命分别为 76.33 岁、80.70 岁、80.90 岁、82.32 岁、84.45 岁、83.53 岁。可见，中国当前预期寿命已接近或基本达到了发达国家水平。

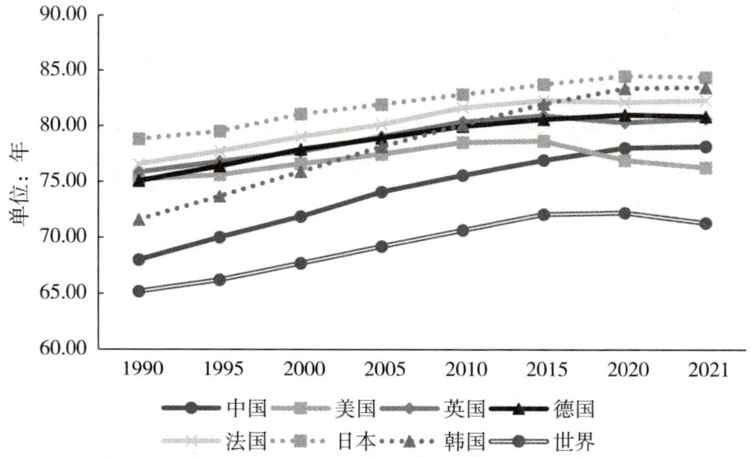

图 6–4 代表性发达国家及中国出生时的预期寿命（1990—2021 年）

数据来源：世界银行发布的历年“世界发展指标”数据。

（二）死亡率的国际比较

首先，从新生儿死亡率来看，根据世界银行公布的数据，1990 年，中国的新生儿死亡率为 29.6‰，低于当时的世界平均水平，而美国、英国、德国和法国的新生儿死亡率仅分别为 5.8‰、4.5‰、3.4‰和 3.6‰，亚洲地区的日本和韩国为 2.5‰和 7.3‰，均远远低于中国的新生儿死亡率；到 2021 年时，中国的新生儿死亡率已下降至 3.2‰，与发达国家之间的差距明显缩小：美国、英国、德国和法国的新生儿死亡率分别为 3.3‰、2.8‰、2.2‰和 2.5‰，亚洲地区的日本和韩国的新生儿死亡率仅分别为 0.8‰和 1.4‰（见表 6–4）。可见，中国新生儿死亡率明显下降，极大地缩小了与世界发达国家之间的差距。

表 6-4 代表性发达国家及中国新生儿死亡率（1990—2021 年）

单位：‰

	1990 年	2000 年	2005 年	2010 年	2015 年	2020 年	2021 年
中国	29.6	21.3	13.9	8.4	5.3	3.4	3.2
美国	5.8	4.6	4.5	4.1	3.9	3.4	3.3
英国	4.5	3.8	3.5	3	2.7	2.8	2.8
德国	3.4	2.8	2.6	2.3	2.3	2.2	2.2
法国	3.6	2.8	2.4	2.3	2.4	2.6	2.5
日本	2.5	1.8	1.4	1.1	0.9	0.8	0.8
韩国	7.3	3.4	2.4	1.8	1.6	1.4	1.4
世界	36.6	30.7	26.2	22.4	19.5	17.9	17.6

数据来源：世界银行发布的历年"世界发展指标"数据。

其次，中国 5 岁以下儿童的死亡率也呈现出大幅度下降的趋势，缩小了与世界发达国家之间的差距。根据世界银行公布的数据，如表 6-5 所示，1990 年，中国的 5 岁以下儿童死亡率为 53.6‰，而美国、英国、德国和法国的 5 岁以下儿童死亡率仅分别为 11.2‰、9.3‰、8.5‰和 9‰，亚洲地区的日本和韩国分别为 6.3‰和 15.6‰，均远远低于中国的 5 岁以下儿童死亡率；到 2021 年时，中国的 5 岁以下儿童死亡率已经下降至 6.9‰，与发达国家之间的差距明显缩小：美国、英国、德国和法国的 5 岁以下儿童死亡率分别为 6.2‰、4.2‰、3.6‰和 4.4‰，亚洲地区的日本和韩国的 5 岁以下儿童死亡率分别为 2.3‰和 2.9‰。

表 6-5 代表性发达国家及中国 5 岁以下儿童死亡率（1990—2021 年）

单位：‰

	1990 年	2000 年	2005 年	2010 年	2015 年	2020 年	2021 年
中国	53.6	36.7	24	15.8	10.7	7.4	6.9

续表

	1990 年	2000 年	2005 年	2010 年	2015 年	2020 年	2021 年
美国	11.2	8.4	8	7.3	6.8	6.3	6.2
英国	9.3	6.5	6	5.2	4.5	4.3	4.2
德国	8.5	5.4	4.7	4.2	3.9	3.6	3.6
法国	9	5.4	4.6	4.2	4.2	4.4	4.4
日本	6.3	4.5	3.7	3.2	2.8	2.4	2.3
韩国	15.6	7.5	5.6	4.1	3.5	3	2.9
世界	93	76.3	63.1	51.4	43.2	38.7	38.1

数据来源：世界银行发布的历年“世界发展指标”数据，小数点位数以原始数据为准。

最后，从孕产妇死亡率来看，根据世界银行公布的数据，如表 6–6 所示，1990 年，中国的孕产妇死亡率为每 10 万人 58 人死亡，低于当时的世界平均水平每 10 万人 339 人死亡，但远高于美国、英国、德国、法国、日本、韩国的孕产妇死亡率，即每 10 万人 12 人、11 人、7 人、9 人、9 人、16 人死亡；到 2020 年时，中国的孕产妇死亡率已下降至每 10 万 23 人死亡，而美国、英国、德国、法国的孕产妇死亡率分别为每 10 万人 21 人、10 人、4 人、8 人死亡，亚洲地区的日本和韩国的孕产妇死亡率仅分别为每 10 万人 4 人和 8 人死亡。可见，中国孕产妇死亡率明显下降，与发达国家之间的差距日益缩小。

表 6–6　代表性发达国家及中国孕产妇死亡率(2000—2020 年)

单位：1/10 万

	2000 年	2005 年	2010 年	2015 年	2020 年
中国	58	46	33	26	23

续表

	2000 年	2005 年	2010 年	2015 年	2020 年
美国	12	13	14	17	21
英国	11	11	10	8	10
德国	7	7	6	5	4
法国	9	9	9	8	8
日本	9	7	6	5	4
韩国	16	12	8	6	8
世界	339	296	254	227	223

数据来源：世界银行发布的历年“世界发展指标”数据。

通过以上国际数据对比可以看到，中国的孕产妇死亡率大幅度下降，与世界发达国家之间的差距明显缩小，但与发达国家相比，中国的孕产妇死亡率水平还有进一步下降的空间。

（三）卫生健康支出的国际比较

从卫生健康支出来看，中国的健康支出占 GDP 的比重和人均健康支出均低于发达国家，还有很大的增长空间。首先，从卫生健康支出占 GDP 的比重来看，中国该项指标低于世界发达国家水平。根据世界银行公布的数据，2020 年，中国卫生健康支出占 GDP 的比重为 5.59%，低于美国（18.82%）、英国（11.98%）、德国（12.82%）、法国（12.21%），也低于同在亚洲的日本（10.90%）、韩国（8.36%）（见图 6–5）。

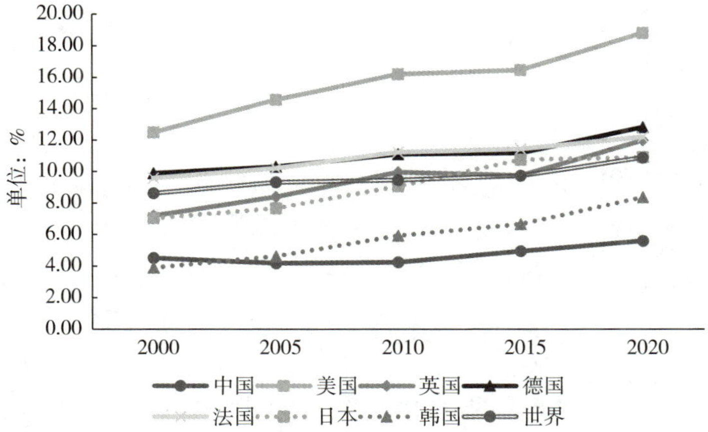

图 6-5　代表性发达国家及中国卫生健康支出占 GDP 的比重（2000—2020 年）

数据来源：世界银行发布的历年“世界发展指标”数据。

其次，从人均健康支出来看，根据世界银行数据，2020 年，中国人均健康支出为 583.43 美元，低于世界平均水平 1177.22 美元，同时，美国、英国、德国、法国、日本、韩国的人均健康支出分别为 11702.41 美元、4926.63 美元、5930.33 美元、4768.73 美元、4388.10 美元、2642.41 美元，均远高于中国的人均健康支出水平（见图 6-6）。可见，中国未来还需要加大卫生健康支出的投入，以支撑健康人力资本的不断提升。

综上所述，中国与代表性发达国家之间的预期寿命和死亡率之间的差距很小，但是，中国的卫生健康支出占 GDP 的比重和人均卫生健康支出普遍低于发达国家的水平。这说明中国健康人力资本与发达国家相比还有提升的空间；同时，也在一定程度上可以说明中国健康人力资本的投资效率要高于发达国家（向晶，2020）。

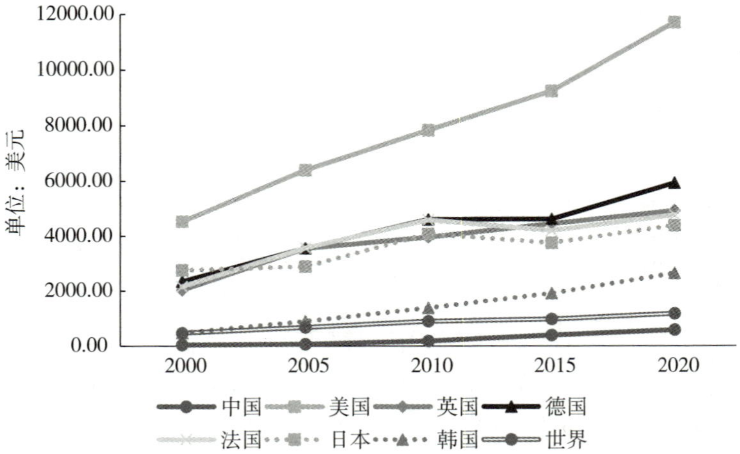

图 6-6　代表性发达国家及中国人均卫生健康支出（2000—2020 年）

数据来源：世界银行发布的历年“世界发展指标”数据。

第二节　基于微观类指标测量的中国劳动年龄人口的健康人力资本

囿于数据的可获得性，本书将利用大型微观调查数据，以劳动年龄的个体为研究对象，采用身体质量指数、健康自评状况、疾病相关指标（包括短期疾病冲击、疾病史）等微观类指标来衡量中国劳动年龄人口个体的健康状况，以从微观层面展现中国劳动年龄人口的健康人力资本。本节将从数据来源、健康人力资本的微观指标变量说明、微观层面测量的劳动年龄人口的健康人力资本等几方面的内容来进行说明。

一、数据来源

本节对劳动年龄人口的健康人力资本进行测算和分析时所使用的数据来自中国健康与营养调查。这是一项由北卡罗来纳大学人口中心与中国疾病预防控制中心营养与健康所联合展开的国际合作项目，旨在调查国家和地方政府实施的健康、营养、计划生育政策和计划的影响，并了解中国的社会和经济转型如何影响其人口的健康和营养状况。通过社区组织和政策的变化，以及家庭和个人的经济、人口、社会因素变化来衡量其对营养和健康行为及结果的影响。到目前为止，中国健康与营养调查共进行了十轮，分别在 1989 年、1991 年、1993 年、1997 年、2000 年、2004 年、2006 年、2009 年、2011 年和 2015 年。每次调查为期 7 天，采用多阶段随机聚类过程 / 多阶段整群抽样方法，抽取中国 15 个省市的约 7200 户家庭和 30000 多人的样本，调查内容涉及营养、健康、收入、就业等[①]。

中国健康与营养调查官方网站公布的是包含观测值和观测年份的面板数据。这些面板数据按个人层次、家庭层次和社区层次分别进行保存，每个层次的数据再按照数据主题进行分别保存。本书中采用的数据是根据中国健康与营养调查官方公布的数据进行整理的，主要使用的是个人层次的调查数据。

本节从中国健康与营养调查中选取 2006 年和 2015 年的调查数据作为样本数据，对劳动年龄人口的健康人力资本进行比

---

① 根据中国健康与营养调查官方网站说明，2011 年新增 3 个特大城市加入调查项目，2015 年新增 3 个省份。

较分析。在样本分析时仅保留16～59岁劳动年龄人口群体，2006年有效样本数为6977人，2015年有效样本数为7183人。2006年中国健康与营养调查数据（以下简称CHNS2006）劳动年龄人口样本中男性3293人，占比为47.2%，女性3684人，占比为52.8%，平均年龄为41.66岁。2015年中国健康与营养调查数据（以下简称CHNS2015）劳动年龄人口样本中男性3254人，占比为45.3%，女性3929人，占比为54.7%，平均年龄为44.16岁。

二、健康人力资本的微观指标变量说明

本节采用的测量劳动年龄人口健康人力资本的微观指标包括身体质量指数、健康自评状况、疾病相关指标（包括短期疾病冲击、疾病史）。

1. 身体质量指数

衡量劳动年龄人口个体健康人力资本的第一个关键微观类指标是身体质量指数，也就是BMI指数。中国健康与营养调查对每个个体的身高和体重均进行了测量。身体质量指数就等于体重（kg）与身高平方（m^2）的比。为了体现不同身体质量对健康人力资本的影响，在本节的测算分析中，按照世界卫生组织的分类标准，将身体质量指数分为四个等级，即偏瘦（<18.5kg/m^2）、正常（18.5～24.9kg/m^2）、超重（25～29.9kg/m^2）

和肥胖（>30kg/m²）。为此设立四个（0，1）变量来衡量身体质量指数的四种等级。

2．健康自评状况

衡量劳动年龄人口个体健康人力资本的第二个关键微观类指标是健康自评状况，用于反映劳动者个体的总体健康水平。在中国健康与营养调查问卷中有关于自我评价的一般健康状况的问题：“与同龄人相比，你觉得自己的健康怎么样？”2006 年中国健康与营养调查问卷中关于这个问题可选的回答分为 4 个，分别是：非常好、好、一般和差；2015 年中国健康与营养调查问卷中关于这个问题可选的回答分为 5 个，分别是：很好、好、中等、差和很差。为了保证 2006 年和 2015 年数据的可比性，在分析时，将个体的健康自评状况分为“很好、好、一般和不好”四种，即 2015 年回答“差”和“很差”的个体都等同于 2006 年回答“差”的个体，得分分别为 1、2、3、4，即得分越低，表示自评健康状况越好。同时，设立四个（0，1）变量来衡量健康自评状况的四种不同等级。

3．短期疾病冲击

衡量劳动年龄人口个体健康人力资本的第三个关键微观类指标是短期疾病冲击。这个指标在中国健康与营养调查问卷中对应的问题是：“过去的四周中，你是否生过病或受过伤？是否患有慢性病或急性病？”同时，中国健康与营养调查问卷中还询问了短期“疾病的严重程度”，对应的等级分为 3 个：不严重、一般和相当重。因此，结合这两个问题，在分析时，将个体的短期疾病冲击情况分为“没有、不严重、一般和相当重”四种，为此设立四个（0，1）变量来进行衡量这四种情况。

4. 疾病史

衡量劳动年龄人口个体健康人力资本的第四个关键微观类指标是疾病史。中国健康与营养调查问卷中询问了个体是否患有高血压、糖尿病、心肌梗死、中风、骨折五种疾病。在分析中，采用（0，1）变量来衡量个体是否有长期疾病冲击。

三、劳动年龄人口的健康人力资本

（一）身体质量指数

根据CHNS2006和CHNS2015数据计算，整体来看，2006—2015年，16~59岁劳动年龄人口的身体质量指数有所增加，BMI平均值从2006年的23.128增加到2015年的24.263，不过仍然属于正常范围（见表6-7）。根据身体质量指数划分胖瘦程度的等级，与2006年相比，2015年，16~59岁劳动年龄人口中偏瘦和正常的比例均有所降低，分别从5.4%和68.4%减少至4.7%和56.3%，而超重和肥胖的比例均有所升高，分别从23.1%和3.2%增加至32.3%和6.7%。这说明劳动年龄人口的体质有所变胖，特别是超重和肥胖人口的比例明显增加。

表 6-7　16～59 岁劳动年龄人口的身体质量指数（2006 年，2015 年）

	16～59 岁人口		16～24 岁人口		25～44 岁人口		45～59 岁人口	
	2006 年	2015 年	2006 年	2015 年	2006 年	2015 年	2006 年	2015 年
BMI 指数（平均值）	23.128	24.263	20.897	22.140	23.054	23.921	23.701	24.704
偏瘦	5.4%	4.7%	19.2%	19.1%	4.8%	6.2%	3.1%	2.3%
正常	68.4%	56.3%	71.5%	59.8%	70.9%	59.0%	64.9%	54.1%
超重	23.1%	32.3%	8.5%	14.9%	20.7%	28.2%	28.8%	36.8%
肥胖	3.2%	6.7%	0.9%	6.1%	3.5%	6.7%	3.3%	6.8%

数据来源：根据 CHNS2006 和 CHNS2015 数据计算。

进一步，分年龄段来看，16～24 岁、25～44 岁、45～59 岁各年龄段人口的身体质量指数的平均值均有所增加，超重和肥胖的人口比例在各年龄段人口中均明显上升。其中，2006—2015 年，16～24 岁人口中超重和肥胖的比例分别从 8.5% 和 0.9% 上升到 14.9% 和 6.1%；25～44 岁人口中超重和肥胖的比例分别从 20.7% 和 3.5% 上升到 28.2% 和 6.7%；45～59 岁人口中超重和肥胖的比例分别从 28.8% 和 3.3% 上升到 36.8% 和 6.8%。同时，随着年龄的增长，劳动年龄人口的身体质量指数也随之增加。但是，16～24 岁人口的身体质量指数增加幅度相对最大。2006—2015 年，16～24 岁、25～44 岁、45～59 岁人口的身体质量指数平均值分别增加了 1.243、0.867、1.003。

另外，16～59 岁劳动年龄人口的身体质量指数存在城乡差异，但二者之间的差距有所变化（见表 6-8）。2006 年，城市 16～59 岁劳动年龄人口的身体质量指数平均值为 23.151，乡村 16～59 岁人口的身体质量指数平均值为 23.116，低于城市；而 2015 年，城市 16～59 岁人口的身体质量指数平均值增加至

24.116，反而低于乡村的身体质量指数平均值 24.351。同时，2015 年，乡村 16 ~ 59 岁人口中正常身材的人口比例低于城市，而超重和肥胖人口的比例均高于城市。这表明，城市劳动年龄人口的身体质量指数相对优于乡村劳动年龄人口。

表 6-8　16 ~ 59 岁劳动年龄人口分城乡的身体质量指数（2006 年，2015 年）

	城市		乡村	
	2006 年	2015 年	2006 年	2015 年
BMI 指数(平均值)	23.151	24.116	23.116	24.351
偏瘦	6.0%	5.2%	5.2%	4.4%
正常	67.1%	57.7%	69.0%	55.5%
超重	24.0%	31.3%	22.6%	32.9%
肥胖	2.9%	5.8%	3.3%	7.2%

数据来源：根据 CHNS2006 和 CHNS2015 数据计算。

（二）健康自评状况

如表 6-9 所示，整体来看，2006—2015 年，16 ~ 59 岁劳动年龄人口的健康自评状况评分从 2006 年的 2.276 增加到 2015 年的 2.385。由于健康自评状况评分越低，自评健康状况越好，因此，SRH 指数的增加说明从 2006 年到 2015 年，16 ~ 59 岁人口的自评总体健康状况变差。从健康自评状况的等级来看，与 2006 年相比，2015 年，16 ~ 59 岁劳动年龄人口中自我评价健康状况为“很好”和“好”的人口比例均有所减少，分别从 2006 年的 15.1% 和 51.2% 减少至 2015 年的 13.9% 和 43.6%；而自评健康状况为“一般”和“不好”的人口比例有所增加，分别从 2006 年的 28.9% 和 4.8% 增加到 2015 年的 37.3% 和 5.2%。

这也说明了劳动年龄人口自评总体健康状况有所变差，特别是自我评价健康状况“一般”的人口比例明显增加。

表 6-9　16 ~ 59 岁劳动年龄人口的健康自评状况（2006 年，2015 年）

	16 ~ 59 岁人口		16 ~ 24 岁人口		25 ~ 44 岁人口		45 ~ 59 岁人口	
	2006 年	2015 年	2006 年	2015 年	2006 年	2015 年	2006 年	2015 年
健康自评状况（SRH）	2.276	2.385	2.040	2.125	2.162	2.321	2.451	2.454
很好	15.1%	13.9%	27.9%	23.0%	17.6%	15.1%	9.6%	12.1%
好	51.2%	43.6%	53.1%	47.3%	55.5%	46.5%	46.1%	41.2%
一般	28.9%	37.3%	16.6%	27.8%	23.8%	34.3%	37.1%	40.3%
不好	4.8%	5.2%	2.4%	1.9%	3.1%	4.1%	7.2%	6.4%

数据来源：根据 CHNS2006 和 CHNS2015 数据计算。

进一步，分年龄段来看，2006—2015 年，16 ~ 24 岁、25 ~ 44 岁、45 ~ 59 岁各年龄段人口的健康自评状况评分均有所提高。而且，随着年龄的增长，SRH 指数也有所增加，说明劳动年龄人口越年长，自评健康状况越差。不过，25 ~ 44 岁人口的 SRH 指数增加幅度最大，而 45 ~ 59 岁人口的 SRH 指数增加幅度最小。2006—2015 年，16 ~ 24 岁、25 ~ 44 岁、45 ~ 59 岁人口的 SRH 指数分别增加了 0.085、0.159、0.003。同时，各年龄段人口健康自评状况的等级变化也有所差异。2006—2015 年，16 ~ 24 岁、25 ~ 44 岁人口中自我评价健康状况为“很好”的比例均有所下降，但 45 ~ 59 岁人口中自我评价健康状况为“很好”的比例有所上升，增加了 2.5 个百分点；16 ~ 24 岁、45 ~ 59 岁人口中自我评价健康状况为“不好”的比例均下降，但 25 ~ 44

岁人口中自我评价健康状况为“不好”的比例是上升的。这在一定程度上可以说明25～44岁人口的健康自评状况相对变差的程度最高。

另外，城乡16～59岁劳动年龄人口的健康自评状况评分均有所提高，但是劳动年龄人口的健康自评状况存在城乡差异，城市劳动年龄人口的健康自评状况与乡村劳动年龄人口相比更差，但城乡之间的差距有所缩小（见表6-10）。2006年，城市16～59岁劳动年龄人口的SRH指数为2.350，乡村16～59岁人口的SRH指数为2.239，低于城市，说明乡村劳动年龄人口的自评健康状况相对更好；2015年，城市16～59岁人口的SRH指数为2.387，乡村16～59岁人口的SRH指数为2.384，仍低于城市。同时，城乡16～59岁人口中自我评价健康状况为“很好”“好”的比例均有所下降，自评健康为“一般”“不好”的比例有所上升。不过，城市16～59岁人口中自我评价健康状况为“很好”的比例从2006年的低于乡村，变化为2015年的高于乡村。

表6-10　16～59岁劳动年龄人口分城乡的健康自评状况（2006年，2015年）

	城市		乡村	
	2006年	2015年	2006年	2015年
健康自评状况（SRH）	2.350	2.387	2.239	2.384
很好	14.8%	14.4%	15.3%	13.5%
好	47.2%	44.2%	53.1%	43.2%
一般	32.9%	35.8%	26.9%	38.2%
不好	5.1%	5.5%	4.7%	5.1%

数据来源：根据CHNS2006和CHNS2015数据计算。

（三）短期疾病冲击

如表 6–11 所示，2006—2015 年，16～59 岁劳动年龄人口短期疾病冲击情况发生了改变。其中，过去四周中没有短期疾病冲击的 16～59 岁人口比例从 2006 年的 89.7% 上升至 2015 年的 90.2%；有过短期疾病冲击但情况不严重的 16～59 岁人口比例从 2006 年的 4.5% 上升至 2015 年的 4.6%；有过短期疾病冲击且情况一般的 16～59 岁人口比例从 2006 年的 4.9% 下降到 2015 年的 4.6%；有过短期疾病冲击且情况相当重的 16～59 岁人口比例从 2006 年的 0.9% 下降到 2015 年的 0.6%。这在一定程度上可以说明劳动年龄人口没有短期疾病冲击的比例稍有增加，且疾病的严重程度有所下降。

表 6–11　16～59 岁劳动年龄人口的短期疾病冲击（2006 年，2015 年）

单位：%

	16～59 岁人口		16～24 岁人口		25～44 岁人口		45～59 岁人口	
	2006 年	2015 年	2006 年	2015 年	2006 年	2015 年	2006 年	2015 年
没有	89.7	90.2	91.5	94.1	92.0	92.7	86.8	88.0
不严重	4.5	4.6	4.4	3.5	3.9	3.9	5.3	5.1
一般	4.9	4.6	3.7	2.2	3.5	3.2	6.6	5.9
相当重	0.9	0.6	0.4	0.2	0.6	0.2	1.3	1.0

数据来源：根据 CHNS2006 和 CHNS2015 数据计算。

分年龄段来看，2006—2015 年，16～24 岁、25～44 岁、45～59 岁各年龄段人口中，在过去四周没有短期疾病冲击的比例均有所上升，其中 16～24 岁人口该比例上升最多，增加了 2.6 个百分点；各年龄段人口中有短期疾病冲击但情况不严重的比例均有所下降或不变，其中 16 ~ 24 岁人口该比例下降最多，减少了 0.9 个百分点；各年龄段人口中有短期疾病冲击且情况一般的比例均有所下降，其中 16 ~ 24 岁人口的该比例下降最多，减少了 1.5 个百分点；各年龄段人口中有短期疾病冲击且情况相当重的比例均有所下降，其中 25 ~ 44 岁人口的该比例下降最多，减少了 0.4 个百分点。可见，16 ~ 24 岁人口是劳动年龄人口中短期疾病冲击情况发生变化最大的年龄段。

分城乡来看，城乡 16 ~ 59 岁劳动年龄人口的短期疾病冲击情况变化不大，但是城乡间存在差异（见表 6–12）。2006—2015 年，城市 16 ~ 59 岁人口中在过去四周没有短期疾病冲击的比例没有发生改变，一直为 87.4%，乡村 16 ~ 59 岁人口的这一比例有所上升，从 90.8% 增加至 91.8%，高于城市；城市 16 ~ 59 岁人口中有短期疾病冲击但情况不严重的人口比例有所增加，从 2006 年的 5.4% 增加到 2015 年的 5.9%，乡村 16 ~ 59 岁人口中这一比例有所下降，从 2006 年的 4.1% 减少到 2015 年的 3.8%，城市一直高于乡村；城市和乡村 16 ~ 59 岁人口中有短期疾病冲击且情况一般的人口比例均有所下降，分别从 2006 年的 6.1% 和 4.2% 减少至 2015 年的 5.9% 和 3.9%，城市一直高于乡村；城市和乡村 16 ~ 59 岁人口中有短期疾病冲击且情况相当重的人口比例均有所下降，且二者下降幅度基本相同，均减少了 0.3 个百分点。

表 6-12　16～59 岁劳动年龄人口分城乡的短期疾病冲击（2006 年，2015 年）

单位：%

	城市		乡村	
	2006 年	2015 年	2006 年	2015 年
没有	87.4	87.4	90.8	91.8
不严重	5.4	5.9	4.1	3.8
一般	6.1	5.9	4.2	3.9
相当重	1.1	0.8	0.8	0.5

数据来源：根据 CHNS2006 和 CHNS2015 数据计算。

（四）疾病史

根据 CHNS2006 和 CHNS2015 数据计算，2006—2015 年，16～59 岁劳动年龄人口有疾病史即长期疾病冲击的比例有所增加。2006 年，16～59 岁人口患有高血压、糖尿病、心肌梗死、中风、骨折等疾病的比例为 9.5%，2015 年，该比例上升至 12.5%。这说明劳动年龄人口患有长期疾病的比例呈现上升的趋势。

分年龄段来看，2006—2015 年，16～24 岁、25～44 岁、45～59 岁各年龄段人口中有疾病史即长期疾病冲击的比例变化不一致。16～24 岁人口中患有长期疾病的比例从 2006 年的 4.3% 下降到 2015 年的 2.2%；25～44 岁人口中患有长期疾病的比例没有发生变化，均为 4.6%；45～59 岁人口中患有长期疾病的比例从 2006 年的 15.7% 上升到 2015 年的 19.0%。可见，45～59 岁人口是劳动年龄人口中有疾病史的比例最高的人群，且该比例有上升的趋势，这也符合随着年龄增长，患有慢性疾病的可能性增加。

16～59岁劳动年龄人口在疾病史上也存在明显城乡差异。2006年，城市16～59岁人口患有高血压、糖尿病、心肌梗死、中风、骨折等疾病的比例为12.9%，乡村16～59岁人口中的该比例为13.2%，稍高于城市；2015年，城市16～59岁人口患有长期疾病的比例明显增加，为24.0%，而乡村16～59岁人口的该比例下降至12.0%，明显低于城市。这可以说明城市劳动年龄人口有疾病史的比例有所上升，而乡村劳动年龄人口有疾病史的比例稍有下降，而且城市劳动年龄人口有长期疾病冲击的比例已经高于乡村。

（五）小结

本节的分析说明，基于微观类健康人力资本指标的测量，16～59岁劳动年龄人口的健康人力资本没有得到提升，反而有所下降。根据CHNS2006和CHNS2015数据的测算，从2006年到2015年，16～59岁劳动年龄人口的身体质量指数增加，健康自评状况评分提高，有疾病史的人口比例上升，这些都表明劳动年龄人口的健康状况变差，意味着微观层面衡量的劳动年龄人口整体健康人力资本的下降。

分年龄段来看，16～24岁、25～44岁、45～59岁各年龄段人口的健康人力资本均有所下降，但各年龄段人口的变化不完全相同。表现为各年龄段人口的身体质量指数均增加，超重和肥胖的人口比例均明显上升，而且身体质量指数随着年龄的增长而增加，但是，16～24岁人口的身体质量指数增加幅度相对最大。各年龄段人口的健康自评状况评分随着年龄增加而提高，说明劳动年龄人口越年长，自评健康状况越差。同时，各年龄段人口受短期疾病冲击的比例均有所下降，而16～24岁人口的短期疾病冲击情况变化相对最大。与16～24岁的青年劳动力相比，45～59岁的中年劳动力有疾病史的比例最高且有上升的趋势。可见，不同年龄段的劳动年龄人口面临着不同的健康状况问题，健康人力资本均有向下发展的变化趋势。

另外，16～59岁劳动年龄人口的健康人力资本水平在城乡间有较明显差异。不同的健康指标反映出来的城乡劳动年龄人口健康状况有所不同。从身体质量指数来看，城市劳动年龄人口的身体质量指数相对优于乡村劳动年龄人口。但从健康自评状况来看，城市劳动年龄人口的自评健康状况相比于乡村劳动年龄人口更差，不过，城市16～59岁人口中自我评价健康状况为“很好”的比例从低于乡村变为高于乡村。城乡劳动年龄人口在短期疾病冲击和疾病史上也存在一定差异性。

综上所述，劳动年龄人口的健康人力资本表现出降低的变化趋势。这与未来经济发展对劳动年龄人口的健康人力资本的更高需要是不符合的。中国劳动年龄人口健康人力资本的变化发展不仅会影响未来中国劳动力健康素质的水平和结构，而且也会影响未来劳动力的整体人力资本和整体素质。因此，基于微观指标测量发现的劳动年龄人口健康人力资本有所下降的趋势，需要引起关注和重视。

第三节　中国老年人口的健康人力资本

老年人口的健康人力资本是老年人口人力资本的重要组成部分，直接影响着老年人能否进行人力资源开发，能否进行社会参与，如就业、志愿服务、教育等活动（谢倩芸，2023）。本节将从宏观层面和微观层面两方面来衡量中国老年人口的健康人力资本。宏观层面，本节将利用中国人口普查数据，采用中国 60 岁及以上老年人口的健康状况指标来衡量老年人口的健康人力资本。微观层面，本节将利用大型微观调查数据——中国健康与营养调查，采用身体质量指数、健康自评状况、疾病相关指标（包括短期疾病冲击、疾病史）等微观健康人力资本指标，从微观层面测量老年人口个体的健康人力资本。

一、中国老年人口的健康状况

本部分运用 2010 年第六次和 2020 年第七次中国人口普查，以及 2015 年全国 1% 抽样调查数据，通过分析测算 2010—2020 年中国 60 岁及以上老年人口的健康状况，从宏观层面衡量中国老年人口的健康人力资本及其变化情况。

（一）60 岁及以上老年人口的健康状况

2010—2020 年，中国 60 岁及以上老年人口的健康状况不断提高（见表 6-13）。一方面，身体健康的 60 岁及以上老年人口占比在波动中明显提高，从 2010 年的 43.82% 先下降到 2015 的 40.51%，再上升到 2020 年的 54.64%；基本健康的 60 岁及以上老年人口占比略有下降，从 2010 年的 39.33% 减少到 2020 年的 32.61%。另一方面，不健康但生活能自理的老年人口占比从 2010 年的 13.90% 减少到 2020 年的 10.41%；不健康且生活不能自理的 60 岁及以上老年人口的占比也有所下降，从 2010 年的 2.95% 下降到 2015 年的 2.60%，再下降到 2020 年的 2.34%。

表 6-13　中国 60 岁及以上老年人口的健康状况（2010—2020 年）

单位：%

年份	健康	基本健康	不健康，但生活能自理	不健康，生活不能自理
2010	43.82	39.33	13.90	2.95
2015	40.51	41.85	15.05	2.60
2020	54.64	32.61	10.41	2.34

数据来源：2010 年和 2020 年分别根据中国第六次和第七次人口普查数据计算；2015 年根据全国 1% 人口抽样调查数据计算。

可见，超过 85% 的 60 岁及以上老年人口身体健康状况良好，即身体健康和基本健康，这说明中国 60 岁及以上老年人口的健康人力资本得到了明显改善。

（二）60 岁及以上老年人口分年龄段的健康状况

本部分进一步测算 60 ~ 64 岁、65 岁及以上两个不同年龄段人口的健康状况，以进一步考察老年人口健康人力资本分年龄段的状况及其变化。如表 6–14 所示，分年龄段来看，2010 年，身体健康和基本健康的 60 ~ 64 岁老年人口比重分别为 60.77% 和 32.35%，身体健康和基本健康的 65 岁及以上老年人口比重分别为 35.46% 和 42.77%；2015 年，身体健康和基本健康的 60 ~ 64 岁老年人口比重分别为 56.23% 和 36.49%，身体健康和基本健康的 65 岁及以上老年人口比重分别为 31.97% 和 44.76%；2020 年，身体健康和基本健康的 60 ~ 64 岁老年人口比重分别为 70.29% 和 24.03%，身体健康和基本健康的 65 岁及以上老年人口比重分别为 48.48% 和 35.99%。

表 6–14　中国 60 岁及以上老年人口分年龄段的健康状况（2010—2020 年）

单位：%

年份	年龄	健康	基本健康	不健康，但生活能自理	不健康，生活不能自理
2010	60 ~ 64 岁	60.77	32.35	6.00	0.88
	65 岁及以上	35.46	42.77	17.80	3.97
2015	60 ~ 64 岁	56.23	36.49	6.48	0.80
	65 岁及以上	31.97	44.76	19.70	3.58
2020	60 ~ 64 岁	70.29	24.03	4.88	0.80
	65 岁及以上	48.48	35.99	12.58	2.95

数据来源：2010 年和 2020 年分别根据中国第六次和第七次人口普查数据计算；2015 年根据全国 1% 人口抽样调查数据计算。

由此可见，60 ~ 64 岁老年人口、65 岁及以上老年人口的健康状况均有所改善，而且，60～64 岁老年人口的健康状况明显优于 65 岁及以上老年人口，超过 90% 的 60～64 岁老年人口健康状况良好。这可以说明低龄（60～64 岁）老年人的健康人力资本相对高于中高龄（65 岁及以上）老年人。

（三）60 岁及以上老年人口分城镇乡的健康状况

本部分进一步考察 60 岁及以上老年人口分城市、镇和乡村的健康状况及其变化情况。如表 6-15 所示，2010—2020 年，城市 60 岁及以上人口中身体健康的比例明显高于镇和乡村，城市 60 岁及以上人口中身体健康的比例从 2010 年的 49.95% 上升到 2020 年的 62.98%，而镇 60 岁及以上人口中该比例从 2010 年的 46.00% 上升到 2020 年的 54.77%，乡村 60 岁及以上人口中该比例从 2010 年的 40.42 上升到 2020 年的 48.54%。同时，城市中不健康但生活能自理、不健康且生活不能自理的 60 岁及以上老年人口占比均低于乡村，其中，不健康但生活能自理的 60 岁及以上老年人口占比在城市、乡村均有下降，分别从 2010 年的 8.29%、16.94% 下降到 2020 年的 6.30%、13.55%，生活不能自理的 60 岁及以上老年人口占比在城市、乡村也均有下降，分别从 2010 年的 2.35%、3.32% 下降到 2020 年的 2.07%、2.55%。

与此同时，60 岁及以上人口中身体健康的比例在城乡之间的差距从 2010 年的相差 9.53%，扩大到 2020 年的相差 14.44%。生活不能自理的 60 岁及以上老年人口占比在乡村最高，不过在城乡之间的差距从 2010 年的相差 0.97%，缩小到了 2020 年的相差 0.48%。

由此可见，城市 60 岁及以上老年人口的健康状况明显优于乡村，这可以说明中国 60 岁及以上老年人口的健康人力资本在城乡之间依然分布不均衡，特别是在身体健康的老年人力资源上，不均衡存在扩大的趋势。

表 6-15　中国 60 岁及以上老年人口分城镇乡的健康状况(2010—2020 年)

单位:%

		2010 年	2015 年	2020 年
城市	健康	49.95	48.79	62.98
	基本健康	39.41	40.78	28.66
	不健康,但生活能自理	8.29	8.18	6.30
	不健康,生活不能自理	2.35	2.25	2.07
镇	健康	46.00	41.18	54.77
	基本健康	39.22	42.27	32.88
	不健康,但生活能自理	12.18	14.09	10.03
	不健康,生活不能自理	2.60	2.46	2.32
乡村	健康	40.42	35.48	48.54
	基本健康	39.33	42.29	35.36
	不健康,但生活能自理	16.94	19.37	13.55
	不健康,生活不能自理	3.32	2.86	2.55

数据来源：2010 年和 2020 年分别根据中国第六次和第七次人口普查数据计算；2015 年根据全国 1% 人口抽样调查数据计算。

二、基于微观类指标测量的中国老年人口健康人力资本

（一）数据来源与健康人力资本的微观指标变量说明

本部分仍然采用来自中国健康与营养调查 2006 年和 2015 年的调查数据作为样本数据，对 60 岁及以上老年人口的健康人力资本进行比较分析。在样本分析时仅保留 60 岁及以上老年人口群体，2006 年有效样本数为 2248 人，2015 年有效样本数为 4187 人。CHNS2006 的 60 岁及以上人口样本中男性 1045 人，占比为 46.5%，女性 1203 人，占比为 53.5%，平均年龄为 69.04 岁；其中 65 岁及以上人口样本数为 1533 人。CHNS2015 的 60 岁及以上人口样本中男性 1947 人，占比为 46.5%，女性 2240 人，占比为 53.5%，平均年龄为 68.36 岁；其中 65 岁及以上人口样本数为 2671 人。

本部分采用的测量老年人口健康人力资本的指标仍包括身体质量指数、健康自评状况、疾病相关指标（包括短期疾病冲击、疾病史）这四个关键的微观类指标。其中，在测量身体质量指数时，首先计算个体的 BMI 指数，其次将其分为偏瘦、正常、超重和正常四个等级，并用四个（0，1）变量来分别衡量这四个等级。测量健康自评状况时，将个体的健康自评状况分为非常好、好、一般和差四个等级，并用四个（0，1）变量来分别衡量这四个等级，计算个体的 SRH 得分，自评健康状况越好，得分越低。在测量短期疾病冲击时，将个体在过去的四周中受到的短期疾病冲击情况分为“没有、不严重、一般和相当

重”四种，并用四个（0，1）变量来衡量这四种情况。测量疾病史时，用（0，1）变量来衡量个体是否患有高血压、糖尿病、心肌梗死、中风、骨折五种疾病。

（二）从微观层面衡量的老年人口的健康人力资本

1．身体质量指数

根据CHNS2006和CHNS2015数据计算，2006—2015年，60岁及以上老年人口的身体质量指数有所增加，BMI平均值从2006年的23.056增加到2015年的24.263，仍然属于正常范围（见表6–16）。根据身体质量指数划分胖瘦程度的等级，与2006年相比，2015年，60岁及以上人口中偏瘦和正常的比例均有所降低，分别从9.7%和62.3%减少至4.9%和54.3%，而超重和肥胖的比例均有所升高，分别从23.6%和4.4%增加至35.3%和5.5%。这说明老年人口的体质有所变胖，特别是超重和肥胖人口的比例明显增加。

表6–16　60岁及以上老年人口的身体质量指数（2006年，2015年）

	60岁及以上人口		60～64岁人口		65岁及以上人口	
	2006年	2015年	2006年	2015年	2006年	2015年
BMI指数(平均值)	23.056	24.263	23.459	24.495	22.868	24.132
偏瘦	9.7%	4.9%	6.6%	3.4%	11.1%	5.7%
正常	62.3%	54.3%	62.7%	53.0%	62.2%	55.0%
超重	23.6%	35.3%	27.3%	37.9%	21.9%	33.9%
肥胖	4.4%	5.5%	3.5%	5.7%	4.8%	5.4%

数据来源：根据CHNS2006和CHNS2015数据计算。

进一步，分年龄段来看，60～64岁、65岁及以上各年龄段人口的身体质量指数均有所增加。60～64岁、65岁及以上人口的身体质量指数平均值从2006年的23.459、22.868增加到2015年的24.495、24.132，分别增加了1.036、1.264。这表明随着年龄的增长，老年人口的身体质量指数越来越低，但是，65岁及以上老年人口的身体质量指数的增加幅度高于60～64岁人口的增加幅度。同时，超重和肥胖的人口比例在各年龄段人口中也明显上升。其中，2006—2015年，60～64岁人口中超重和肥胖的比例分别从27.3%和3.5%上升到37.9%和5.7%；65岁及以上人口中超重和肥胖的比例分别从21.9%和4.8%上升到33.9%和5.4%。可见，低龄（60～64岁）老年人口的体质比中高龄（65岁及以上）老年人口更胖，超重和肥胖的比例也更高。

另外，60岁及以上老年人口的身体质量指数存在城乡差异，但二者之间的差距有所缩小（见表6-17）。2006年，城市60岁及以上人口的身体质量指数平均值为23.696，乡村60岁及以上人口的身体质量指数平均值为22.670，低于城市；2015年，城市60岁及以上人口的身体质量指数平均值增加至24.482，仍高于乡村60岁及以上人口的身体质量指数平均值24.106，不过二者已较为接近。同时，城市60岁及以上老年人口身体质量指数正常的比例一直低于乡村，而超重的比例一直高于乡村；不过，城市60岁及以上人口肥胖的比例从2006年的6.2%高于乡村的3.3%，降低为2015年的5.4%，低于乡村的5.7%。

表 6-17　60 岁及以上老年人口分城乡的身体质量指数（2006 年，2015 年）

	城市		乡村	
	2006 年	2015 年	2006 年	2015 年
BMI 指数(平均值)	23.696	24.482	22.670	24.106
偏瘦	6.6%	4.2%	11.5%	5.4%
正常	59.1%	51.4%	64.3%	56.3%
超重	28.2%	39.1%	20.9%	32.6%
肥胖	6.2%	5.4%	3.3%	5.7%

数据来源：根据 CHNS2006 和 CHNS2015 数据计算。

2. 健康自评状况

整体来看，2006—2015 年，60 岁及以上老年人口的健康自评状况评分从 2006 年的 2.779 减少到 2015 年的 2.643（见表 6-18）。由于健康自评状况评分越低，自评健康状况越好，因此，SRH 指数的减少说明从 2006 年到 2015 年，60 岁及以上人口的自评总体健康状况变好了。从健康自评状况的等级来看，与 2006 年相比，2015 年，60 岁及以上老年人口中自我评价健康状况为“很好”的比例明显增加，从 2006 年的 4.3% 上升到 2015 年的 9.8%，自评健康状况为“好”“一般”“不好”的人口比例均有所减少，分别从 2006 年的 33.2%、47.6%、14.9% 下降到 2015 年的 32.8%、45.9%、11.5%。这也说明了老年人口自评总体健康状况有所变好，特别是自我评价健康状况“很好”的人口比例明显增加。

表 6-18　60 岁及以上老年人口的健康自评状况（2006 年，2015 年）

	60 岁及以上人口		60 ~ 64 岁人口		65 岁及以上人口	
	2006 年	2015 年	2006 年	2015 年	2006 年	2015 年
健康自评状况（SRH）	2.779	2.643	2.659	2.543	2.835	2.700
很好	4.3%	9.8%	5.2%	11.3%	3.9%	9.0%
好	33.2%	32.8%	38.2%	35.5%	30.8%	31.3%
一般	47.6%	45.9%	46.6%	44.9%	48.1%	46.5%
不好	14.9%	11.5%	10.0%	8.3%	17.2%	13.3%

数据来源：根据 CHNS2006 和 CHNS2015 数据计算。

进一步，分年龄段来看，2006—2015 年，60 ~ 64 岁、65 岁及以上各年龄段人口的健康自评状况评分均有所降低，分别减少了 0.116、0.135，可见，65 岁及以上人口的 SRH 得分减少幅度更大，自评健康状况相对变好更多。不过，随着年龄的增长，SRH 指数也随之增加，说明老年人口越年长，自评健康状况越差。从健康自评状况的等级来看，60 ~ 64 岁人口、65 岁及以上人口有着不同的变化趋势。2006—2015 年，60 ~ 64 岁人口、65 岁及以上人口中自我评价健康状况为“很好”的比例均有所上升，分别增加了 6.1 个百分点、5.1 个百分点；60 ~ 64 岁人口中自我评价健康状况为“好”的比例下降，而 65 岁及以上人口中该比例稍有上升；60 ~ 64 岁人口、65 岁及以上人口中自我评价健康状况为“一般”“不好”的比例均有所下降。这在一定程度上也可以说明 60 ~ 64 岁人口、65 岁及以上人口的健康状况均有所提高。

另外，城乡 60 岁及以上老年人口的健康自评状况评分均有所降低，而且老年人口的健康自评状况存在城乡差异（见

表 6-19）。2006 年，城市 60 岁及以上老年人口的 SRH 指数为 2.744，乡村 60 岁及以上人口的 SRH 指数为 2.800，高于城市；2015 年，城市 60 岁及以上人口的 SRH 指数为 2.542，乡村 60 岁及以上人口的 SRH 指数为 2.716，仍高于城市。这表明城市 60 岁及以上老年人口的自评健康状况与乡村相比更好，且城乡之间的差距有所扩大。同时，城乡老年人口健康自评状况等级的变化不一致。2006—2015 年，城市 60 岁及以上人口中自我评价健康状况为“很好”“好”的比例均上升，自评健康为“一般”“不好”的比例均下降；乡村 60 岁及以上人口中健康自评状况为“很好”的比例上升，自评健康为“好”“一般”“不好”的比例下降；而且城市 60 岁及以上人口中自评健康状况为“很好”的人口比例高于乡村，自评健康为“不好”的比例低于乡村。

表 6-19　60 岁及以上老年人口分城乡的健康自评状况（2006 年，2015 年）

	城市		乡村	
	2006 年	2015 年	2006 年	2015 年
健康自评状况（SRH）	2.744	2.542	2.800	2.716
很好	5.1%	11.2%	3.8%	8.8%
好	37.3%	37.6%	30.7%	29.4%
一般	42.2%	41.9%	50.8%	48.8%
不好	15.3%	9.3%	14.7%	13.0%

数据来源：根据 CHNS2006 和 CHNS2015 数据计算。

3. 短期疾病冲击

如表 6-20 所示，2006—2015 年，60 岁及以上老年人口短期疾病冲击情况发生了改变。其中，过去的四周中没有短期疾病冲击的 60 岁及以上人口比例从 2006 年的 76.5% 上升至 2015 年的 79.3%；有过短期疾病冲击但情况不严重的 60 岁及以上人口比例从 2006 年的 8.1% 下降至 2015 年的 6.6%；有过短期疾病冲击且情况一般的 60 岁及以上人口比例从 2006 年的 12.4% 下降至 2015 年的 11.8%；有过短期疾病冲击且情况相当重的 60 岁及以上人口比例从 2006 年的 3.0% 下降至 2015 年的 2.3%。这在一定程度上可以说明老年人口有短期疾病冲击的比例有所减少。

表 6-20　60 岁及以上老年人口的短期疾病冲击（2006 年，2015 年）

单位：%

	60 岁及以上人口		60 ~ 64 岁人口		65 岁及以上人口	
	2006 年	2015 年	2006 年	2015 年	2006 年	2015 年
没有	76.5	79.3	82.0	82.5	73.9	77.5
不严重	8.1	6.6	7.0	6.6	8.6	6.7
一般	12.4	11.8	8.7	9.6	14.1	13.0
相当重	3.0	2.3	2.3	1.3	3.4	2.8

数据来源：根据 CHNS2006 和 CHNS2015 数据计算。

进一步，分年龄段来看，2006—2015 年，60 ~ 64 岁、65 岁及以上人口短期疾病冲击情况的变化趋势基本相同。2006—2015 年，60 ~ 64 岁、65 岁及以上各年龄段人口中在过去四周没有短期疾病冲击的比例均有所上升，其中 65 岁及以上人口中该比例上升更多，增加了 3.6 个百分点；各年龄段人口中有短期疾病冲击但情况不严重的比例均有所下降；60 ~ 64 岁人口中有短期疾病冲击且情况一般的比例有所上升，而 65 岁及以上人口中该比例有所下降；各年龄段人口中有短期疾病冲击且情况相当重的比例均有所下降，其中 60～64 岁人口中该比例下降更多，减少了 1.0 个百分点。可见，60～64 岁、65 岁及以上老年人口短期疾病冲击情况均有所改善，且低龄（60～64 岁）老年人在过去四周没有短期疾病冲击的比例高于中高龄（65 岁及以上）老年人。

分城乡来看，城乡 60 岁及以上人口的短期疾病冲击情况均有所改善，城乡老年人口在过去四周没有短期疾病冲击的比例均有所上升，但是城乡间仍然存在差异（见表 6-21）。2006—2015 年，城市 60 岁及以上人口中在过去四周没有短期疾病冲击的比例从 72.7% 增加至 75.8%，乡村 60 岁及以上人口中这一比例从 78.8% 增加至 81.9%，而且，乡村 60 岁及以上人口没有短期疾病冲击的比例一直高于城市；城市 60 岁及以上人口中有短期疾病冲击但情况不严重的人口比例稍有减少，从 8.8% 减少到 7.9%，乡村 60 岁及以上人口中该比例则从 2006 年的 7.7% 减少至 2015 年的 5.7%；城市和乡村 60 岁及以上人口中有短期疾病冲击且情况一般的人口比例均有所下降，不过城市老年人

表 6-21　60 岁及以上老年人口分城乡的短期疾病冲击（2006 年，2015 年）

单位：%

	城市		乡村	
	2006 年	2015 年	2006 年	2015 年
没有	72.7	75.8	78.8	81.9
不严重	8.8	7.9	7.7	5.7
一般	15.0	13.7	10.8	10.3
相当重	3.5	2.6	2.7	2.1

数据来源：根据 CHNS2006 和 CHNS2015 数据计算。

口的这一比例减少程度更多；城市和乡村 60 岁及以上人口中有短期疾病冲击且情况相当重的人口比例均有所下降，分别减少了 0.9 个百分点和 0.6 个百分点。

4. 疾病史

根据 CHNS2006 和 CHNS2015 数据计算，2006—2015 年，60 岁及以上老年人口有疾病史即长期疾病冲击的比例有所增加。2006 年，60 岁及以上人口患有高血压、糖尿病、心肌梗死、中风、骨折等疾病的比例为 31.5%，2015 年，该比例上升为 39.3%。这说明老年人口患有长期疾病的比例呈现上升的趋势。

分年龄段来看，2006—2015 年，60 ~ 64 岁、65 岁及以上各年龄段人口中有疾病史即长期疾病冲击的比例均有所上升。60 ~ 64 岁人口中患有长期疾病的比例从 2006 年的 25.7% 增加到 2015 年的 33.1%，增加了 7.4 个百分点；65 岁及以上人口中患有长期疾病的比例从 2006 年的 34.3% 增加到 2015 年的 42.8%，增加了 8.5 个百分点。可见，65 岁及以上老年人口有疾病史的比例更高，这也符合随着年龄增长，患有慢性疾病的可能性增加。

60 岁及以上老年人口在疾病史上也存在明显城乡差异。2006 年，城市 60 岁及以上人口患有高血压、糖尿病、心肌梗死、中风、骨折等疾病的比例为 44.1%，乡村 60 岁及以上人口中该比例为 24.0%，低于城市；2015 年，城市 60 岁及以上人口患有长期疾病的比例稍有增加，为 44.6%，而乡村 60 岁及以上人口中该比例增加至 35.4%，仍低于城市。可见，城市和乡村老年人口有疾病史的比例均有所上升，不过，乡村老年人口有疾病史的比例上升更多，而且城市老年人口有长期疾病冲击的比例一直高于乡村。

5．小结

通过本部分的测算分析可以看出，基于微观类健康人力资本指标的测量，60 岁及以上老年人口的健康人力资本有一定的提升，但也有指标反映出一定程度的下降。根据 CHNS2006 和 CHNS2015 数据的测算，从 2006 年到 2015 年，60 岁及以上老年人口的身体质量指数增加，有疾病史的比例上升，这些都表明老年人口的健康状况变差；但是，60 岁及以上老年人口的健康自评状况评分降低，没有短期疾病冲击的人口比例上升，这又可以说明老年人口的健康状况变好。因此，从微观层面衡量的老年人口整体健康人力资本既有提升的方面也有下降的方面。

分年龄段来看，60 ~ 64 岁、65 岁及以上各年龄段人口的健康人力资本均有改变且变化不完全相同。表现为各年龄段人口的身体质量指数均有所增加，而且低龄（60 ~ 64 岁）老年人口的体质比中高龄（65 岁及以上）老年人口更胖，超重和肥胖的比例也更高。各年龄段人口的健康自评状况评分均有所降低，60 ~ 64 岁人口、65 岁及以上人口的健康状况均有所提高。同时，各年龄段人口没有短期疾病冲击的比例均有所上升，60 ~ 64 岁人口在过去四周没有短期疾病冲击的比例明显高于 65 岁及以上人口。各年龄段人口有疾病史的比例均有所增加，65 岁及以上人口有疾病史的比例更高。可见，不同年龄段的老年人口面临着不同的健康状况问题，相对而言，中高龄（65 岁及以上）老年人的健康人力资本稍低于低龄（60 ~ 64 岁）老年人。

另外，60 岁及以上老年人口的健康人力资本在城乡间存在差异。不同的健康指标反映出来的城乡老年人口健康状况有所不同。从身体质量指数来看，城市 60 岁及以上老年人口的身体质量指数高于乡村老年人口，但城市老年人口的肥胖比例低于乡村。从健康自评状况来看，城市 60 岁及以上老年人口的自评健康状况相对优于乡村老年人口。城市 60 岁及以上人口没有短期疾病冲击的比例低于乡村老年人口，且城市 60 岁及以上人口有长期疾病冲击的比例一直高于乡村老年人口，说明城市老年人口在由疾病相关指标测量的健康状况上比乡村老年人口差。

综上所述，老年人口的健康人力资本表现出较为复杂的变化趋势。随着中国老龄化程度的不断加深，老年人口特别是中高龄老年人口数量和比例的快速增加，老年人口的健康状况可能会呈现出更加复杂的发展变化情况。老年人口健康人力资本的变化发展也会影响未来整体人口的健康人力资本和人力资本的积累、提升。因此，基于微观指标测量发现的老年人口健康人力资本变化趋势，需要引起关注和重视。

第七章

结论和政策建议

随着我国经济进入高质量发展阶段，发展新质生产力是获取长期经济增长动能的核心。人力资本是新质生产力形成的关键。加快人力资本提升，提高人的综合素质，是持续培育新质生产力、实现经济高质量发展的重要途径。为了全面、系统地衡量中国人力资本，根据人力资本的概念和理论，本书基于人力资本测量的产出法、成本法、收入法等常用基本方法和人力资本的综合性测量法和直接测量法，提出了新时代高质量发展阶段人力资本的多重维度测量方法，即综合使用直接和间接测量人力资本的方法，采用宏观和微观数据分别测量教育人力资本、技能人力资本和健康人力资本，从宏观层面和微观层面共同衡量中国人力资本。进一步，基于人口生命周期分类，在全体人口的基础之上，本书重点关注了劳动年龄人口、老年人口这两个年龄组，采用多重维度测量人力资本的方法测量了劳动年龄人口、老年人口的人力资本（包括教育人力资本、技能人力资本、健康人力资本）的状况及其发展变化情况。本书从多重维度测量中国人力资本的分析研究，为促进经济高质量发展的人力资本决策提供了较为全面、综合的依据。

第一节　研究结论

本书通过统计数据分析、比较分析等方法分别测量了中国教育人力资本、技能人力资本、健康人力资本，并讨论了各类人力资本未来的发展趋势，全面地反映了中国人力资本及其变动情况。本书基于多重维度考察中国人力资本及其变动，主要得出以下研究结论。

一、中国教育人力资本水平不断提升，教育人力资本结构持续改善，教育人力资本存量不断提高，但是教育人力资本在区域间、城乡间、不同年龄的人口之间均存在差异

利用《中国统计年鉴》、全国人口普查数据等宏观统计数据测量中国教育人力资本，通过测算发现，中国 6 岁及以上人口、劳动年龄人口、老年人口的教育人力资本水平均不断提升，教育人力资本结构显著改善，教育人力资本存量不断提高。这与近年来我国教育事业的不断发展是密不可分的。不过，通过与国际发达水平比较，中国的平均受教育年限、受教育结构、高

等教育毛入学率等指标均与发达国家之间还存在差距，未来中国的教育人力资本还有很大的提升空间。

不过，本书的研究还发现中国教育人力资本在变化发展中面临一些问题，可能会影响未来中国的教育人力资本，甚至整体人力资本的提升，需要引起重视。

第一，中国各区域间的教育人力资本分布严重不均衡。东部地区 6 岁及以上人口的平均受教育年限、受教育程度为大专及以上的人口比例、教育人力资本存量均高于中部和西部地区，而且差距没有缩小的趋势。这说明各区域 6 岁及以上人口的教育人力资本呈现东部地区高于西部地区、发达地区高于不发达地区的趋势。教育人力资本的发展和分布呈现出空间上、区域间的不均衡，与经济发展不平衡、教育资源分布不均衡是相关联的。相对于中西部地区而言，东部地区经济更发达，城镇化水平更高，教育资源更丰富、更充足。教育资源在发达地区与不发达地区间的分布不均衡造成了不发达地区的教育人力资本水平起点较低、结构不合理，接受高等教育的人口比例低，与发达地区的差距没有明显改善。如果继续按照这种趋势发展，不仅会影响各区域教育人力资本的可持续增长，也会影响中国整体人力资本的积累和提升。

第二，城市和乡村教育人力资本的水平、结构和存量分布不均衡，城乡之间存在明显差距。乡村 6 岁及以上人口、劳动年龄人口、老年人口的平均受教育年限和大专及以上文化程度的人口比例均低于城市，而且城乡之间的差距呈逐年扩大的趋势。乡村教育人力资本相对较低，一个主要的原因是城乡发展不平衡，特别是城乡教育资源分布不均衡，农村教育水平低于城市。这造成了乡村人口的教育人力资本水平起点较低、结构不合理，大多数乡村劳动力仅接受初中及以下文化水平的教育。教育资源在区域间的分布不均衡也在一定程度上加大了乡村人口特别是落后地区的乡村人口接受高中及高等教育的难度，从而影响了乡村教育人力资本增长的可持续性及其结构的改善。但是，近年来，国家不断加大乡村支持力度，城乡教育不平衡问题有所缓解，带来的效果可以从乡村6岁及以上人口、劳动年龄人口及老年人口的平均受教育年限不断提高和受教育结构日益改善看出。同时，在城市6岁及以上人口、劳动年龄人口的教育人力资本存量不断增加的同时，乡村6岁及以上人口、劳动年龄人口的教育人力资本存量均不断减少，其对教育人力资本存量增长的贡献度已为负值。另外，虽然由于乡村老年人口数量庞大且不断增加，使得乡村老年教育人力资本存量极大且高于城市，但城市60岁及以上人口仍是拉动中国60岁及以上老年人口教育人力资本存量增长的主要动力。因此，如果继续按照乡村教育人力资本落后于城市且差距继续扩大的趋势发展，不仅会影响乡村人口教育人力资本的可持续增长，使得城乡人口教育人力资本的差距进一步加剧，也会影响中国整体人力资本的积累和提升。

第三，不同年龄人口的教育人力资本存在差异，特别是劳动年龄人口的各年龄段之间、老年人口的各年龄段之间的教育人力资本差异较明显。首先，从各年龄段劳动年龄人口的教育人力资本来看，中年及年长（45～59岁）劳动年龄人口的平均受教育年限和接受过高等教育的人口比重均明显低于青壮年（16～24岁）劳动年龄人口，其教育人力资本水平和结构均有提升空间。由于 45 ~ 59 岁人口原本接受的教育有限，很多这个年龄段的劳动力没有享受到中高等教育发展带来的福利，加上进入劳动力市场的时间相对较早，可能没有继续接受教育，于是，45 ~ 59 岁人口的平均受教育年限较低，且增长也较慢。与此同时，青壮年劳动年龄人口的教育人力资本水平较高且增长迅速，一方面是因为这一年龄段的人口本身正在接受教育或培训，连续受教育年限较长；另一方面是因为中国中高等教育的逐步普及，人们的受教育年限不断增加，特别是从 1999 年开始，中国大幅度扩大高等学校招生规模，接受大专及以上教育的人口规模和比例显著提高（谢倩芸、蔡翼飞，2020）。这就造成了中年及年长劳动年龄人口和青壮年劳动年龄人口之间的教育人力资本水平和结构的双重差距。但是，从对中国劳动年龄人口教育人力资本存量增长的贡献值来看，45 ~ 59 岁人口反而是中国 16 ~ 59 岁劳动年龄人口教育人力资本存量增长的主要推动力，而 16 ~ 24 岁人口对劳动年龄人口教育人力资本存量增长率的贡献度已经由 2000—2010 年的正值变化为 2010 年后的负值。随着我国劳动年龄人口结构老化现象的不断加深，中老年劳动者占比将不断加大，中年及年长劳动年龄人口较低且增速缓慢的平均受教育年限将会影响其教育人力资本存量的增长，进而将会影响劳动年龄人口的整体人力资本水平和积累，是一个需要重视的问题。

其次，从各年龄段老年人口的教育人力资本来看，低龄（60 ~ 64 岁）老年人口教育人力资本的水平、结构均高于中高龄（65 岁及以上）老年人口，不过中高龄老年人口的教育人力资本存量高于低龄老年人口，中高龄老年人口的教育人力资本存量是推动全体老年人口教育人力资本存量增长的主要推动力。由于低龄老年人接受连续教育的可能性更高、接受连续教育的时间相对更长，因而低龄老年人口的平均受教育年限相对较长，初中及以上文化程度的人口比例不断提高。随着时间的推移，老年人口年龄增长，中高龄老年人口数量巨大并将不断增加，中高龄老年人口的平均受教育年限将会逐渐增加，教育人力资本存量将继续增加。但是，中高龄老年人口相对较低的受教育结构（主要集中在小学文化程度）如果不明显提升，将会影响老年人口教育人力资本的高质量发展。

二、中国技能人力资本不断提高，宏观层面的技能人力资本存量呈现不断增长的趋势，微观层面的技能人力资本水平有所提升，但技能人力资本在城乡间、不同年龄的人口之间、不同行业之间均存在明显差异

利用《中国劳动统计年鉴》、全国人口普查数据等宏观统计数据和中国社会状况综合调查的微观数据，从宏观层面和微观层面共同对中国技能人力资本进行测量，本书研究发现：在宏观层面，中国就业人口、劳动年龄人口、老年人口的技能人力资本存量均呈现不断增长的发展趋势；在微观层面，就业人口、劳动年龄人口、老年人口的数字（互联网）技能人力资本和工作专业技能人力资本都得到了显著提升。中国技能人力资本的不断提高与未来经济高质量发展、产业转型变动（如向技术密

集型产业发展）对人力资本升级的新要求、对技能的更高需求是一致的。

不过，本书的研究发现，中国技能人力资本有几个值得关注的变化特征，需要引起重视。

第一，技能人力资本在城乡之间分布不均衡，存在明显城乡差异。首先，从宏观层面衡量的技能人力资本存量来看，乡村劳动年龄人口、老年人口的中等教育技能人力资本存量、高等教育技能人力资本存量均低于城市，且城乡之间的差距在不断扩大。这主要是受到了城乡教育资源不均衡导致的城乡人口受教育结构分布不均衡的影响。不过，随着教育均等化的推进，乡村教育不断发展，城乡技能人力资本存量的差距会不断缩小。其次，从微观层面衡量的数字（互联网）技能人力资本来看，乡村就业人口、劳动年龄人口、老年人口掌握数字（互联网）技能的比例和使用互联网的频率均低于城市。这是受到了互联网资源在城乡之间分布与发展不均衡的影响。不过，随着乡村互联网覆盖率的提高、城市公共服务的推进、数字技术的普及，乡村就业人口、劳动年龄人口、老年人口的数字（互联网）技能均不断提升，正在逐步缩小与城市就业人口、劳动年龄人口、老年人口之间的差距。

第二，不同年龄人口的技能人力资本存在一定差异性。首先，从各年龄段劳动年龄人口的技能人力资本来看，45 ~ 59 岁年龄段的劳动年龄人口的技能人力资本在劳动年龄人口中处于最低水平。一方面，45 ~ 59 岁人口的技能人力资本存量低于 16 ~ 25 岁人口、25 ~ 44 岁人口。无论是中等教育技能人力资本存量，还是高等教育技能人力资本存量，45 ~ 59 岁人口均与

16～25岁人口、25～44岁人口，特别是与25～44岁人口之间存在明显差距。另一方面，45～59岁人口的数字（互联网）技能人力资本与青壮年劳动年龄人口之间存在差距，在劳动年龄人口各年龄段中处于最低水平。45～59岁劳动年龄人口相对较低的技能人力资本可能是因为45～59岁这个年龄段的劳动者的教育人力资本水平相对较低，接触互联网的时间相对较晚，使用互联网的需求相对较少。这给劳动年龄人口技能人力资本的积累和继续提升造成了一定的限制和影响。

其次，60岁及以上老年人口的数字（互联网）技能人力资本和工作专业技能人力资本水平均极低。老年人接受和掌握数字（互联网）技能较少，具有较大的数字鸿沟，而且老年人的教育人力资本相对较低，影响了他们对于新技术、新知识的学习，从而造成了老年人口使用数字（互联网）技能的比例和频率极低。由于（再）就业老年人的教育人力资本较低、技能水平相对较低，因此，从事非农工作的老年人口选择的行业和职业需要的工作专业技能低，使得老年人口的工作专业技能人力资本极低。另外，65岁及以上人口的技能人力资本存量高于60～64岁人口。这主要是因为65岁及以上人口的数量多于60～64岁人口。随着65岁及以上人口数量持续且快速增加，65岁及以上人口的技能人力资本存量还将继续增加，不过，65岁及以上老年人口进入劳动力市场、参与社会活动的比例和概率相对较低，一定程度上造成了中高龄老年人技能人力资本的浪费。

第三，工作专业技能人力资本在不同行业间存在差异性。不同行业就业人口的工作专业技能人力资本水平存在差异性。

例如，制造业的就业人口需要高专业技能的比例有所增加，但是增加幅度很少，而科学研究和技术服务业需要高专业技能的比例反而有所下降。同时，不同行业非农就业的劳动年龄人口的工作专业技能人力资本也存在差异性。例如，农、林、牧、渔业，制造业，交通运输、仓储和邮政业，科学研究和技术服务业等行业的劳动年龄人口的工作专业技能人力资本水平有下降趋势。但是，制造业是未来人力资本需求的重点行业，科学研究和技术服务业是信息产业、数字经济等新技术的重要领域（谢倩芸、蔡翼飞，2020），这些行业就业人口、劳动年龄人口的技能人力资本若不能持续积累和进一步提升，可能会影响未来不同行业劳动者技能人力资本的整体提升和均衡发展。同时，工作专业技能人力资本提升的可能程度也存在行业差异性。不同行业的劳动年龄人口在工作专业技能人力资本的提升可能程度上存在差异，表现在参加技能培训的比例及其变化的不同上。例如，居民服务、修理和其他服务业，房地产业等行业的劳动者参加技能培训的比例增加相对较多，而农、林、牧、渔业，制造业，科学研究和技术服务业等行业中该比例减少相对较多。

三、中国健康人力资本显著提高，与世界发达国家水平之间的差距明显缩小，不过，微观层面衡量的劳动年龄人口的健康人力资本下降，老年人口的健康人力资本表现出较为复杂的变化趋势

利用宏观类健康人力资本指标和微观类健康人力资本指标，本书分别考察了中国整体人口、劳动年龄人口、老年人口的健康人力资本及其变动情况。本书首先从宏观层面测量中国整体人口的健康人力资本并进行国际比较，其次从微观层面来测量劳动年龄人口的健康人力资本，最后从宏观层面和微观层面共同衡量中国老年人口的健康人力资本，具体研究结论如下。

首先，根据宏观统计数据分析，通过预期寿命、死亡率、卫生健康支出、健康总人力资本等宏观类健康人力资本指标的测算，发现中国健康人力资本水平显著提升，特别是改革开放以来，居民的健康水平得到了明显改善，健康人力资本投入不断增加，健康人力资本得到了大幅度提升。中国健康人力资本水平与世界发达国家水平之间的差距明显缩小，未来可以达到或超过世界发达水平。但是，从宏观层面的健康人力资本来看，当前中国健康人力资本投入还不够，卫生健康支出占 GDP 的比重及人均健康支出都很低。由于中国和世界发达国家之间的死亡率和预期寿命之间的差距不断缩小，目前已相差很少，而中国的卫生健康支出水平和人均健康支出远低于发达国家，因此，中国健康投资效率明显高于发达国家（向晶，2000）。但是，如果中国卫生健康投入不能快速增加，那么将会影响未来中国健

康人力资本的持续增长。

其次，利用中国健康与营养调查的微观数据，基于身体质量指数、健康自评状况、疾病相关指标（包括短期疾病冲击、疾病史）等微观类健康人力资本指标的测算，发现劳动年龄人口的整体健康人力资本有所下降，具体表现为16～59岁人口的身体质量指数增加，健康自评状况评分提高，有疾病史的人口比例上升。同时，16～24岁、25～44岁、45～59岁各年龄段人口的健康人力资本也均有所下降。劳动年龄人口的健康人力资本呈现下降的变化趋势，不仅会影响未来中国劳动力的健康素质，还会影响未来劳动力的整体人力资本，进而影响新质生产力的发展和培育。这与经济高质量发展对劳动年龄人口的综合素质及人力资本的更高要求是不符合的。因此，基于微观类指标测量健康人力资本所发现的劳动年龄人口的健康人力资本下降，需要引起关注和重视。

最后，虽然运用宏观数据测算发现中国60岁及以上老年人口的健康状况不断提高，但是，从微观层面衡量的老年人口的健康人力资本既有提升的方面，也有下降的方面。从宏观层面来看，中国超过85%的60岁及以上老年人口身体健康状况良好，即身体健康和基本健康，60～64岁老年人口的健康人力资本比65岁及以上老年人口要高，而城市60岁及以上老年人口的健康状况优于乡村。从微观层面来看，60岁及以上老年人口的健康人力资本有一定的提升，比如健康自评状况评分降低，没有短期疾病冲击的人口比例上升，但也有指标反映出健康人力资本一定程度的下降，比如身体质量指数增加，有疾病史的比例上升。同时，不同年龄段的老年人口面临着不同的健康状况问题，65岁及以上中高龄老年人的健康人力资本稍低于60～64岁低龄老年人。不同的健康指标反映出来的城乡老年人口健康状况有所不同，比如，城市60岁及以上老年人口的身体质量指数高于乡村老年人口，但自评健康状况相对优于乡村老年人口，而城市老年人口在由疾病相关指标测量的健康状况上比乡村老年人口差。随着中国老龄化程度的不断加深，老年人口的健康状况可能会呈现出更加复杂的情况，因此，老年人口健康人力资本未来的发展变化需要重点关注。

第二节　政策建议

在新时代中国经济高质量发展阶段，人力资本是发展新质生产力、培育经济增长新动能的关键因素。依据本书基于多重维度考察中国人力资本及其变动的研究结论，应当通过精准施策来全面提升劳动年龄人口、老年人口以及全体人口的教育人力资本、技能人力资本和健康人力资本，实现中国人力资本的进一步积累和提升，以推动经济发展迈向更高阶段，实现中国经济的高质量发展。

一、不断强化中国教育人力资本，推进教育人力资本在区域间、城乡间、不同年龄的人口之间的均衡发展

教育是形成人力资本的主要途径，教育人力资本提升离不开教育事业的发展。从提高教育人力资本水平、改善教育人力资本结构、提升教育人力资本存量的角度出发，依据本书关于中国教育人力资本及其变动的分析和发现，提出具体政策建议如下。

第一，继续加大教育投入，进一步提高教育经费占 GDP 比重。教育投入是支撑国家长远发展的基础性、战略性投资，是促进教育水平提高的基础，是提升教育人力资本的重要物质基础。近年来，我国教育事业取得了长足进步，但是在教育经费、教育经费占 GDP 比重、人均教育经费等教育投入指标上与发达国家仍有差距。为了继续提升教育人力资本，中国应加大对教育的投入，迅速缩小在教育经费、教育经费占 GDP 比重、人均教育经费上与发达国家的差距。建议财政性教育经费支出的 GDP 占比可以在 4% 左右的水平的基础上进一步提高。政府通过加大对教育经费的投入，完善教育基础设施建设，提供先进的教育技术设备和教育场所，保障教育资源的充足和质量。为筹措充足的财政性教育经费投入，一是要提高中央财政教育支出占全国财政教育支出的比重，提高中央支出比重有助于减轻地方政府经费筹集压力；二是要开辟支撑教育经费投入的新税源，作为未来基层教育经费的稳定而充分的投入来源，用于补充教育经费的支出。

第二，持续推进优质教育资源均衡布局，促进教育人力资本在区域间、城乡间的均衡发展。当前，中国区域间、城乡间教育人力资本分布严重不均衡，其中一个主要原因是区域之间、城市和乡村之间教育发展水平的不平衡。为了解决这一问题，建议构建教育资源特别是优质教育资源均衡配置的机制。按照《关于构建优质均衡的基本公共教育服务体系的意见》要求，构建优质均衡的基本公共教育服务体系，强化政府保障责任，完善政策保障体系，织牢织密服务保障网，推进基本公共教育服务覆盖全民、优质均衡。同时，按照《关于实施新时代基础教育扩优提质行动计划的意见》的要求，深化基础教育供给侧改革，进一步做大优质教育资源“蛋糕”，加快构建幼有优育、学有优教的高质量基础教育体系。加大中央对中西部地区、经济不发达地区、乡村地区的教育投入支出力度，提高教育供给的数量和质量，加快缩小区域教育差距。推动巩固拓展教育脱贫攻坚成果，统筹推进振兴乡村教育和教育振兴乡村工作，加快缩小县域内城乡教育差距。通过继续提升基本公共教育服务均等化水平，持续推进优质教育资源均衡布局，推进教育人力资本在区域间、城乡间的均衡发展。

第三，针对经济高质量发展阶段不同行业和产业对教育人力资本的不同需求，培养适合经济社会发展需求的高素质人才。政府应该引导学校教育和产业、企业需求相结合，推动教育与产业的对接。制造业和生产服务业是我国未来经济增长的主要引擎，对高质量教育人力资本的需求最为强烈，应扩大先进制造业和生产服务业急需人才的培养。职业教育（包括中等职业教育和高等职业教育）、高等教育应面向市场需求，加快学科专业结构调整，打破传统学科专业局限，支持高水平大学加强制造业相关核心技术学科、专业建设，支持职业院校开设先进装备制造和基础制造相关专业，大力发展大数据、工业互联网、物联网、人工智能等新兴学科专业，加快培养信息技术与产业升级、技术创新和社会服务融合发展的复合型人才，扩大节能环保、新一代信息技术、高端装备制造、新能源、新材料和新能源汽车等战略性新兴产业人才培养规模。

第四，不断提高劳动年龄人口的教育人力资本，保持劳动年龄人口教育人力资本水平的增长和教育人力资本结构的继续改善。加快补齐教育体系的短板，大力发展高中教育，让劳动年龄人口，特别是新成长劳动力普遍达到高中程度的受教育水平，这对保持劳动年龄人口的平均受教育年限继续增加、提高总人口的平均受教育年限具有重要意义。目前，我国九年义务教育体系已比较完善，大力发展高中阶段教育具有一定的可行性和迫切性。从推进步骤上看，可先从地方财政相对比较充分的东部地区做起，再逐步推广至全国，对地方财政比较紧张的中西部地区，中央应给予适当补贴。同时，进一步推动高等教育的高质量发展，提高接受高等教育人口的规模和比重，大力提升新增劳动力的受教育水平，不断改善劳动年龄人口的受教育结构，支撑劳动年龄人口教育人力资本的持续提升和高质量发展。

第五，积极发展老年教育，提高老年人口的教育人力资本。一是加大老年教育投入力度，促进老年教育均衡发展。建议建立政府、社会、组织、老年人（即学习者）等多主体分担，多渠道筹措老年教育经费的机制。可以采取设立老年教育专项经费、设立老年教育发展基金、鼓励对老年教育的公益性捐赠等多种方式加大对老年教育的投入。二是扩大老年教育资源供给，增加老年教育场所。整合利用老年教育的存量资源，增加老年大学、社区大学等老年教育学习机构的数量，实现老年教育扩容增量。依托街道、社区等现有资源，进一步增加老年教育办学场地。三是拓宽学习渠道，促进老年教育快速发展。依托互联网、人工智能等现代信息技术，将现代信息技术与老年教育深度融合，开发在线学习平台，实现线上与线下课堂的有效衔接，为老年人提供终身学习的机会，鼓励老年人继续接受教育，提高老年人的受教育水平。四是拓展老年人教育培训的内容，按照老年人的需求提供特定的教学内容和活动，帮助老年人掌握新的知识、技能，实质性地提高老年人口的教育人力资本质量。

第六，加快构建高质量服务全民终身学习的教育体系，助力提高中国全体人口的教育人力资本。教育人力资本的提高不仅依靠学校的正规教育，还需要个体的终身学习。构建高质量服务全民终身学习的教育体系是以人民为中心、以终身学习为目标，为个人提供一生可以接受学习的资源和机会，发展平等的、适合每个人终身学习的教育，从而提高我国的教育人力资本水平、提升整体的人力资本、促进人的全面发展（谢倩芸，2023）。政府应加快构建高质量服务全民终身学习的教育体系，不断加大对全民终身学习的支持力度，营造良好的全民终身学习环境，坚持各级各类教育的高质量发展和有机衔接，提供多样化的学习资源和学习机会，鼓励人们不断学习和提升自己的知识、技能和能力，做到全民参与、全民学习，才能够不断提高全体人口的教育人力资本，推动整体人力资本的持续提升。

二、着重增强中国技能人力资本，注重技能人力资本的全生命周期提升，加大技能培训力度，推动技能人力资本的均衡发展

技能人力资本是提升整体人力资本、提高劳动生产率的关键。为了实现中国技能人力资本的可持续发展，从提高各个年龄组人口技能人力资本水平、实现各行业间技能人力资本均衡发展的角度，本书提出具体政策建议如下。

第一，加大政府、企业和社会多方对技能人力资本提升的关注和投入。充分发挥政府在技能人力资本培育中的指导、统筹和督促作用，提高社会对技能人力资本重要性的认同度，加大国家对职业技能教育、技能培训等技能人力资本开发的投入。对中央政府而言，主要是加强技能型人力资本开发体系的顶层设计，完善体系建设、管理、运行的法律法规和基本制度；地方层面主要是提升统筹能力，鼓励各地根据区域经济社会发展需要，探索职业技能培训体系建设模式，推动职业技能培训多样化、多形式发展（周灵灵，2018）。强化企业在技能人力资本培育，特别是技能培训中的主体作用，加大企业提供在职培训的力度，足额提取职工教育培训经费，加强职工的技能提升和专业技能的培训，特别是针对具体工作、岗位需求的工作技能进行专门培训。鼓励社会积极参与技能人力资本的提升，例如，

鼓励社会资本参与开设技能培训机构，充实获得技能培训的途径，扩大技能培训的覆盖面。推动普通高校和职业院校等学校资源面向企业和社会积极开展与技能人力资本提升相关的继续教育，增强技能培训的有效性。

第二，建立全生命周期的高质量技能人力资本培训体系，进行有效的技能人力资本培育。应建立覆盖全体人口、贯穿个体学习工作终身、适应人才成长需要以及经济社会发展需求的终身技能人力资本培育体系。在义务教育和高中教育阶段，加强对技能人力资本的普及性教育，例如，可以将使用信息技术解决问题的能力与阅读、数学等能力一样纳入基本技能教育，可以普及互联网使用、数字技能等基本技能训练。在高等教育阶段，应加大专业技能的培养力度，特别是扩大重点行业急需人才的工作专业技能培训。完善职业教育体系，大力改善职业学校基本办学条件，促进职业教育和产业发展深度融合，针对劳动力市场需求进行特定、专门的职业技能培训，培养与产业发展和市场需求相适应的高素质技能型劳动者。在继续教育方面，开展学历和非学历、入职前和入职后等多类型的继续教育；同时，以高等学历继续教育为依托，加强应用型、复合型和创新型高层次人才培养，以成人中等学历继续教育为依托，加强技能型人才培养。加大对劳动者技能提升的关注和投入，引导对劳动年龄人口的教育和技能培养同产业和企业的需求相结合、相适应，提高劳动年龄人口的职业技术技能、科学素质等，着力提高劳动年龄人口的技能人力资本水平。拓展老年人口的技能教育培训内容，帮助老年人掌握新的知识、技能，特别是加强对老年人口数字（互联网）技能等新技术技能的培训，提供有针对性的多样性技能培训服务，提高老年人的就业能力，提高老年人口的技能人力资本。

第三，加大技能培训力度，促进技能人力资本的提升。技能培训是培育和提升技能人力资本的重要途径。一是构建多方主体进行技能培训的格局。政府应该进一步健全技能培训制度，做到对城乡、不同行业和不同职业的全体劳动者的全覆盖，特别是对重点群体，包括高校毕业生、农民工、就业困难人员的重点覆盖，加大对技能培训特别是职业技能培训的投入力度，充分利用好各类技能培训专项资金（如职业技能提升行动专账资金、企业职工教育经费等），积极开展技能培训活动。行业企业、职业院校、职业技能培训机构、高技能人才培训基地等各类培训载体积极组织和开展技能培训，努力提高技能培训质量，扩大技能培训规模，提高技能人力资本培训覆盖面。二是技能培训应坚持需求导向，与经济社会发展和产业转型升级的需求相一致。培训的职业技能、科学素质等技能人力资本应与建设数字中国、健康中国、制造强国的需要相适应，加大先进制造业、数字经济、托育、护理、家政等领域高素质技能人才培养，健全高技能人才培养体系，加快新职业标准开发，推进新职业培训。三是坚持就业导向，加大技能培训通过就业转化为劳动者的实际技能人力资本的程度。融通技能培训–就业链条，通过技能培训机构（如公共就业服务机构、人力资源服务机构、职业技能培训机构等）加强对技能培训者（即劳动者）的培训前、培训中、培训后全链条服务。培训前，通过培训需求调查和分析，了解技能培训者的就业意向和培训需求，为有针对性地进行技能人力资本提升做好准备；培训中，将培训工种、技能和就业岗位进行对接匹配，提供有针对性的工作专业技能培训；培训后，向技能培训者进行工作岗位推荐，并做好就业跟踪和定点帮扶工作，实现劳动者参加培训好就业、就好业的目标。

第四，加强技能人才队伍，特别是高技能人才队伍培养，推动技能人力资本不断提升。技能人才队伍是技能人力资本的载体，而高技能人才队伍更是高质量技能人力资本的重要支柱。2021 年，人力资源社会保障部出台了《“技能中国行动”实施方案》，旨在深入贯彻落实习近平总书记对技能人才工作的重要指示精神，实施制造强国、质量强国、人才强国和创新驱动发展战略，从技能人才工作的培养、使用、评价、激励各业务领域出发，强基础、优结构，扩规模、提质量，建机制、增活力，深度优化技能人才工作体制机制，全面提升我国技能人力资本水平。在此基础上，应继续加强技能人才队伍培养，构建以行业企业为主体、职业学校为基础、政府推动与社会支持相结合的技能人才培养体系，聚焦重点产业，发挥行业企业培养技能人才特别是高技能人才的主体作用，强化院校特别是职业教育对技能人才的培养能力，优化技能人才公共培训供给，加强急需紧缺高技能人才培养。进一步健全技能人才评价机制，发挥政府部门、用人单位、社会培训评价组织等多元评价主体作用，拓宽技能人才职业发展通道，广泛开展职业技能竞赛，选拔技能人才。加强高技能人才激励机制，建立高技能人才奖励体系，加大高技能人才在相关表彰表扬中的评选力度。

第五，针对各行业就业人口、劳动年龄人口的技能人力资本发展不均衡的情况，注重重点行业劳动者的技能可持续提升性的培养。针对劳动年龄人口，特别是新增劳动力，职业教育和高等教育应以市场需求为导向，针对先进制造业、生产服务业等未来产业发展方向的重点行业，扩大相关行业急需人才的工作专业技能培养。同时，针对新增劳动力主要开展就业技能培训、创业创新培训等进入劳动力市场所需的技能人力资本培训。针对现有劳动力，拓宽职业技能培训的途径，综合采用内部自主培训、外部公开培训等多种培训形式，主要提升岗位技能和工作技能人力资本。针对不同行业和职业的劳动者，通过将基于职业的评估与特定技能紧密地联系起来，探索通过行业和职业预测开展技能需求预测的方法，进行行业和职业的技能需求分析。再根据预测的各行业和各职业的特定技能需求，对劳动年龄人口、就业人口进行技能培训，有针对性地培养未来经济发展需要的技能人力资本，提高各职业、各行业劳动者的技能人力资本可持续发展的程度。

三、继续加强中国健康人力资本，提升国民健康水平，增强全民健康素质

健康是人力资本的重要组成部分，也是人类追求的基本福祉。基于本书对中国健康人力资本测量的研究结论，为了继续加强中国健康人力资本，建议政府、社会、个人多方形成合力，继续提升中国健康人力资本，构建以政府为主导地位、社会积极参与、个人主动配合主动负责，共同进行健康人力资本投资

的良好格局。本书提出的具体政策建议如下。

第一，政府、社会、个人等多方加大对健康重要性的宣传力度，提高国民对健康人力资本投资的认识和重视程度。政府需要加强对全面健康观的宣传，强调包括身体健康、心理健康、社会适应性和精神性健康等多维度的人的全面健康。通过多种媒体形式，如网络平台、公益广告等方式做好健康科普，加强健康知识公共传播，增强个人健康素养，倡导每个人对自己的健康承担主要责任。社会各方（如用人单位、社区等）积极进行健康普及和宣传。例如，用人单位加强对员工健康的关爱，通过组织健康讲座、健康锻炼等集体活动，倾听员工对健康利益的合理诉求等多种形式提高员工对健康的重视度。社区、街道可利用社区公众号、公告栏等方式及时发布健康政策解读，引导个体对健康人力资本进行投资。从个人层面来看，树立正确的全面健康观，主动意识到健康问题并主动预防，增加对健康人力资本及其投资的了解和认识，为进行个人健康人力资本提升打下良好的基础。

第二，继续提高卫生健康医疗的投入，提升全民健康素质。首先，不断提高对卫生健康医疗的财政支出，不断发展健康人力资本。如前所述，健康支出是一种十分重要的人力资本支出形式，人的体能、健康状况和寿命都会直接影响一个人的人力资本投资风险和社会效益，人们主要通过对医疗卫生和保健等的支出获得健康人力资本。因此，应该尽快使我国卫生健康支出占 GDP 的比重达到世界平均水平，加大健康保障费用投入，关注重点人群（如婴幼儿、青少年、老年、贫困群体等）的健康保障，加快人均健康投入的增长，以支撑中国未来健康型人力资本的持续提升。其次，政府应继续加大对健康服务建设的宏观把控，完善医疗卫生服务体系，优化医疗照护，提升医疗服务质量，健全医疗保险制度，完善健康保健制度。重点关注农村、偏远地区的卫生健康医疗投入，完善农村、偏远地区的医疗卫生健康体系建设。通过提升农村医疗服务质量、健全农村医疗保险制度、扩大公共医保范围、保持对农村医疗卫生事业投入的增加，不断提高乡村健康人力资本，缩小其与城市的差距。最后，推行全民健康计划，加强民众休闲运动设施建设，加大公共体育设施投资，为民众提供活动和运动场所，鼓励全民进行健康体育活动，提升国民健康水平，增强全民健康素质。

第三，加大对劳动者健康人力资本的投资，保障劳动者健康权益，完善劳动者健康福利，不断提高劳动年龄人口的健康人力资本。加大对劳动年龄人口的健康人力资本的投资，能够有效提升劳动者的身体素质，使其在生产过程中具有更多的活力与更快的成长力，既能增加有效劳动供给，又能提高其在生产中的产出水平和工作质量，形成高质量的经济增长。同时，有研究表明缓解工作压力、改善生活方式等途径是提高劳动者健康人力资本水平的重要方面（马瑞，2022）。为了帮助劳动年龄人口，特别是已就业的劳动者提升其健康人力资本，需要完善用人单位的工作制度，避免过度加班、过大的工作量、忽略工作和生活平衡等给劳动者健康带来的负面影响。另外，从政府、用人单位等多层面入手，提高劳动者对健康权益的维权意识，保障劳动者健康权益。政府要加大对维护包括劳动者健康权益在内的合法权益的宣传力度，培育劳动者的法律意识和对自身应得权益的清晰认知，拓宽劳动者的维权渠道（马瑞，

2022）。用人单位在严格依法保障劳动者的基本权益的基础上，应重视对劳动者健康权益的保障，因为劳动者的健康人力资本直接决定着劳动者的劳动生产率，进而影响用人单位的效益。用人单位可以通过建设个性化健康环境、提供更有针对性的健康体检、建立内部健康数据库等措施来完善劳动者的健康福利，以支持劳动者健康人力资本的积累和提升。

第四，采取多种措施促进老年人的健康，提升老年人口的健康人力资本。加强对老年人口的健康教育，引导老年人形成良好的生活、健康习惯，以预防疾病和促进健康。建立健全老年人医疗保健体系，优化卫生、医疗等资源均衡配置，针对老年人特殊的健康需求，提供针对老年人的合适的医疗资源和医疗服务。提高医疗、卫生水平，进一步提高老年人的预期寿命，提高老年人的健康状况，为老年人力资源开发提供健康保证。鼓励老年人进行适度的体育锻炼、参加社交活动，改善老年人的居住环境，加强老年人的权益保护，保障老年人的身心健康。同时，促进城乡医疗卫生等服务的普惠共享，提高乡村老年人的身体健康和生活质量，保持乡村老年人健康人力资本的持续提升，缩小城乡老年人健康人力资本的差距。

参考文献

蔡昉:《人口转变、人口红利与刘易斯转折点》,《经济研究》2010年第4期。

蔡昉、都阳、王美艳:《人口转变新阶段与人力资本形成特点》,《中国人口科学》2001年第2期。

曹浩文、杜育红:《人力资本视角下的技能:定义、分类与测量》,《现代教育管理》2015年第3期。

谌洁:《关于人力资本异质性的几点理解》,载《全国高等财经院校〈资本论〉研究会2014年学术研讨会论文汇编(下)》,江西农业大学经济管理学院,2014年。

陈善平、李树茁、李淑娥等:《基于生物—心理—社会医学模式的个人健康状况模糊综合评价》,《北京体育大学学报》2005年第1期。

陈晓迅、夏海勇:《中国省际经济增长中的人力资本配置效率》,《人口与经济》2013年第6期。

程伟:《我国农村人力资本投资现状对农业剩余劳动力转移的影响分析——来自于2004—2005年我国农民工流动就业的调

研》,《人口与经济》2006 年第 3 期。

丁栋虹、刘志彪:《从人力资本到异质型人力资本》,《生产力研究》1999 年第 3 期。

丁小浩、黄依梵:《人力资本对经济增长的贡献:理论与方法》,《北京大学教育评论》2020 年第 1 期。

都阳:《以人口高质量发展培育新质生产力》,《中国社会科学报》2004 年 3 月 7 日。

杜鹏、安瑞霞:《从人口大国到人力资源强国——改革开放四十年中国教育发展成就与人力资源发展》,《国家教育行政学院学报》2018 年第 11 期。

杜伟、杨志江、夏国平:《人力资本推动经济增长的作用机制研究》,《中国软科学》2014 年第 8 期。

杜育红:《人力资本理论:演变过程与未来发展》,《北京大学教育评论》2020 年第 1 期。

高文书、谢倩芸:《中国产业结构升级的人力资本需求研究》,《华中师范大学学报(人文社会科学版)》2017 年第 2 期。

何珺子、杨伟国、董兴奎:《终生收入法计量人力资本之研究评述》,《劳动经济研究》2019 年第 6 期。

侯风云:《中国人力资本投资与城乡就业相关性研究》,上海人民出版社 2007 年版。

侯风云、张凤兵:《农村人力资本投资及外溢与城乡差距实证研究》,《财经研究》2007 年第 8 期。

侯风云、邹融冰:《中国城乡人力资本投资收益非对称性特征及其后果》,《四川大学学报(哲学社会科学版)》2005 年第 4 期。

胡鞍钢:《从人口大国到人力资本大国:1980—2000年》,《中国人口科学》2002年第5期。

胡鞍钢:《从“东亚病夫”到“东方巨人”:中美健康人力资本发展趋势比较(1950—2050年)》,《武汉科技大学学报(社会科学版)》2023年第1期。

胡鞍钢、王洪川、鄢一龙:《中国现代化:人力资源与教育(1949—2030)》,《教育发展研究》2015年第1期。

胡锋:《国内人力资本理论研究综述》,《中国人力资源开发》2002年第2期。

胡茂波、谢丽丽、袁飞:《中国技能型人力资本对经济增长的贡献率及提升策略——基于1995—2014年统计数据的分析》,《职业技术教育》2018年第1期。

胡旸:《人力资本理论国内外研究发展综述》,《企业改革与管理》2021年第5期。

胡永远、刘智勇:《不同类型人力资本对经济增长的影响分析》,《人口与经济》2004年第2期。

黄斌、徐彩群:《农村劳动力非农就业与人力资本投资收益》,《中国农村经济》2013年第1期。

黄晨熹:《1964—2005年我国人口受教育状况的变动——基于人口普查/抽查资料的分析》,《人口学刊》2011年第4期。

黄乾:《人力资本产权的概念、结构与特征》,《经济学家》2000年第5期。

纪雯雯、赖德胜:《人力资本配置与中国创新绩效》,《经济学动态》2018年第11期。

贾茜、贾宗武:《浅谈人力资本的基本内涵与多层次分类》,

《中国管理信息化》2010年第15期。

贾宗武、郭西强、魏建中:《论人力资本的性质与分类》,《财会月刊》2006年第15期。

赖德胜:《教育、劳动力市场与收入分配》,《经济研究》1998年第5期。

李宝元:《人力资本与经济发展》,北京师范大学出版社2001年版。

李从欣、李国柱、韩宇:《区域人力资本与经济增长研究》,《当代经济管理》2008年第4期。

李德煌、夏恩君:《人力资本对中国经济增长的影响——基于扩展Solow模型的研究》,《中国人口·资源与环境》2013年第8期。

李海峥、贾娜、张晓蓓等:《中国人力资本的区域分布及发展动态》,《经济研究》2013年第7期。

李海峥、梁赟玲、Barbara Fraumeni等:《中国人力资本测度与指数构建》,《经济研究》2010年第8期。

李建民:《人力资本通论》,上海三联书店1999年版。

李晶莹、齐中英:《人力资本不平等对经济增长的影响研究》,《预测》2008年第4期。

李静、楠玉:《人力资本错配下的决策:优先创新驱动还是优先产业升级?》,《经济研究》2019年第8期。

李静、楠玉、刘霞辉:《中国经济稳增长难题:人力资本错配及其解决途径》,《经济研究》2017年第3期。

李明霞、周志钦:《论健康概念及其影响因素》,《中国健康教育》2012年第7期。

李平、张庆普:《企业关键智力资本识别的社会网络分析法研究》,《南开管理评论》2008 年第 3 期。

李文武:《论技能型人力资本开发》,《山东经济》2004 年第 6 期。

李学明:《近十年中国人力资源状况与开发展望》,《中国人事科学》2020 年第 9 期。

李亚玲、汪戎:《人力资本分布结构与区域经济差距——一项基于中国各地区人力资本基尼系数的实证研究》,《管理世界》2006 年第 12 期。

李忠民:《人力资本——一个理论框架及其对中国一些问题的解释》,经济科学出版社 1999 年版。

梁巧:《健康人力资本对经济增长的影响》,硕士学位论文,广西师范大学,2012 年。

林宝:《人口负增长与劳动就业的关系》,《人口研究》2020 年第 3 期。

林宝:《积极应对人口老龄化:内涵、目标和任务》,《中国人口科学》2021 年第 3 期。

刘国恩、William H. Dow、傅正泓等:《中国的健康人力资本与收入增长》,《经济学(季刊)》2004 年第 4 期。

刘骥、郑磊:《人力资本与全球增长新动能:对我国教育发展的启示》,《教育经济评论》2019 年第 5 期。

刘剑雄:《企业家人力资本与中国私营企业制度选择和创新》,《经济研究》2008 年第 6 期。

刘伟东、尹轲:《经营本质论》,《经济学家》2002 年第 3 期。

刘勇、张徽燕、李端凤:《人力资本的定义与分类研究述评》,《管理学家(学术版)》2010年第11期。

刘智勇、李海峥、胡永远等:《人力资本结构高级化与经济增长——兼论东中西部地区差距的形成和缩小》,《经济研究》2018年第3期。

陆琼:《建设新型劳动者队伍推进新质生产力发展》,《中国政协报》2024年3月25日。

吕娜:《健康人力资本与经济增长研究文献综述》,《经济评论》2009年第6期。

马瑞:《我国健康人力资本测度研究》,硕士学位论文,北京交通大学2022年。

闵维方:《人力资本理论的形成、发展及其现实意义》,《北京大学教育评论》2020年第1期。

闵维方、马莉萍:《教育经济学》,北京大学出版社2020年版。

倪超:《人力资本对经济增长的投资效应研究——基于65个国家面板数据的实证检验》,《中国人力资源开发》2016年第15期。

钱雪亚:《人力资本水平:方法与实证》,商务印书馆2011年版。

钱雪亚、刘杰:《中国人力资本水平实证研究》,《统计研究》2004年第3期。

秦天如、康玲、梁文群:《绿色低碳发展视域下人力资本的创新效应研究——基于区域工业企业面板数据的实证研究》,《中国人力资源开发》2018年第4期。

曲恒昌、曾晓东:《西方教育经济学研究》,北京师范大学出版社 2000 年版。

屈小博：《中国人力资本理论研究的创新和发展》，载杨伟国、高文书主编：《中国劳动经济学 40 年（1978—2018）》，中国社会科学出版社 2018 年版。

陶涛：《中国的人口老龄化与老年人力资本开发》，《团结》2020 年第 6 期。

童玉芬：《中国人口的最新动态与趋势——结合第七次全国人口普查数据的分析》，《中国劳动关系学院学报》2021 年第 4 期。

万萍、李红艳：《健康人力资本研究：文献综述与对策建议》，《经济研究导刊》2018 年第 23 期。

汪泓、张健明、吴忠等：《健康人力资本指标体系研究》，《上海管理科学》2017 年第 4 期。

汪伟、刘玉飞、徐炎：《劳动人口年龄结构与中国劳动生产率的动态演化》，《学术月刊》2019 年第 8 期。

王德劲、刘金石、向蓉美：《中国人力资本存量估算：基于收入方法》，《统计与信息论坛》2006 年第 5 期。

王广州、王军：《中国人口发展的新形势与新变化研究》，《社会发展研究》2019 年第 1 期。

王建国：《中国居民健康对劳动参与的影响——基于多维健康指标的实证分析》，《北京科技大学学报（社会科学版）》2011 年第 1 期。

王美艳：《中国人口形势、挑战与应对策略》，《国家安全研究》2023 年第 6 期。

王小鲁、樊纲、刘鹏：《中国经济增长方式转换和增长可持续性》,《经济研究》2009 年第 1 期。

王增武、张晓东:《人力资本理论文献综述》,《江苏师范大学学报(哲学社会科学版)》2022 年第 3 期。

王智勇:《基于人口生命周期分类施策促进人口高质量发展》,《国家治理》2024 年第 4 期。

吴瑞君:《中国人口的年龄结构变化与教育人力资本增长》,《上海交通大学学报(哲学社会科学版)》2023 年第 2 期。

夏光、张胜波、黄颖:《人力资本内涵与分类的再研究》,《人口学刊》2008 年第 1 期。

夏忠、黄钟仪:《中国各地区人力资本积累比较:1997—2007》,《开发研究》2009 年第 S1 期。

向晶:《"十四五"时期中国健康型人力资本趋势判断与政策建议》,载《中国人口与劳动问题报告 No. 21——"十四五"时期人力资本提升与经济高质量发展》,社会科学文献出版社 2020 年版。

肖焰、蔡晨:《基于能力理论的人力资本研究综述》,《中国石油大学学报(社会科学版)》2017 年第 6 期。

谢倩芸:《中国劳动年龄人口的人力资本变动研究——基于教育型和技能型人力资本双重维度的考察》,《北京师范大学学报(社会科学版)》2021 年第 3 期。

谢倩芸:《中国人力资本水平及变动状况分析》,载《中国人口年鉴 2021》,中国社会科学出版社 2022 年版。

谢倩芸:《完善服务全民终身学习教育体系》,《人民日报》2023 年 8 月 12 日。

谢倩芸:《中国老年人力资源开发及变动趋势研究》,《云南民族大学学报（哲学社会科学版）》2023 年第 6 期。

谢倩芸、蔡翼飞:《“十四五”时期我国教育人力资本供需形势分析》,《中国人力资源开发》2020 年第 12 期。

徐祖辉、谭远发:《健康人力资本、教育人力资本与经济增长》,《贵州财经大学学报》2014 年第 6 期。

薛进军、高晓淳:《再论教育对收入增长与分配的影响》,《中国人口科学》2011 年第 2 期。

杨舸:《我国“十四五”时期的人口变动及重大“转变”》,《北京工业大学学报（社会科学版）》2021 年第 1 期。

杨建芳、龚六堂、张庆华:《人力资本形成及其对经济增长的影响——一个包含教育和健康投入的内生增长模型及其检验》,《管理世界》2006 年第 5 期。

杨俊、黄潇、李晓羽:《教育不平等与收入分配差距：中国的实证分析》,《管理世界》2008 年第 1 期。

杨俊、李雪松:《教育不平等、人力资本积累与经济增长：基于中国的实证研究》,《数量经济技术经济研究》2007 年第 2 期。

杨增雄、张焕勇:《企业家角色的历史演进及对企业治理结构的影响》,《管理评论》2005 年第 12 期。

姚树荣、张耀奇:《人力资本涵义与特征论析》,《上海经济研究》2001 年第 2 期。

易先忠、张亚斌:《技术差距与人力资本约束下的技术进步模式》,《管理科学学报》2008 年第 6 期。

俞福丽:《健康资本对农村居民家庭资源配置影响的研究——基于中国健康与营养调查数据的实证》，博士学位论文，扬州大学，2015 年。

岳书敬:《我国省级区域人力资本的综合评价与动态分析》,《现代管理科学》2008 年第 4 期。

曾铮:《发展新质生产力需要重视的几个理论问题》,《光明日报》2024 年 4 月 2 日。

张帆:《中国的物质资本和人力资本估算》,《经济研究》2000 年第 8 期。

张辉:《健康对中国经济增长的影响研究》，博士学位论文，首都经济贸易大学，2018 年。

张征、王叶雨:《健康人力资本研究评述与未来展望》,《山西财经大学学报》2020 年第 S2 期。

赵宏斌:《人力资本投资收益——风险与大学生择业行为》,《北京师范大学学报（社会科学版）》2004 年第 3 期。

赵曙明:《人力资源管理研究》，中国人民大学出版社 2001 年版。

钟庆才:《人力资本产权研究的理论价值》,《学术研究》2004 年第 1 期。

周德禄:《基于人口指标的群体人力资本核算理论与实证》,《中国人口科学》2005 年第 3 期。

周灵灵:《契合高质量发展的职业技能培训制度》,《中国发展观察》2018 年第 12 期。

周灵灵:《“十四五”时期提升技能型人力资本研究》,《重庆理工大学学报（社会科学）》2020 年第 12 期。

周其仁:《市场里的企业：一个人力资本与非人力资本的特别合约》,《经济研究》1996 年第 6 期。

周艳:《论人力资本的内涵与分类》,《科技广场》2007 年第 2 期。

朱国宏:《中国教育投资的收益: 内部收益率的衡量》,《复旦教育》1992 年第 3 期。

朱明伟、杨刚:《企业人力资本管理研究》,《南开管理评论》2001 年第 5 期。

朱平芳、徐大丰:《中国城市人力资本的估算》,《经济研究》2007 年第 9 期。

诸建芳、王伯庆、恩斯特 · 使君多福:《中国人力资本投资的个人收益率研究》,《经济研究》1995 年第 12 期。

邹薇、张芬:《农村地区收入差异与人力资本积累》,《中国社会科学》2006 年第 2 期。

[美] 加里 · S. 贝克尔:《人力资本》, 梁小民译, 北京大学出版社 1987 年版。

[美] 雅各布 · 明塞尔:《人力资本研究》, 张凤林译, 中国经济出版社 2001 年版。

[英] 约翰 · 伊特韦尔、[美] 默里 · 米尔盖特、[美] 彼得 · 纽曼编:《新帕尔格雷夫经济学大辞典》, 经济科学出版社 1992 年版。

Angrist, Noam, S. Djankov, P. K. Goldberg, and H. A. Patrinos, "Measuring Human Capital Using Global Learning Data", *Nature*, 592.7854(2021), pp. 403-408.

Barrick, Murray R., and Michael K. Mount, "Autonomy as a Moderator of the Relationships between the Big Five Personality

Dimensions and Job Performance", *Journal of Applied Psychology*, Vol. 78, No. 1(1993), pp.111-118.

Barro, Robert J., "Economic Growth in A Cross Section of Countries", *The Quarterly Journal of Economics*, Vol. 106, No. 2(May 1991), pp. 407-443.

Barro, Robert J., and Jong Wha Lee, "International Measures of Schooling Years and Schooling Quality", *The American Economic Review*, Vo.86, No. 2(May 1996), pp. 218-223.

Barro, Robert J., and Jong Wha Lee, "A New Data Set of Educational Attainment in the World, 1950–2010", *Journal of Development Economics*, Vol. 104(September 2013), pp. 184-198.

Beach, Josh M., "A Critique of Human Capital Formation in the US and the Economic Returns to Sub-baccalaureate Credentials", *Educational Studies*, Vol. 45, No. 1(January 2009), pp. 24-38.

Becker, Gary S., "Investment in Human Capital: A Theoretical Analysis", *Journal of Political Economy*, Vol. 70, No. 5 Part 2(October, 1962), pp. 9-49.

Becker, Gary S., *Human Capital* (2nd edition), New York: Columbia University Press, 1964.

Chiswick, Barry R., "The Average Level of Schooling and the Intra-Regional Inequality of Income: A Clarification", *The American Economic Review*, Vol. 58, No. 3 Part 1(June 1968), pp.495-500.

Démurge, Sylvie, "Infrastructure Development and Economic

Growth: An Explanation for Regional Disparities in China?", *Journal of Comparative Economics*, Vol. 29, No.1(March 2001), pp. 95-117.

Fisher, I., *The Nature of Capital and Income*, Macmillan, 1906.

Fleisher, Belton M., and Jian Chen, "The Coast–Noncoast Income Gap, Productivity, and Regional Economic Policy in China", *Journal of Comparative Economics*, Vol. 25, No. 2(October 1997), pp. 220-236.

Fleisher, Belton M., Haizheng Li, and Min Qiang Zhao, "Human Capital, Economic Growth, and Regional Inequality in China", *Journal of Development Economics*, Vol. 92, No. 2(July, 2010), pp.215-231.

Frank, R. H., and B. S. Bernanke, *Principles of Microeconomics* (3rd ed.), New York: McGraw Hill/Irwin, 2007.

Garavan, Thomas N., M. Morley, P. Gunnigle, and E. Collins, "Human Capital Accumulation: The Role of Human Resource Development", *Journal of European Industrial Training*, Vol. 25, No. 2/3/4(March 2001), pp. 48-68.

Gibbons, Robert, Michael Waldman, "Task-specific Human Capital", *American Economic Review*, Vol. 94, No. 2(May 2004), pp. 203-207.

Grossman, Michael, "On the Concept of Health Capital and the Demand for Health", *Journal of Political Economy*, Vol. 80, No.2(March – April 1972), pp. 223-255.

Heckman, J. J., and P. Carneiro, "Human Capital Policy"(NBER Working Paper 9495), 2003, Retrieved from http://www.nber.org/papers/w9495.

Jorgenson, Dale W., and Barbara M. Fraumeni, "The Accumulation of Human and Non-Human Capital, 1948-1984", in *The Measurement of Savings, Investment and Wealth*, Lipsey, RE, Tice, HS(eds), Chicago: University of Chicago Press, 1989.

Jorgenson, Dale W., and Barbara M. Fraumeni, "Investment in Education and US Economic Growth", *The Scandinavian Journal of Economics*, Vol. 94(1992), pp. S51-S70.

Jorgenson, Dale W., and Barbara M. Fraumeni, "The Output of the Education Sector", in *Output Measurement in the Service Sectors*, Chicago: University of Chicago Press, 1992, pp. 303-341.

Kendrick, J. W., *The Formation of Stock of Total Capital*, New York: Columbia University Press, 1976.

Kwon, D. B., "Human Capital and Its Measurement", in the 3rd OECD world forum on "Statistics, knowledge and policy" charting progress, building visions, improving life, 2009.

List, F., *National System of Political Economy*, JB Lippincott & Company, 1856.

Lucas Jr., Robert E., "On the Mechanics of Economic Development", *Journal of Monetary Economics*, Vol. 22, No.1(July 1988), pp. 3-42.

Marshall, A., *Principal of Economics*. Macmillan London, 1890.

Mincer, J., "Investment in Human Capital and Personal Income Distribution", *Journal of Political Economy*, Vol. 66, No. 4(August 1958), pp. 281-302.

Mincer, J., "On-the-Job Training: Costs, Returns, and Some Implications", *Journal of Political Economy*, Vol. 70, No.5 Part 2(October 1962), pp. 50-79.

Mincer, J., "The Human Capital Earnings Function", in *Schooling, Experience, and Earnings*, NBER, 1974, pp. 83-96.

Mushkin, Selma J., "Health as An Investment", *Journal of Political Economy*, Vol. 70, No. 5 Part 2(October 1962), pp. 129-157.

Nyhus, Ellen K., and Empar Pons, "The Effects of Personality on Earnings", *Journal of Economic Psychology*, Vol. 26, No. 3(June 2005), pp. 363-384.

OECD, *The Well-being of Nations: The Role of Human and Social Capital*, Paris: OECD Publishing, 2001.

OECD, *Better Skills, Better Jobs, BetterLives: A Strategic Approach to Skills Policies.*, Paris: OECD Publishing, 2012.

Pennings, Johannes M., Kyungmook Lee, and Arjen Van Witteloostuijn, "Human Capital, Social Capital, and Firm Dissolution", *Academy of Management Journal*, Vol. 41, No. 4(August 1998), pp. 425-440.

Psacharopoulos, G., and Arriagada, A. M., *The Educational Attainment of the Labor Force: An International Comparison*, Washington, DC: World Bank, 1986.

Rodriguez, Jacob P., and Steven R. Loomis, "A New View of Institutions, Human Capital, and Market Standardization", *Education, Knowledge & Economy*, Vol. 1, No. 1(2007), pp. 93-105.

Romer, Paul M., "Increasing Retunrs to Long-Run Growth", *Journal of Political Economy*, Vol. 94, No. 5(October 1986), pp. 1002-1037.

Romer, Paul M., "Endogenous Technological Change", *Journal of Political Economy*, Vol. 98, No. 5(1990), pp. 71-102.

Rosen, H. S., *Public Finance*, New York: McGraw-Hill, 1999.

Salgado, Jesus F., "The Five Factor Model of Personality and Job Performance in the European Community", *Journal of Applied Psychology*, Vol. 82, No.1(1997), pp.30-43.

Schultz, Theodore W., "Investment in Human Capital", *American Economic Review*, Vol. 51, No. 1(Mar 1961), pp. 1-17.

Sen, G., "World Development Report 1995: Workers in an Integrating World", *Development in Practice*, Vol. 6, No. 2(1996), pp. 176-185.

Sheffrin, M. S., *Economics: Principles in Action*, New Jersey: Pearson Prentice Hall, 2003.

Spence, Michael, "Job Market Signaling", *The Quarterly Journal of Economics*, Vol. 87, No.3(August 1973), pp. 355-374.

Walsh, John Raymond, "Capital Concept Applied to Man", *The Quarterly Journal of Economics*, Vol. 49, No. 2(February 1935), pp. 255-285.

World Bank. 2018. The Human Capital Project. ©World Bank, Washington, DC. http://hdl.handle.net/10986/30498 License: CC BY 3.0 IGO.

World Bank. 2020. The Human Capital Index 2020 Update: Human Capital in the Time of COVID-19. © World Bank, Washington, DC. http://hdl.handle.net/10986/34432 License: CC BY 3.0 IGO.

Yan, Wang, and Yao, Yudong, "Sources of China's Economic Growth 1952-1999: Incorporating Human Capital Accumuation", *China Economic Review*, Vol. 14, No.1(2003), pp. 32-52.

Youndt, Mark A., Mohan Subramaniam, and Scott A. Snell, "Intellectual Capital Profiles: An Examination of Investments and Returns", *Journal of Management Studies*, Vol. 41, No.2(March 2004), pp. 335-361.